北京市教委社科面上项目"全媒体时代我国出版业数字化发展研究"
（18190115/003）研究成果

全媒体时代传统出版业数字化发展研究

李宝玲 著

企业管理出版社
ENTERPRISE MANAGEMENT PUBLISHING HOUSE

图书在版编目（CIP）数据

全媒体时代传统出版业数字化发展研究 / 李宝玲著.
-- 北京：企业管理出版社，2016.12
　ISBN 978-7-5164-1412-5

Ⅰ.①全… Ⅱ.①李… Ⅲ.①电子出版物—出版工作
—研究—中国 Ⅳ.①G239.2

中国版本图书馆CIP数据核字（2016）第289479号

书　　名：	全媒体时代传统出版业数字化发展研究
作　　者：	李宝玲
选题策划：	申先菊
责任编辑：	申先菊
书　　号：	ISBN 978-7-5164-1412-5
出版发行：	企业管理出版社
地　　址：	北京市海淀区紫竹院南路17号　邮编：100048
网　　址：	http://www.emph.cn
电　　话：	总编室（010）68701719　发行部（010）68701073
	编辑部（010）68456991
电子信箱：	emph003@sina.cn
印　　刷：	北京大运河印刷有限责任公司
经　　销：	新华书店
规　　格：	170毫米×240毫米　16开本　16印张　220千字
版　　次：	2016年12月第1版　2016年12月第1次印刷
定　　价：	59.00元

版权所有　翻印必究·印装有误　负责调换

前　言

　　1995年，在风靡全球的《数字化生存》一书中，麻省理工学院教授尼古拉斯·尼葛洛庞帝（Nicholas Negroponte）预言未来世界将发展成为一个数字化的社会，数字化将决定我们的生存。20年后，这个预言已经变成现实，数字化日益渗透到我们的工作与生活当中，成为一种生存方式。对出版业来说，数字化生存也是大势所趋。

　　在数字出版技术的推动下，全球出版业正经历一场从传统出版向数字化出版转型的巨大变革。早在20世纪60年代，欧美等发达国家的一些大型出版集团就把握时机，纷纷投入到数字化出版的浪潮中，积极探索数字信息资源的开发和运营，取得了瞩目的成绩，也成为数字化转型的先锋，从而推动了全球出版业数字化转型的发展。到20世纪末，几个国际大型出版集团已经基本完成了数字化转型，通过资源整合建立起内容庞大的数据库，按照社会发展的需要，不断研发多种形式、不同载体的数字化产品和服务内容，并且根据自身业务发展需要，调整了战略发展方向。目前，世界大型出版集团的数字化收入已经占其总收入的50%以上。根据斯普林格（Springer Group）2013年的年报显示，相关数字化业务收入已占到其总收入的61.8%；励德·爱思唯尔集团（Reed Elsevier Group）2013年81%收入来自电子数字相关业务，成为世界第四大电子付费内容提供商。国际大型出版集团在数字化转型中的成功经验值得我们借鉴和学习。

　　近年来，随着信息传播技术的发展和应用，以数字出版为代表的新型出版形态已成为我国新闻出版业重要的经济增长点，数字出版不仅丰富了出版物的内容和形式，还彻底改变了大众的阅读习惯和方式，成为我国出版业发展的必然选择和趋势。我国数字出版"十二五"规划指出，数字出版已经成为新闻出版业的战略性新兴产业和出版业发展的主要方向，也是国民经济和社会信息化的重要组成部分。大力发展数字出版产业，成为我国实现向新闻出版强国迈进的重要战略任务。在国家政策和资金的大力支持、技术进步的推动以及全球化和国民阅读方式数字化等因素的合力驱动下，我国数字出版业得到了快速发展。根据我国数字出版产业年度报告的统计数据，近五年我国数字出版产业规模不断扩大，一直保持着30%以上的年增长率。2015年我国数字出版产业总收入达到4403.85亿元，比2014年增长30%，数字出版产业收入在新闻出版产业收入的比重由2014年的17.1%提升至20.5%。其中互联网期刊收入15.85亿元，电子书49亿元，数字报纸9.6亿元，博客11.8亿元，在线音乐55亿元，网络动漫44.2亿元，移动出版1055.9亿元，网络游戏888.8亿元，互联网广告2093.7亿元。在数字出版总收入中后三者所占比例分别为23.98%、20.18%和47.54%，合计占比为91.69%，这一数据表明移动出版、互联网广告和网络游戏依然是拉动数字出版产业发展的主力军。

近几年我国数字出版产业虽然一直保持以每年30%的增速发展，但是仔细分析这一组数据，不难发现这一事实：从目前数字出版的总产值构成、规模以及参与主体来看，与国外发达国家相比，我国传统出版业在数字出版总收入中所占比重甚微，数字化参与程度依然很低。在2015年我国数字出版的总体收入中，与传统出版相关的电子书、互联网期刊和数字报纸三者总计74.45亿元，只占到总收入的1.69%，相比2014年的2.06%，下降了0.37%。根据2011—2016年中国数字出版产业年度报告的统计数据，传统出版业数字化在数字出版产业总收入中所占的比重近五年来也是呈下降趋势。我国传统出版单位目前做得最好的数字出版收入只能占到总收入的15%左右，与国际出版业数字化程度相比，我们的差距还非常大。因此，必须加快我国传统出版业的数字化发展和转型。

另外，还有一点值得关注，在欧美等发达国家，传统出版企业是数字出版的先行者，数字出版业务比较成熟，并能够根据读者需求提供多样化的数字产品和服务。由于传统出版商拥有着内容资源优势，在数字出版竞争中处于绝对的优势地位。而在我国，数字出版的发展完全是从技术领域、非传统出版企业发展起来的。数字出版业务的参与主体主要是IT企业，如北大方正、清华同方、中文在线、万方数据等。这几家新兴出版商，已将全国500多家图书出版社共120万种的图书资源进行了数字化整合集成，从而占据了我国电子图书市场90%以上的份额。随着移动互联网的快速发展，电信运营商和移动阅读应用开发商在移动出版领域发挥着他们的优势。传统出版企业参与数字出版的步伐较为缓慢，因此，到目前为止，在整个数字出版产业链中传统出版企业还没有完全找到自身定位，处于被动地位，没有话语权，也没有获得由数字化业务带来的丰厚利润。

数字化转型和发展是我国传统出版业的必然选择，对于这一点，无论是政府还是出版企业都已经达成共识。新媒体，新业态，数字化出版方式、传播方式和消费方式渐成主流。进入全媒体时代，面对数字化与信息化带来的挑战与机遇，传统出版业只有主动开展数字化转型，才能实现跨越式发展。开展数字化转型升级，是进一步巩固新闻出版业作为文化主阵地主力军地位的客观需要，是抢占未来发展制高点、参与国际竞争的重要途径。因此，加快实现我国传统出版业的数字化发展是时代赋予我们义不容辞的历史使命与责任。

数字出版产业的快速发展不仅给我国传统出版业带来了很大的冲击和影响，同时也为传统出版业的未来发展提供了广阔的发展前景。数字出版的出现不仅仅是出版行业发展到一定阶段的产物，也是多项技术共同应用到一定阶段的成果。在媒体不断融合的全媒时代，传统出版业需要根据自身的实际情况，借鉴发达国家数字化发展的成功经验，以融合发展理念为指导，加大力度积极进行数字化转型，发展全媒体出版，拓展自身生存空间。

传统出版业的数字化发展是一个复杂的系统工程。那么，如何发展成为一个关键的问题，目前数字化过程中取得了哪些进展，还存在什么问题，影响数字化发展的关键要素有哪些；数字出版与传统出版二者的关系如何，是择其一，还是二者共同发展，孰重孰轻，企业应该如何定位等。对这一系列问题的回答，需要深入研究传统出版企业目前数字化转型的现状，了解传统出版企业数字化面临的机遇和挑战，这也是制定数字化战略的前提。前有车后有辙，我们需要借鉴发达国家的成功经验，探寻具有中国特色的数字化发展之路，这也是一项艰巨的工程，一方面需要学术界专家从理论角度深入研究和探讨，另一方面需要政府主管部门、出版行业以及出版企业等相关部门的积极探索和努力实践。

　　本书通过文献研究、对比研究、问卷调查，实地考察和个案分析等方法，依据发现问题、分析问题和解决问题的研究思路，探讨了全媒体背景下我国传统出版企业数字化发展的路径选择及相关发展策略，主要解决三大问题：第一，在对发达国家出版业数字化发展现状及趋势分析的基础上，探究国外出版业数字化发展的成功路径和模式；第二，深入分析我国数字出版业发展现状及趋势特点，以及传统出版企业数字化发展历程和现状，通过与发达国家进行比较，揭示我国出版业数字化进程中存在的问题和不足；第三，在明确传统出版企业面临的内外部环境的前提下，结合目前我国的实际情况和出版企业自身的资源和实力，借鉴发达国家数字出版发展的成功经验，提出了我国传统出版企业数字化发展的三层次目标、定位原则、总体思路以及阶段化发展的建议，针对三大出版领域的特点，设计了各自的发展重点和模式，并按照总体发展思路设计提出了实现数字化发展的相关措施和对策。希望本书能够为我国传统出版业的数字化发展以及相关策略的制定提供些许参考和启发。

李宝玲
2016年9月

目　录

第一章　全媒体的发展与出版数字化 / 001

　　1.1　全媒体概念的产生与发展 / 001

　　1.2　出版数字化的内涵及特点 / 005

　　1.3　出版企业数字化发展模式 / 014

　　1.4　数字化对传统出版业的冲击和影响 / 017

　　1.5　数字化是出版企业发展的必然选择 / 024

第二章　国际出版企业数字化发展现状与趋势 / 027

　　2.1　国际出版企业数字化发展概览 / 027

　　2.2　国际三大出版领域数字化实践与探索 / 037

　　2.3　国际出版企业数字化发展的特点 / 057

　　2.4　国际出版企业数字化发展的趋势 / 060

　　2.5　国际出版企业数字化发展的启示 / 067

第三章　我国数字出版产业发展现状及趋势 / 073

　　3.1　我国数字出版产业的发展进程 / 073

3.2 我国数字出版发展的驱动因素分析 / 079

3.3 我国数字出版产业发展的总体情况 / 085

3.4 我国数字出版产业发展模式 / 090

3.5 我国数字出版产业发展趋势 / 098

第四章　我国传统出版业数字化发展态势分析 / 104

4.1 数字化背景下我国出版业发展概况 / 104

4.2 传统出版企业数字化发展的进程 / 115

4.3 传统出版企业数字化转型现状 / 119

4.4 三大出版领域数字化发展模式探析 / 122

4.5 传统出版企业数字化发展的国际比较 / 130

4.6 影响传统出版企业数字化发展的因素分析 / 134

第五章　我国传统出版企业数字化发展面临的机遇和挑战 / 145

5.1 传统出版业面临的行业环境变化 / 145

5.2 传统出版业数字化发展的优势条件 / 151

5.3 传统出版业数字化发展的不利因素 / 154

5.4 传统出版业数字化发展面临的机遇 / 156

5.5 传统出版业数字化发展面临的挑战 / 160

5.6 加快传统出版业数字化发展的必要性和战略意义 / 163

第六章　全媒体时代传统出版业数字化发展的路径选择 / 166

6.1 传统出版业数字化发展的方向 / 166

6.2 传统出版企业数字化的目标 / 169

6.3 传统出版企业数字化发展定位 / 170

6.4 传统出版企业数字化发展必经的四个阶段 / 176

6.5 传统出版企业数字化发展的总体思路 / 179

6.6 传统出版企业数字化发展模式探索 / 183

6.7 三大出版领域数字化发展重点 / 190

第七章 全媒体时代我国传统出版业数字化实现策略 / 198

7.1 理清思路，充分认识数字化的关键点 / 198

7.2 传统出版企业数字化发展相关措施和对策 / 205

参考文献 / 221

附录：传统出版企业数字化现状调查问卷 / 242

后记 / 245

第一章
全媒体的发展与出版数字化

当今时代,全球范围内正在掀起一场媒介融合的革命,人类进入由传统媒体和新兴媒体相互融合的全媒体时代。随着网络技术、信息技术以及数字技术的快速发展,出版业生产方式发生了根本性的变革。数字化已成为出版业未来发展的方向和必然趋势。从纸质出版到数字化出版是一种根本性的改变,而这一过程在全媒体时代获得全面加速和根本性优化。全媒体时代的到来不仅使同一信息能够同时以传统媒介(如图书、报纸、广播等)和新媒体(如网络、手机及各种终端阅读器)的形式传播成为可能,还使得任何人在任何时间、任何地点、以任何方式获得任何信息也成为可能。因此,在全媒体时代,数字化是出版企业正确的战略选择和方向定位,是出版业顺应时代潮流的必然选择,也是其生存和发展的唯一出路。

1.1 全媒体概念的产生与发展

数字化技术的不断发展使各种媒介间的相互渗透与协调发展成为未来传播领域发展的新趋势,传统媒体与新媒介融合而生的全媒体时代已经到来。

1.1.1　全媒体概念的产生

2008年以来，各类报纸、期刊、广播、电视中频频出现"全媒体"的关键词，比如"全媒体时代""全媒体战略""全媒体报道""全媒体记者""全媒体出版""全媒体广告"等。事实上，全媒体的概念并没有在学界被正式提出，它只是来自传媒界的应用层面。

"全媒体"的英文为"omnimedia"，由前缀omni和单词media合成。通过国外的Elsevier（SDOL）数据库、EBSCO全文数据库以及Springer外文期刊等搜索，我们会发现omnimedia只以专有名词形式出现在一个名为Martha Stewart Living Omnimedia（MSO）的公司。这家公司是美国一家生活全媒体家政服务公司，成立于1999年，拥有并管理包括杂志、书籍、报纸专栏、广播电视节目、网站等在内的多种媒体，通过旗下的所谓全媒体，传播自己的家政服务和产品。限于当时科技水准，Martha Stewart Living Omnimedia（MSO）公司的全媒体真正含义更接近于多媒体。但这个具有超前意识的全媒体概念，却预言了世界传媒业的发展方向[1]。作为一个新闻传播学术语的"全媒体"并未为国外新闻传播学界所提及，尽管如此，随着科技发展日新月异，传播手段层出不穷，传统媒体与新媒体之间日益融合互通，全媒体的概念尽管没有获得学术界共识，却在传播领域的实践中日益丰富发展着它的内涵。

在中国，最早在2006年发布的《国家"十一五"时期文化发展规划纲要》和2007年11月发布的《新闻出版业"十一五"发展规划》两部文件中，就已经包含了"全媒体资源服务平台"、"全媒体经营管理技术职称平台"、"全媒体应用整合平台"等建设项目。"这应该是'全媒体'概念作为媒介发展方向在我国首次以官方文件的形式正式提

---

[1] 王庚年.关于全媒体的认识与探索［J］.中国广播电视学刊，2012（11）：8-11.

出"①。从2007年开始，新闻出版总署启动了"全媒体数字采编发布系统工程"的建设，2008年烟台日报传媒集团建成的国内第一家"全媒体新闻中心"正式上线。在这一平台中，集团记者将采集到的新闻信息，以文字、图片、音频和视频等素材形式，输入全媒体数据库，由各媒体各取所需，通过二次加工和编辑，生产出各种形态的终端新闻产品，实现"一次采集、动态整合、多个渠道、多次发布的数字化传播"②。全媒体作为营销概念，频繁出现在产业化的传媒集团自身定位或产品定位上。例如，中央电视台2009年开播的《世界周刊》，其定位就是全媒地带。

尽管全媒体在国外新闻传播学界未被提及，但在近几年经常被我国新闻传播学者提及或研究。我国新闻传播学者对全媒体的定义分为两类：一类是以是中国人民大学新闻学院彭兰教授为代表的"营运模式说"，另一类是以南京政治学院军事新闻传播系的周洋为代表的"传播形态说"。2009年7月，彭兰教授在《媒介融合方向下的四个关键变革》中明确提出了"全媒体"的概念。她指出，全媒体是指一种业务运作的整体模式与策略，即运用所有媒体手段和平台来构建大的报道体系③。她强调，从总体上看，全媒体不再是单落点、单形态、单平台的，而是在多平台上进行多落点、多形态的传播。报纸、广播、电视与网络是这个报道体系的共同组成部分。2009年11月，周洋则认为"全媒体"的概念来自传媒界的应用层面，是媒体走向融合后"跨媒介"的产物④。随着媒体形式的不断出现和变化，媒体内容、渠道、功能层面的融合，使得人们在使用媒体的概念时需要意义涵盖更广阔的词语。至

---

① 姚君喜，刘春娟."全媒体"概念辨析[J].新闻与传播研究，2010（6）：13-16.
② 蔡雯，刘国良.纸媒转型与全媒体流程再造——以烟台日报传媒集团创建全媒体数字平台为例[J].今传媒，2009，（5）：14-16.
③ 彭兰.媒介融合方向下的四个关键变革[J].青年记者，2009（2）：pp22-23.
④ 罗鑫.什么是"全媒体"[N].人民网，2010-03-22.

此，"全媒体"的概念开始广泛使用。

2013年钱岳林在《慎用"全媒体"一词》一文中，对全媒体概念进行了较为具体的概括。作者认为全媒体是指"媒介信息传播采用文字、声音、映像、网页等多媒体表现手段，利用广播、电视、音像、出版、报刊、网站等不同媒介形态，通过融合的广播电视信息网络及互联网络进行传播，最终实现任何用户在任何时间地点通过电视、电脑、手机等任何终端均可完成信息的融合接收"[①]。随着全媒体春晚收视、2014"两会"全媒体传播指数、"马航失联"卫视全媒体传播指数的推出，电视界全媒体收视传播的应用也越来越为业界所接受。

全媒体是一个全方位的广义概念，从媒介角度而言，无论是多媒体、新媒体、自媒体都可以包含在全媒体之中，它所指代的是各种媒介的集合形态。而这里的"全"是一种相对状态，技术在革新，媒介在发展，无论是哪个时代都无法做到绝对的全媒体，而只能是当前时代所有媒介形态的整合。这种整合不是单一的跨媒体或是媒体之间的简单连接，而是真正的媒介融合。早在1982年，美国教授浦尔就在其文章中指出："一个称为形态融合的过程正在使各种媒介之间的界限变得模糊，这既包括点对点的传播媒介，如通信、电话、电报，也包括大众传播媒介，如报纸、广播、电视……[②]"媒介技术的发展和不同媒介间的不断融合，将会促进全媒体范畴的清晰与其核心内涵的完善。

综上所述，我们认为全媒体应是传统媒体和新媒体的聚合体，是利用网络和其他传播渠道进行资源整合和媒体再造的产物。

1.1.2　全媒体的特征

全媒体是媒介形态大融合时代最新的传播形态，其特征主要体现在

---

① 钱岳林.慎用"全媒体"一词［J］.广播与电视技术，2013（2）：33-34.
② Jenkins H. Convergence Culture： Where Old and New Media Collide［M］. NYU press，2006.

集成性、系统性和开放性。

（1）集成性。全媒体不是跨媒体时代的媒体间简单连接，不是各种媒体的简单组合，而是共存互补、有机结合，强调的是特性不同、传播力不同、影响力不同的各种介质的聚合。全媒体通过融合不同的媒介载体形式、内容形式以及技术平台，形成传播技术、内容、渠道、营销的集成体。

（2）系统性。全媒体不排斥传统媒体的单一表现形式，在整合运用各媒体表现形式的同时，仍然很看重传统媒体的单一表现形式，并视单一形式为全媒体的重要组成部分。全媒体的组合是系统有序的，强调对各种信息资源的统一发布，通过统一平台，实现一次性无缝采集所有信息资源。

（3）开放性。全媒体的最终形态是"所有人对所有人"的传播。一方面需要全媒体内容数字化、渠道网络化，适应当下生活潮流；另一方面，需要表现形式多样化和操作使用人性化，适应当下受众碎片化趋势，针对受众个体提供超细分服务。总之，全媒体能用更经济的眼光看待媒体间综合运用，以求实现投入最小、传播最优、效果最大。

与传统媒体相比，全媒体的优点在于可以针对受众的不同需求，选择最适合的媒体形式和渠道，提供超细分的个性化服务，实现对受众的全面覆盖及最佳传播效率和效果。

1.2 出版数字化的内涵及特点

对于出版业来说，数字化生存已是大势所趋，数字出版必将成为未来出版业的主导形式。

1.2.1 出版数字化与数字出版

简单地说，数字化就是将复杂的信息转变为可以度量的数字、数据，利用"0"和"1"编码技术，来实现对一切声音、文字、图像和数据的编码、解码。具体到出版业来说，包括以下几个环节的数字化：原创作品的数字化、编辑加工的数字化、印刷复制的数字化、发行销售的数字化和阅读消费的数字化。所谓数字化出版，就是将各种图、文、声、像信息以数字形式存入数据库中，出版单位可根据需要对这些数据进行选择、编辑、加工（包括数字化处理）、整合，然后以纸质出版物、光盘或网络出版物的形式提供给读者。如果说20世纪的出版是以电子化为基本特征的话，那么，数字化出版将成为21世纪出版的基本特征之一。

信息技术在出版领域的广泛应用，除了使出版物形态发生革命性变化之外，还使传统的出版流程发生了革命性变化，使出版手段告别"铅与火"，进入了"光与电"的时代，出版过程和手段的数字化使传统出版插上了"电子之翼"。出版数字化是利用数字出版技术对传统出版业的各个业务流程进行改造，是传统出版业在内容和形式上的延伸和扩展。因此，出版数字化不仅指出版过程的数字化，还包括出版物形态的数字化。传统出版业的数字化改造工程内容十分庞大，几乎涵盖图书报刊从信息采集到编辑加工、从复制到发行的全部流程。具体包括图书报刊编辑手段的数字化、内容资源的数字化、数字印刷以及发行和分销手段的数字化等。因此，所涉及的相关数字技术也极为复杂多样。

数字出版（digital publishing）是相对于传统出版而提出的。人们对于数字出版的最早理解就是传统出版的数字化，类似于电子出版技术出现初期在出版环节的应用。但是，随着数字技术在出版领域的进一步应用，数字出版得到了快速的发展。我们认识到数字出版已经不仅仅是传统出版的数字化，更不能简单地理解为图书内容资源的数字化。数字出版是实现出版数字化的一个重要环节和工具。新闻出版总署在《关于加快我国数字出版产业发展的若干意见》中指出，"数字出版是指利用数字技术进行内容编辑加工，并通过网络传播数字内容产品的一种新型出版方式"[①]。

据此，本书提到出版数字化的含义就是以数字出版业务为主导，各种管理模式与资源技术都与之协同数字化的过程。出版数字化的特征集中体现在其数字化的表现形式、实现方式和应用方法。具体从以下几个方面来理解：

第一，内容生产数字化。内容生产数字化，即生产流程的数字化。从传统出版环节来看，数字化技术将全面影响和重塑出版业的工作流程和技术手段，从而实现编校数字化、印刷复制数字化和发行数字化。随着数字出版技术的进一步完善和出版转型的深化，未来的数字出版技术将进一步融合，数字化编辑、复制、发行很可能整合为一体，使出版流程得到最大程度的简化，出版效率极大地提高。数字出版内容生成过程的数字化使得内容个性化定制成为可能。数字出版物的使用者可以借助数字化的内容生成机制，获取自身需要的数字化出版产品，从而扩大了数字内容的吸引力，也丰富了数字出版的内容。

第二，产品形态数字化。出版产品形式的数字化是指数字出版物借助二进制代码等数字化手段，将出版内容存储于相应的介质中，即出版物内容全部以数字化形式呈现，并借助多媒体整合实现拓展和扩容。数字出版物可以通过文字、图片、音频、视频和网络数据库连接等手段，极大地丰富和拓展表现的内容，数字化的出版物内容不再局限于纸质出版物的物理空间，不再是一成不变的文本，而是获得了无限拓展的可能性，从给读者带来更丰富的知识和阅读体验。数字化出版的最大优势在于其产品形态的数字化，以及由此带来的产品传播、使用的便捷。产品形态数字化是内容生产数字化所带来的必然结果，也是传播方式数字化的前提。

第三，传播渠道数字化。数字出版的传播方式主要是建立在现代

[①] 新闻出版总署.关于加快我国数字出版产业发展的若干意见.2010-8-16.

网络技术、信息技术和通信技术基础上的声光电磁存储介质传播、网络传播、无线传播、互动传播等。常见的数字出版物形式和传播手段有光盘出版物、磁盘出版物、网络出版物、手机出版物、掌上阅读器出版物等，实现了出版传播的多媒体化。通过计算机网络、手机网络、有线电视网络以及将来可能出现的其他数字信息传播方式将极大地推进数字出版行业的发展。传播渠道数字化是数字出版一个突出的特点，与传统出版相比，数字化的传播通道具有更为丰富的传播途径、更为完善的实现方式、更为快速的传播速度、更为优质的内容体验，从而必将对整个出版行业以及大众使用出版物的习惯造成巨大的冲击。

第四，管理过程数字化。使用全数字化的信息管理系统，把各个出版项目中各个方面的信息进行及时整理、规制、存档并动态更新，从而让管理者随时随地协调和控制各个出版项目的进程，确保产品的质量。

第五，读取手段数字化。数字作品的读取、显示和阅读往往需借助特殊的终端来实现。在数字化出版时代，作品内容以数字形态表现，这种形态与传统的纸质印刷不同，不能为使用者直接读取而必须借助数字化的转化手段。这种数字化手段需要借助数字化终端，适用数字化解决方案和数字化格式标准来实现。

数字技术在出版领域的广泛应用，不仅使出版物形态具有多样化和立体化的特征，也使传统的出版流程和手段发生了革命性变化。对于全媒体时代的传统出版企业而言，数字化发展将是其生存与发展的唯一出路。

1.2.2 出版数字化的类型

众所周知，出版是传播和传承文明成果的主要形式之一，而传播和传承的媒介——出版物形态，是由科学技术环境决定的。随着数字技术的迅速发展，电子出版与网络出版给出版物营造了更广阔的空间。从纸介质到磁介质到光电介质，出版物不是一种形态取代另一种形态，而是共同构成立体、多元化出版的出版生态[①]。数字化出版作为一种伴随着数字技术和网络科技成长发展起来的新型出版方式，在一定程度上已经完全打破了传统出版的运营模式，而且，伴随着人们对信息认识程度的加深和对信息获取方式的不断多元化，数字化出版获得了出版界的高度重视。但是，目前业界和学术界对数字出版类型的划分各有分说，常见的有两种划分方式：一是按照信息的组织形式来划分，二是按照产品的表现形式来划分。

（1）按照信息的组织形式的不同，可以将数字化出版分为网络数据库出版、网络电子书出版和网络出版三种类型。

①网络数据库出版。网络数据库出版是一种伴随着互联网发展起来的新型的出版模式，它主要是指出版商通过把自己运营的数据库进行网络连接，为读者提供联机服务的一种出版模式。"网络数据库出版就是网络数据库或联机数据库、光盘数据库网络版的出版发行与传播"[②]。读者通过网络，在数据库提供的检索平台上，可以通过输入自己感兴趣的检索关键词，检索出自己需要的图书和文章后，可以在线阅读，也可以通过授权的方式下载到个人终端设备阅读，或者直接打印阅读。这种出版模式最著名的有美国的Academic Press和荷兰的Elsevier Science公司，在国内较出名的有知网数据库，万方数据库、维普数据库等。网络数据库由于其便捷的检索功能和成熟的运营模式，得到国内外电子出版商的重视。

②网络电子书出版。网络电子书出版商将自己已获得版权的图书资料，进行数字化处理，或者直接以网页的形式通过互联网呈现给用户，并且用户可以根据需要进行免费的或付费的下载、使用、传播的一种新

[①] 张峰.数字化出版和出版数字化[J].科技与出版，2004（1）：57-59.
[②] 王京山.网络出版运作[M].中国大百科全书出版社，2005（10）：52.

型的出版模式。这种出版方式具有稳定性强、电子图书资料丰富、大多数免费浏览的特点，因此问世以来一直受到众多消费者的喜爱。目前，我国投放市场的电子书包括了中华原典文库、英文原典文库、世界经典文库、儿童经典文库、法律文库、教育文库等多个主题。

③网络出版。网络出版即网站出版，是伴随着网络技术的进步而兴起的一种最为流行的出版形式，电子出版是它的基础，它具有电子出版的基本功能，其产品形态是"虚拟的"，流通则完全通过非传统的因特网，支付方式是标准的电子商务方式。一般由网络内容的供应商将当今关注的信息进行收集、整理、加工之后，以数字化的形式，通过具体的网站窗口，向读者提供文字、图片、音频、视频等各种信息的出版模式。网站出版最大的优势是出版信息更新速度快，信息传播范围广，传播时效性强且受众多为年轻的消费群体，缺点在于网络维护运营的成本较高，出版内容的版权很难保护。目前主要是一些政府新闻、科研机构采用这一出版模式，较为成功的有新华网、新浪等网站。

（2）按照产品的表现形式不同，目前数字化出版的产品形态主要包括电子图书、数字连续出版物、网络作品、专业数据库出版、手机出版（彩信、彩铃、手机报纸、手机期刊、手机小说、手机游戏）、按需出版等。

①电子图书（e-book），是指将文字、图片、声音、影像等讯息内容数字化后制作而成的出版物，必须通过特殊的阅读软件（reader），以电子文件的形式，通过网络联结下载至一般常见的平台，例如：个人计算机（PC）、笔记型计算机（note-book），甚至是个人数字助理（PDA）、WAP手机，或是任何可大量储存数字阅读数据（digital-reading material）的阅读器上阅读的书籍，是一种传统纸质图书的可选替代品。

②数字连续出版物，是指以数字形式存储在以光、磁为媒介的载体（如CD-ROM）上，并可通过计算机等设备在本地或远程读取使用的连

续出版物，涵盖了电子期刊、电子杂志、电子报纸以及网络日志。

③网络作品，是通过网络直接发布传播的原创性较强的文学作品，通常以连载的形式，实时更新，即边写边更新，创作者可以根据平台上读者的反馈实时对内容的走向、小说的结局等进行更改，如起点中文网、盛大文学、红袖添香等文学网站。

④网上数字音像，是在宽带网络不断发展中的网络出版应用。网上数字音像包括网络动画（如Flash动画）、网络音频（如网上广播、网上音乐）和网络视频（包括网上数字电视、网上数字电影）。

⑤专业数据库出版，通常指的是对经过数字化加工过的书籍、学术刊物等再次进行系统整理和加工后，以数据库的形式向用户提供的数字出版服务。专业数据库出版是一个完整的内容体系，是核心内容、延伸内容以及相关服务的集成。

⑥手机出版，是指将文字、图片、音频、视频等表现形态，经过数字化编辑加工制作成数字出版物，以有线或无线的方式传递给手机用户的出版活动。简单地说，手机出版就是出版者将内容数字化，借助手机移动通信平台传递给终端用户的一种新型出版形式，如手机报纸、手机小说、手机招聘广告、手机读物、手机视频等应用软件，是指将软件作品编辑加工后通过网络下载、复制的手段向公众发行的出版模式。

⑦按需印刷（POD- Print On Demand）是一种比较成熟的数字出版模式。它的最终产品不是数字出版物，而是纸介的印刷品，但数字内容集中存储在服务器中，并通过网络传输至终端设备。按需印刷既是数字出版，又是印刷出版，给出版业带来了一种全新的运作模式。

1.2.3 出版数字化的优势和劣势

数字技术颠覆了传统的出版模式，给人们带来了全新的阅读体验。平面电子传播媒介为人们提供了便捷的阅读体验和快速获取资讯的途径，俘获了众多习惯于使用电子移动媒体的受众群体。因此，与传统出版和出版物相比，数字出版以及数字出版物具有得天独厚的优势，但是也存在一些缺陷。

（1）数字化出版的优势。

与传统媒介和出版行业相比，数字出版的繁荣发展呈现出了不可比拟的现实优势，电子阅读器日新月异，手机出版风生水起，网络小说异军突起，不断迎合着大众的阅读习惯和日益变化的社会环境，已经逐渐成为人们日常生活中重要的组成部分。

①数字化出版便于检索和查询。数字出版物以网络为载体，借助于计算机或手机网络，人们可以利用便捷的搜索引擎快速地查到自己所需要的任何信息，从而节省了传统的查找、翻阅文献的时间。

②数字化出版突破了地域限制，方便快捷。传统出版物占用大量的纸张和存储空间，而数字出版物则存储在虚拟的网络空间中，打破了地域、时间以及各国家体制文化的限制，使得信息资源可以及时共享。快节奏的社会生活成就了电子阅读和数字出版，更多的人选择在上下班乘坐公交车时阅读相关电子资料。显而易见，数字出版物方便快捷的优势使受众可以随时随地阅读自己喜欢的内容和书目，并且无需借助复杂的工具和厚重的纸质介质。

③数字化出版成本低廉。随着无线网络的发展和普及，与传统出版物相比，数字出版物主要依靠网络检索的方式将更具优势。不仅获取手段方便，而且价格低廉，易于内容更新，可以使阅读时间更灵活、阅读成本更低廉、阅读内容更丰富。特别是对于诸如新闻报刊、工具图书这样的特殊市场和领域，数字出版的成本优势显得更为突出。

④数字化出版低碳环保。造纸和印刷业虽然是我国经济发展中必不可少的产业，但在整个发展过程中对环境危害较大，而数字化出版业的发展则是在发展新闻出版行业的同时，又不会影响到生态环境，因此也是新闻出版行业向着"低碳"模式变革的重要途径之一。

（2）数字化出版的缺点。

数字出版的优势是显而易见的，众多数字出版物的产生和发行不但给社会创造了巨大的经济价值，而且改变了大众的阅读习惯，丰富了人们的文化生活，便利了国民的信息获取途径。然而，正如一枚硬币都有正反两面，数字出版毕竟是一个新的产业模式，在看到数字出版带来的各种优势的同时，也应该深思其存在的各种问题。

①阅读体验导致视觉疲劳。出版数字化使电子阅读成为可能，但电子版阅读没有传统印刷出版物的阅读体验。与传统阅读方式不同，数字出版物需要借助手机、计算机等介质进行阅读。无论是借助网络和电子阅读器直接进行阅读，还是通过网络下载采用手机终端阅读，在视觉效果和阅读体验上与纸质图书均存在较大的差距，很容易产生视觉疲劳，既不能回味油墨香的芳香，也感受不到纸张纹理的美感。另外，数字出版物的存在形态比较单一，产品受显示设备、电力及其他条件的限制，一旦缺少某个条件，阅读体验将无法实现。

②数字出版物质量难以保证。数字出版业造就了海量信息。现阶段大量的电子版阅读还只是一种快速获取信息的途径，与传统出版物阅读相比对文化内容的吸收还有差异。随着目前数字出版物的增多，一些质量不高、可读性不强的作品也横空出世，由于缺少一定的审查制度，同时给予作者的操作性过于自由，导致数字出版物的门槛越来越低，使得大量数字出版物成为"垃圾"读物。

③版权争端问题不断。由于数字出版业给市场带来了巨大的经济价值，为了支持和促进我国数字出版业的发展，国家相关部门近年来出台了一系列措施和政策，例如《关于发展电子书产业的若干意见》、《关于加快我国数字出版产业发展的若干意见》、《新闻出版业"十二五"时期发展规划》等等，为数字出版行业的发展注入了无限活力与动力，极大地促进了数字出版业的繁荣。但繁荣的背后也不仅是辉煌，版权问题现已成为数字出版业发展的"瓶颈"。数字出版的一个极大的优势就是

海量信息，但是也意味着数字出版机构必须在短时期内获得众多作者的授权，因此解决版权问题便成为数字出版产业保持持续发展的关键问题。

1.3　出版企业数字化发展模式

随着数字技术的迅速发展，电子出版与网络出版给出版物营造了更广阔的空间。从纸介质到磁介质到光电介质，出版物不是一种形态取代另一种形态，而是共同构成立体多元化出版的出版生态。信息技术及数字技术的快速发展，促使全球出版业数字化进入快速发展阶段。但是在不同国家和地区，由于资源分配、劳动力成本、资本投入以及消费需求等诸多因素的影响，数字化出版呈现出不同的发展模式。目前，我国出版企业数字化主要包括以下几种模式。

1.3.1　传统出版为主、数字化出版为辅

传统出版为主、数字化出版为辅的发展模式的主要特点是，传统的纸质出版占据主导的地位，数字化出版只是起到补充配合传统纸质出版的发展。采用这一发展模式的主要是区域经济不发达、数字技术和现代科技还比较落后的地区，或者是一些特殊的领域，比如教育出版领域。

一方面，由于国民经济及数字化技术的落后，数字出版还不能大规模普及，但在某些特殊的领域或机构部门，为了提高工作效率，必须采用这一出版模式，其中最具代表性的是国家机密性较强的政府机构，传统的出版模式因为其自身的局限性，不能完全满足或者不能满足新形势的需要，因此也就必须采用现代化的数字出版。另一方面，像教育出版机构，在一定时期内，由于社会、经济、技术等各方面的原因，既要为各大教育机构提供相应的纸质教科书，又要满足教育工作者和学习者的需要，提供相应配套的免费电子资源，如电子课件、教学视频、教学音频资料、教学网站等，如高等教育出版社的立体化教学网站（http//

www.4a.hep.edu.cn）。这种发展模式运营风险小，也相对容易管理，而且数字化出版带来了十分可观的效益，因此这种发展模式在全国各大教育出版机构得到了普遍的认可，并得到了高度重视。

1.3.2 传统出版与数字化出版并重

目前在国内外，许多传统的出版单位，尤其是专业性较强的出版单位，一方面不想放弃长久以来开拓的以纸质阅读为主的消费群体；另一方面，面对新形势，以及新出现的以数字信息阅读为主的消费群体，他们在继续自己传统出版的同时，不断引进新的技术，大力发展数字化出版，采取传统出版业务与数字化出版业务并重的共同发展模式。方正电子商务印书馆的"工具书在线"出版模式就是一个典型的成功案例。作为国内近代出版历史最为悠久的出版机构之一，在语言工具书的出版方面有着无可争议的权威性，但是面对新的出版形势的需要，商务印书馆开始关注信息技术和数字技术的发展，在继续发展自己传统出版业务的同时，积极开拓数字化出版业务。自2006年正式发布拥有自己专利的工具书在线业务以来，目前，其传统出版业务与数字化出版业务并驾齐驱，为业内的其他出版商树立了一个良好的榜样，很多出版商纷纷开始转变出版模式，采取传统出版与数字化出版并重的新发展模式。

1.3.3 全数字化出版

全数字化出版模式是伴随着数字科技成长起来的与传统出版完全不同的全新的出版模式，全数字化出版是以现代数字技术平台为基础，以互联网为传播媒介，通过向版权所有者购买或租赁相关的内容版权，并通过进一步加工、出版，向消费者提供在线的信息资料检索、阅读、下载等各种数字化服务的运营模式。

该模式最大的优势是出版成本相对较低，在一定程度上减少了资源的浪费，出版物传播的速度与传播的范围扩大化，直接影响到人们的阅读和获取信息的方式。最为典型的全数字化出版商有清华同方中国知网、万方数据库和龙源数据库等。其中中国知网的影响力最为显著。目前中国知网资源总库拥有CNKI系列数据库和来自国内外的加盟数据库2600多个，全文和各类知识信息数据超过了5000万条，是目前全球最大的知识资源全文数据库集群。《总库》中数据库的种类不断增加，数据库中的内容每日更新，每日新增数据上万条。内容涵盖人文科学、自然科技、社会生活等各个学科领域，全面反映了中国政治、经济、文化、教育等领域所取得的重大进步成果。而且在数字化产品提供方面，直接通过互联网络平台，与全国各大高校、企事业单位联合，向教育、科研等领域提供电子化的信息资料，影响着现代数字信息技术下人们的阅读习惯、信息获取方式等，逐渐成为出版行业新的发展模式。

1.3.4　数字化出版产业集群

数字化出版产业集群发展模式的主要目的在于使各数字化出版单位共同利用有效的空间、市场等资源，从而达到资源的充分利用与企业盈利最大化的目的，同时出版单位的集群，也加强了单位之间的联合，提高了共同抵御市场风险的能力。因此对于中小型数字化出版单位来说，产业集群模式则是一种市场经济环境下共同应对数字化出版带来的巨大挑战的行之有效的最好的经营发展模式[①]。

1.3.5　全媒体出版

"全媒体"出版（Federated Media Publishing），又可以称作"复合出版"或"跨媒体出版"，是一种整合多种媒体形式对同一内容进行多媒介同步发行的全新出版理念，也是未来出版发展的趋势。全媒体出版强调多渠道的同步出版：图书一方面以传统方式进行纸质图书出版，另

---

① 茹家鹏.新媒体时代下传统出版单位的数字化转型探究[D].2013.

一方面以数字图书的形式通过互联网、手机、手持阅读器等终端数字设备进行同步出版。2010年以纸质出版、线上阅读、手机阅读和手持阅读器阅读等4种方式同时推出的冯小刚作品《非诚勿扰》被认为是"'全媒体'出版第一书"。

全媒体出版是利用现代科技为依托，整合媒介优势实现读者对不同媒介的阅读需要，满足读者多样化的阅读习惯，是一种创新的出版模式。其特点就是出版时间的同步性，出版渠道的多样性、读者覆盖面的全面性。因此，其最大的优势在于出版资源能够得到最充分的开发和利用，以最大限度地满足读者的不同需求。

1.4 数字化对传统出版业的冲击和影响

近年来，以移动互联网、数字技术为代表的新兴技术正在迅速普及，数字化大潮给各行各业都带来了深刻的变革。以产品形态和传播渠道数字化、网络化为特征的数字出版产业的快速发展使我国传统出版企业正在经历一场翻天覆地的大变革。在数字化出版的冲击和影响下，许多实体书店经营困难，甚至倒闭，图书馆的经营越来越惨淡；而线上的亚马逊、当当网等图书的销售量却是逐年激增。传统出版物的数量也在不断萎缩，越来越多的报社、杂志社和出版社等传统媒体的生存空间受到严重挤压。数字化对传统出版业带来的挑战不仅涉及传统出版的重要环节，如内容制作、生产流程和工艺、传播、销售和营销的方式以及增值服务等，还涉及传统出版的经营管理和竞争格局等方面。因此，数字化对传统出版产生的极大的冲击和影响，使企业经营管理的内容、形态和边界都发生了根本性的变化，传统出版企业的经营管理面临着脱胎换骨的根本性变革[①]。

---

① 缪莉.数字化对出版企业经营管理的影响与对策[J].2013（1）：77-82.

1.4.1 数字化使出版企业经营战略发生了深刻的变化

企业战略是指企业面对着激烈变化的环境,为求得长期生存和持续发展而进行的总体性谋划。随着出版业改革的深入和数字出版的迅速发展,出版企业的经营战略发生了深刻的变化,出版企业纷纷打破以往出版单一出版物的局限,以数字出版转型为目标,向多元化经营转变,数字化成为所有出版企业发展战略的重要组成部分。目前,许多出版集团已经初步形成了多元化经营的格局,其经营领域不仅实现了与传统的图书出版相关业务领域的全覆盖,而且纷纷进入新的媒体,扩大数字出版产品的经营,努力实现由传统企业向数字出版转型的目标[①]。如中国出版集团公司根据自身的发展要求,将数字化战略列为集团总体发展战略中重要的一环,明确提出集团数字化发展的基本定位、战略目标和重点,以全面推动集团出版产业升级和业务转型,实现数字出版的可持续发展。

1.4.2 数字化改变了传统出版的内容生产环节

首先,数字化改变了编辑思维、工作习惯和工作方式。以信息处理与传播为核心的数字出版技术的发展,要求实现出版物的创作、生产、传输、消费一体化和数字化。也就是说,出版企业全部出版和经营环节都通过数字技术来实现。出版的基础是内容,出版的核心是编辑工作,在数字技术的支持下,编辑用计算机取代纸张和笔,用键盘与手的结合就能轻而易举地完成编辑的所有的创作活动和编辑行为。数字化给编辑工作提供了便捷的工具,提高了编辑工作的效率和质量。编辑通过浏览国内外大型书目数据库、浏览其他出版单位网站,获得国内外同类出版

[①] 郝振省.魏玉山2009-2010中国出版企业发展报告[R].北京:中国书籍出版社,2010.

物的出版情况，避免选题重复，为选题提供借鉴和指导。编辑在一些数据库中查询与选题相关作者情况，通过电子邮件与作者联系，还可以在一些网站、论坛和微博中发现有潜力的作者，借助网络发布信息，征询作者意见。在审稿、加工过程中，编辑遇到的问题可以通过网络及时与作者沟通、联系，通过网络查询有关数据库获得资料。专门的编辑软件使编辑修改、加工轻而易举，编辑好的文档可直接排版、制作，大大提高了工作效率和工作质量。数字化使编辑可以通过浏览网络论坛中的读者的看法，了解读者的需求，改进编辑工作，还可能从中发现读者喜爱的选题。

其次，传统出版企业的内容优势地位受到挑战。在"作者—出版社—印刷厂—发行商—读者"传统的图书出版产业链上，出版社控制着内容和订单，处于核心地位。数字出版的出现使得这一链条被打破，出版社在新的数字出版产业链的处境不妙。正如《2011—2012中国数字出版产业年度报告》中指出的："长期以来，数字出版产业链发展并不均衡，渠道供应商与技术提供商过于强势，作者与内容生产商一直处于弱势地位，缺少相应的话语权与主导权。内容资源被廉价使用，利润分成不够合理，第三方监督缺失等，强势环节挤压弱势环节的情况屡屡发生[1]。"几乎所有的图书出版单位在图书资源数字化整合集成过程中，扮演的只是电子图书出版资源提供者角色。全国电子图书市场的大部分份额掌握在几家非传统出版单位的电子图书出版商手中，这使得传统图书出版单位的内容资源和版权优势大打折扣，在未来的市场控制力、话语权和网络平台上处于劣势[2]。

---

[1] 郝振省.中国数字出版业年度报告[R].北京：中国书籍出版社，2012.
[2] 肖林霞.数字出版对传统出版业的影响探析[J].社科纵横，2010（8）：133-134.

1.4.3 数字化改变了传统出版的生产流程和工艺

第一，数字印刷给印刷技术和生产工艺带来革命性的变化。一般意义上的印刷技术包括印前技术、印刷工艺、印后加工等三个部分。数字技术对印前技术产生了巨大影响。数字技术的进步，导致直接制版技术和按需印刷的出现。前者与传统出版系统相比，不但省去了胶片过程，缩短了印刷周期，使得出版速度大大加快，而且能够更好地控制印刷质量。国际上很多著名印前厂商，把直接制版技术系统视为本世纪的主导技术。直接制版技术在我国正走向普及。按需印刷省去了制版过程，图文信息排版之后即可直接进行复印。按需印刷实际上是将印刷前设备与印刷过程高度地集成，使印刷高质量、全彩色、个性化的印刷品成为可能，但目前应用范围受限。

第二，数字化催生出版新业态——数字出版。以产品形态和传播渠道的数字化、网络化为特征的数字出版，对传统出版来说是一种全新的产品形态、传播形态和出版形式。它对出版企业经营管理带来的巨大影响和冲击是显而易见的。传统出版企业占主流的产品是纸质印刷型出版物。由于数字出版具有传播速度快、互动性强、个性化鲜明、创作门槛低等特点，其市场需求日趋旺盛，技术创新日新月异，阅读终端产品不断升级，新型阅读方式不断涌现，成为现代出版发展的趋势和方向。就目前状况而言，数字产品形态有基于有线网络技术的互联网新闻、互联网出版、互联网游戏，基于移动通信技术的手机报、手机电子书、手机音乐、手机游戏，还有基于无线网络技术的各种移动阅读终端，如便携式电脑、电子书、平板电脑等，这些数字产品颠覆了传统出版的销售方式和服务模式，受到我国越来越多互联网和手机网民读者的青睐。很显然，数字出版作为新的业态，一方面深刻地影响着传统出版的生存空间，对传统出版形成威胁；另一方面大大地拓展了出版领域，推动传统出版向现代出版业转变。出版企业要适应变化而管理，开发出更多适合市场需求的新型出版产品，追赶产业前进的步伐。

1.4.4　数字化使传统出版发行体系发生根本的变革

数字化使传统出版的发行体系发生了根本的变革。主要表现在两个方面：

第一，传统出版发行渠道实现信息化。我国传统出版物发行渠道有：国有（新华）书店、国有售书点、出版社自办售书点，集体、个人书店（书摊）等。在出版物发行中有大量的信息流：出版企业的书目信息、中间商的库存信息、零售商的反馈信息、读者的需求信息。无论是否自办发行，都要对这些信息进行及时、准确的处理，以保证发行渠道的畅通。为此，许多大型出版集团和有实力的中间商都引进信息处理技术，投资建立企业市场营销信息系统。在销售终端，创新与融合带来新体验。

第二，网络书店成为数字化时代的全新发行渠道。数字出版打破了传统出版载体纸张的垄断地位，电脑、手机、电子书阅读器、平板电脑等都成了数字出版物的内容载体。随着互联网普及率、宽带用户数、手机网民逐年增加，在线阅读、手持终端阅读开始普及，数字出版产品的消费需求越来越旺盛，网上书店得到持续快速发展，网络书店成为当今中国书业主流渠道的趋势日趋明显，在未来取代连锁书店成为第一大售书渠道已毫无悬念。与传统渠道相比，网络改变了图书传统上以本地购买为主的消费习惯。网络渠道不仅具有规模大、集中度高、流通效率高、终端渗透力强的特点，而且还具有图书查询、在线书评、图书排行榜等多样功能和诸如个人定制、各种折扣、提前销售、旧书市场等个性化服务，是传统书店难以或根本无法做到的，它在一定程度上分流了出版企业的读者和市场。目前，以纸质媒介为代表的传统出版业虽然在图书市场上仍占主导地位，但网上书店的建设与管理却是短板。网上销售居弱势地位。当当和卓越亚马逊等非出版企业经营的大型综合网上书店主导着网上图书销售市场，越来越多地掠夺着传统图书经销渠道话语权。

1.4.5　数字化要求出版企业提高管理信息化水平

企业管理信息化是数字化时代对现代出版企业的必然要求。它的内涵就是要实现企业生产过程自动化、管理方式的网络化、决策支持的智能化和商务运营的电子化。主要内容包括两个方面：

一方面是业务信息管理，即合理构建企业的业务流程和管理流程、完善企业的组织结构、管理制度等；建立企业的总体数据库、建立相关的各种自动化及管理系统、建立局域网，达到企业内部信息的最佳配置；接通互联网，获得与企业经营有关的信息，充实信息资源。

另一方面是管理信息化。企业管理信息化涉及整个企业的经营管理系统，是对企业经营管理的一场革命性变革，它借用数字技术这一工具，对企业的经营管理进行分析，并进行合理的整合，重新理顺内部业务流程之间的关系，使生产经营活动有序化、生产经营信息数字化，实现新技术与经营管理机制的统一，使企业生产经营更加科学、高效，提高企业管理水平，提升企业核心竞争力。企业管理信息化有赖于出版企业管理信息系统的建立。这个系统整合了多个子系统，能够实现多项功能。它集书稿管理、出版管理、发行管理、电子业务管理、人力资源管理、财务管理等于一体，不仅具有收集和处理各种数据、更好地控制各部门的运行状况、降低企业运营成本、提高竞争力、与管理机构的沟通更为便利的功能，而且大大加强了出版部门间的沟通与合作。出版企业内部不同部门之间的工作人员通过企业局域网进行信息共享，互相协作的员工可以及时了解对方的工作情况，这样就大大减少信息传递的时间与误差，加强互相间的联系、沟通与合作，有效实现组织目标。

不仅如此，企业管理信息系统还能为高层次管理者提供出版决策支持。随着经营规模的扩大，企业决策层将面临更为复杂多变的局面：日益增多的产品种类和产品创新、难以控制的库存信息、消费者的需求及其反馈以及企业内部种种人事和财务[①]。在这一情况下，管理信息系统作为强大支撑工具获得了青睐。许多国内外大型出版企业都建有自己的管理系统，帮助企业进行决策分析。

1.4.6 数字化使传统出版业的市场主导地位受到挑战

受到数字出版的影响，出版流程与营销模式发生很大变化，致使传统出版业的市场适应能力逐渐下降。数字化已经彻底改变了信息传播的本质，同时促使作者在图书生产过程中的作用表现得更为明显和突出。原来在传统出版企业手中的部分环节都转移到了作者的手中，使传统出版业原有的资源优势被大大削弱。信息技术的发展，可以让任何拥有计算机与上网条件的人都能够成为数字出版的行为者。在此过程中出版社已经不再是出版行为中不可缺少的主体[②]。随着数字电视、计算机、网络等电子信息媒介的普及和人们阅读习惯的改变，尤其是在信息时代成长起来的年轻人，他们对数字出版物的接受程度往往比传统出版物更高，这为数字出版提供了更加广阔的市场前景，而对传统出版业却是一个很大的冲击。

1.4.7 数字化改变了传统出版业的竞争格局

随着数字出版业的发展，传统出版业的市场份额受到挤占，利润空间缩减。特别是数字出版的发展打破了传统出版载体纸张的垄断地位，网络、手机、手持阅读器等都已经成为数字出版物的重要载体。目前，虽然在图书市场上以纸质媒介作为代表的传统出版业仍然占据重要地位，但是作为新兴出版形态的数字出版展现出了相当强劲的发展势头，

---

① 李远涛.我国图书出版产业成长性分析［J］.出版参考，2010（8）上，10.
② 裴永刚.出版集团开展数字化出版应该注意的几个问题［J］.编辑之友，2007（6）：29-30.

使得传统出版业的受众与市场被瓜分。数字出版加剧了出版业的竞争格局,不仅是来自同行同业的,更多的是同业之外的。目前国有出版单位总体规模相对较小,而且几乎所有的图书出版单位在图书资源数字化整合集成过程中,扮演的只是电子图书出版资源提供者角色,全国电子图书市场的大部分份额掌握在少数几家非传统出版单位的电子图书出版商手中。这将使得传统图书出版单位在未来的市场控制力、话语权和网络平台上处于弱势。传统出版业长期以来形成的结构与布局将被打破[①]。

数字化对传统出版业的生存和发展带来了很大的冲击,然而,在积极面对挑战的同时,我们也应当认识到数字化出版为传统出版发展带来的机遇。数字出版的出现不仅仅是出版行业发展到一定阶段的结果,也是多项技术共同应用到一定阶段的成果。在媒体不断融合的全媒时代,传统出版业需要根据自身的实际情况,采取相应的措施来适应时代发展的变化,积极拓展数字化发展路径。只有这样,才能够找到自身生存和发展的空间。

1.5 数字化是出版企业发展的必然选择

数字技术带来了出版业划时代的变革,从内容到形式、从结构到功能彻底改变了出版业面貌。数字化为出版企业的未来发展打开了空间,具有深远的历史意义和战略意义。主要表现在以下几方面:

(1)拓展了出版的内涵和外延。

由于采用数字技术、光电存储技术、网络技术、无线通信技术等新的出版传媒技术,数字出版已完全不同于传统的纸质出版,出版的内容和形式、内涵和外延都发生了质的变化。随着数字存储技术、传播技术的不断进步,数字图书的内容可以实现多媒体表达和几乎无限容量的知

---

① 王伟明.浅谈数字出版与传统出版业的应对策略[J].新东方,2009(8):54-56.

识汇集,借助于手机、掌上阅读器、IPAD等阅读终端,"数字图书"实际上演变为"数字图书馆",海量电子图书可以随身携带,同时借助于互联网、手机通信等传播手段,出版者可以对电子图书的内容随时更新。数字时代的出版内容不再是凝固在物质载体中的一成不变的东西,而是可以实现海量知识信息的荟萃和提供随时更新、互动传播的个性化动态内容,出版流程也不再局限于编辑、校对、印制、发行等传统套路,出版的内容、形式、功能和与其他传媒的边界都发生了质的变化,因此对数字出版的内涵和外延必须做全新的理解。

(2)打破了出版的时空局限。

由于数字出版采用无纸化信息传播手段,打破了传统的纸媒介对出版物内容和形式的束缚,借助于无处不在的卫星通信、手机通信、互联网和日益多样化的便携性阅读终端,出版者可以随时随地为全世界的读者提供数字出版服务,使得数字出版完全超越了传统出版的时空局限,出版的信息容量突破了纸媒介的物理局限,出版传播的手段实现了多媒介化,出版传播的空间超越了传统物流的局限,出版传播的时间实现了全球共享,出版传播的效率和便利性空前提高。

(3)满足了读者个性化及多元化需求。

数字出版的互动性特征为满足读者的个性化需求提供了可能性。数字出版的互动性建立在基于互联网、手机通信网、电视网,以及卫星通信网的信息双向传输和互动交流基础上,在出版者、读者、作者之间实现了沟通和信息共享,作者、出版者可以按照读者的需求提供个性化定制服务,从而最大限度地满足不同读者群体的独特需求,扩大了出版服务的覆盖面,提升了出版服务的水平和质量。

(4)数字化顺应了时代潮流。

人类已经进入了数字化时代和网络时代,数字技术无处不在,影响和塑造着人类生活的方方面面。在声势浩大的数字化浪潮面前,历史悠久的出版业没有选择的余地,不加入到数字化的进程中,就会被时代边缘化，失去生存发展的空间和市场，被读者所抛弃[①]。近年来，在互联网和数字出版的猛烈冲击下，传统出版市场不断萎缩，全球实体书店纷纷倒闭，这说明传统出版不转型就没有出路。今天的读者已经习惯了数字化的生活方式，人们的生活离不开互联网、手机和各类多媒体数字终端，只有搭上数字化的时代快车，出版业才能获得新的生机和活力，才能为当代读者所接受并实现可持续的发展。

数字化浪潮带来的产业融合，打破了传统出版业按介质区别的行政界限分割，极大地延长了出版物的产品线，实现了内容资源价值的最大化，从单一形态出版向全媒体出版转变。同时，数字出版也拉近了出版商、技术提供商、移动运营商、影视剧制作机构等不同身份和角色之间的距离，有利于整合广播、电视、电影、音像、电子、网络等媒介资源，实现出版业服务对象的多层次、产品品种的多样化和传播手段的多元化，形成出版资源的多次开发、合力经营、多种媒体互动发展的综合效应[②]。因此，数字化发展将是出版企业正确的战略选择和方向定位，是出版业顺应时代潮流的必然之举，也是其生存和发展的唯一出路。

---

① 陈金川.论中国出版业的数字化战略［J］.http：//blog.sina.com.cn/s/blog_54a672a801012bmc.html.2012-09-20.
② 齐峰.资源整合：出版产业实现新发展的战略选择［N］.光明日报，2009-07-27.

第二章
国际出版企业数字化发展现状与趋势

互联网环境下出版的内容生产和传播方式发生了根本性的变化，这一变化给传统出版业的生存与发展带了很大的挑战，同时，新技术在出版领域的应用也为出版业提供了前所未有的发展机遇。面对数字化出版的冲击，欧美等发达国家采取积极的态度迎接数字化浪潮的到来，利用自身的资金和资源优势，占据了由传统出版向数字化出版转型的先机。目前欧美等国在数字化发展过程中已经取得了卓越的成就，也形成了一些成熟的发展模式。因此，研究欧美出版企业数字化发展的现状，不仅可以帮助我们更好地把握全球数字化发展的方向，也可以为我国出版企业数字化发展提供一些有益的借鉴。

2.1 国际出版企业数字化发展概览

国际上传统出版企业数字化进程主要以美国、英国为主导。他们作为数字出版的先行者，如汤姆森出版集团（Thomason Corp.）、励德·爱思唯尔集团（Reed Elsevier Group）、培生教育集团（Pearson Education）等，大都在20世纪末基本完成了数字化转型。他们的数字出版业务比较成熟，拥有海量内容的数据库，并能够根据读者的需求提供多样化的数字产品和服务。这里以美国、英国和德国为个案分析出版业数字化进展，以便我们更好地把握全球出版企业数字化发展的趋势和特征。

2.1.1 美国

数字出版最早出现于美国，并且以惊人的速度在发展。美国出版业的数字化始于20世纪70年代，近10年发展较快，传统出版商尽管经历过电子图书泡沫的破灭，但依然坚持进行数字化基础设施建设并着力提高出版业的管理水平和资源整合能力，把数字出版提升到生存与发展的战略高度。至此，美国传统出版企业基本上已经完成数字化转型。其中汤普森集团（Thomson Corp.）在20世纪的最后5年里就已经完成了向全球第一专业信息服务集团的转型。

电子书是美国数字出版的主要产品形态，此外，在线出版、多媒体运用也处于上升趋势。纽约时报书评（NYTimes Book Review）2001年版的纸质和电子图书籍十佳出版商中，有8家超过50%的收入来自数字出版，前两位均为传统的大型出版商，甚至有一家过去50年在出版界傲视群雄。2011年电子图书已占到整个美国图书业17%的市场份额。除了电子图书和电子阅读器，美国在专业出版、教育出版和大众出版领域呈现出不同的数字化转型路径。几大出版集团尝试开发的数字出版产品在2010年以来实现了稳定的用户增长，取得了较好的市场收益。尼尔森（Nielsen）的调研数据显示，2015年美国电子书销售册数占市场比达到26%。在电子书的销售方面，美国出版企业采取多元化的模式，积极创建专门的网站，与其他网站合作，以及通过亚马逊（Amazon）、巴诺（Barns &Noble）、苹果书店（Apple）三大电子书销售商合作实现电子书的销售（详见图2-1）。2015年，亚马逊kindle市场占有率为65%，苹果iBooks市场占有率为13%，巴诺书店Nook市场占有率为8%[1]。

---

[1] 中国出版集团.16张图帮你读懂美国数字出版［EB/OL］.http://chuansong.me/n/1510035，2015-7-6.

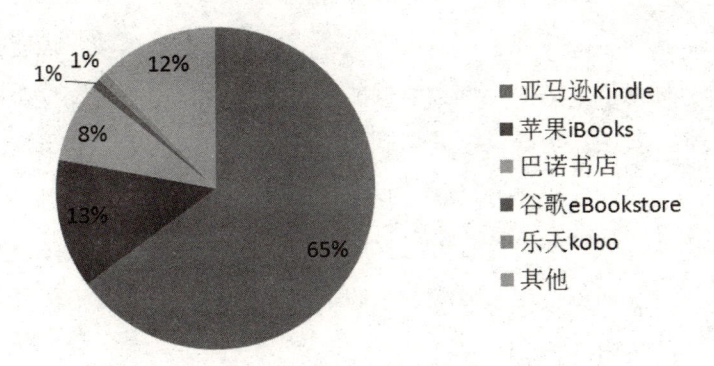

图2-1　美国2015各电子书销售渠道所占市场份额

美国几大知名的出版集团资金雄厚，人才云集，并拥有自己的知名品牌。这几大集团在涉猎数字出版时，根据自身不同的出版类型和需求模型，采用了不同的盈利模式。

励德·爱思唯尔（Reed Elsevier Group）从2000年到2013年，短短10余年时间已经从一家传统出版公司转型为一家大型数字出版公司，2000年数字出版收入只占集团总收入的20%，到2013年已超过60%。如果不算励展（ReedExpo）这块不直接与出版挂钩的收入份额，集团数字出版收入已占到总收入的80%以上。更重要的是，集团纸质出版收入每年都在以5%的速度递减。根据美国第三方机构PaidContent在全球跨行业进行的调查，励德·爱思唯尔已经成为全球第四大数字付费内容提供商，仅次于谷歌（Google）、中国移动、彭博通讯社（Bloomberg L.P.）[1]。

约翰·威立集团（John Wiley）70%的期刊收入都是来自在线期刊。约翰·威立集团（John Wiley）建立了威立专业出版在线平台Interscience，涉及的方面包括技术、科学、学术和医学等领域。该专业出版在线平台以学科和内容为开发前提，并将不同专业领域的知识内容

---

[1] 宋晓东．里德·爱思唯尔数字化转型后的取胜诀窍［EB/OL］．http://tushuchuban.blog.bokee.net/bloggermodule/blog_viewblog.do?id=21482905，2014-12-2.

结构化，从而分别构建不同领域的大型专业数据库。这种路径能够更好地细分目标人群，满足不同读者群的个性化需求，这是传统专业期刊的突破，尤其打破了综合性专业期刊的局限性，创造出更多的市场需求。除此之外，约翰·威立出版集团（John Wiley）专业期刊领域已经全面实现了无纸化在线传输，这种方式大大降低了成本，减少了纸张及印刷的相关费用，从而创造出了巨大的利润空间，产生了远远高于传统纸质期刊的利润。

培生教育出版集团（Pearson Education）在数字出版的尝试中，除了将纸质图书电子化外，还增加了学习效果评估的在线内容，用来追踪学生使用其产品后的学习效果。同时，他们增加了在服务和技术方面的投入。2007年，培生教育出版集团收购了一个"电子大学"的远程教育网站。迄今为止，大约有25000所美国学校的学生在使用培生教育出版集团的在线类数字产品，多达2500万成人在使用side by side英语学习平台学习英语[①]。

此外，美国是图书按需印刷（POD-Print on Demand）的先行者之一。IBM公司于20世纪60年代研制推出了数字印刷技术，该项技术推出后，立即受到了出版公司与书商的青睐，并导致了图书按需印刷的发展。按需印刷从接到出书清单到出版，只需24小时即可完成，具有低风险、低成本、更便捷、更环保等特点。美国最大的图书批发商英格拉姆图书集团（Ingram Book Group）目前拥有图书数据库书目达50万册，有13000余家合作出版商，平均印刷版长为1.8本，月印量为150万张，迄今为止通过这种方式印刷的图书数量已超过1亿本[②]。

[①] 中国新闻出版报. 美国数字出版的几种商业模式［EB/OL］. http：//bjcb. 100xuexi.com/ExtendItem/OTDetail.aspx?id=5D65EDC0-5C5C-49ED-9D02-88E4CC430767, 2010-1-3.

[②] Xuemei Tian, Bill Martin. Digital Technologies for Book Publishing［J］. Springer Science Business Media, 2010（6）.

2.1.2 英国

出版业是英国最大的创意行业之一，出版行业的数字化转型，不仅关系到英国出版业的国际地位，还直接关系到出版商的生死存亡。目前英国出版企业正在探索引入新的盈利模式，包括付费订阅、按网络流量计费、传统出版物与网络出版物打包订阅模式等。

2013年英国出版的图书有18.4万种，其中1/3是电子书。英国电子书的销售近5年来呈现快速增长的趋势[①]。表2-1显示了2010年到2014年5年间英国电子书的销售总额及其变化趋势。从销售收入看，近5年来，电子书的销售额每年都会创一个历史新高。2014年为历史最高值，达到了5.63亿英镑，相比2010年增加了3.94亿英镑，增长了233%，5年间的年均增长率高达46.6%。从销售收入变化趋势看，近5年电子书销售收入增长幅度变化不一，大致以2012年为拐点，此前电子书销售收入保持着50%以上的年度增长率。增长幅度最大的是2012年，当年销售额为4.24亿英镑，比2011年增加了1.68亿英镑，增长率高达65.6%。接下来的2013和2014两年，销售收入的增幅大大放缓，只有不到20%的增长率。由以上数据分析可以看到在英国电子书市场上，电子书销售收入继续增长的趋势在未来一段时间内不会发生根本性改变，但其增长的势头却会继续放缓。

英国出版商协会（Publishing Association）发布的数据显示，在2012年，英国印刷物销售额为29亿英镑，降低了1%，而电子书的销售额增长了134%，达到2.16亿英镑。这意味着，电子书销售额现在已占据图书出版商全部销售额的7.4%。而英国通信管制机构OFCOM宣称，亚马逊已占据英国79%的电子书市场份额。2015年英国电子书销售册数市场占比为25%，电子书与纸质书销售册数占比接近1∶3（见图2-2），然而其销售

---

① The UK Book Publishing Industry in Statistics 2015，PA Statistics Yearbook，2015.

额市场占比仅为16%[①]。由此可见，英国电子书的单价低于纸质书定价（见图2-3）。

表2-1 2010—2014年英国电子书产业规模及增长率（单位：亿英镑）

年份	2010年	2011年	2012年	2013年	2014年
销售额	1.69	2.56	4.24	4.90	5.63
增长率	5%	8%	12%	15%	17%

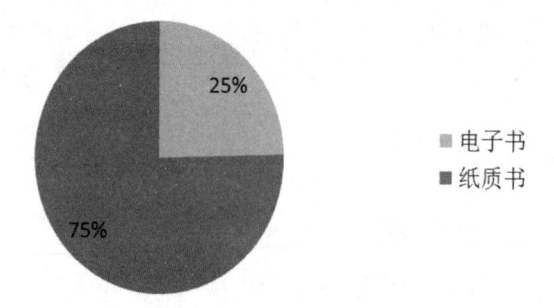

图2-2 2015英国电子书与纸质书销售册数占比情况
资料来源：《尼尔森全球图书市场报告》

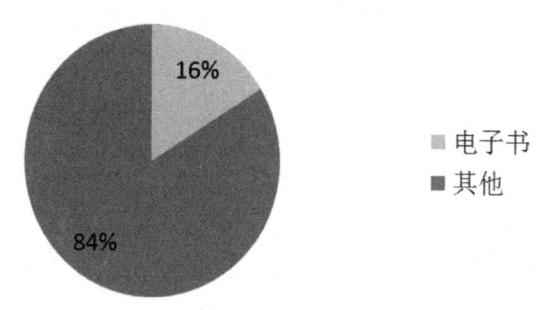

图2-3 2015英国电子书与纸质书销售额占比情况
资料来源：《尼尔森全球图书市场报告》

---

① 数字出版在线.尼尔森：2015全球图书零售市场报告［EB/OL］．http：//www.wtoutiao.com/p/ 19bnyax.html，2016-1-20/ 2016-3-6.

励德·爱思唯尔集团（Reed Elsevier）作为全球最大的科学与医药信息出版商，每年在网上销售期刊收益达到30亿美元；培生集团（Pearson Plc.）买入与教育数字化密切相关的商业英语学习软件公司环球西文和教育服务商美国在线；约翰·威立（John Willy）国际出版公司的数字出版收入占比已达到55%；塔森出版集团（Taschen Group）从1980年开始就有经营艺术品版权及数据库的尝试。过去，网络出版商认为收入主要来自自营的网站主页，而现在他们意识到与移动阅读设备生产厂商和服务商分享利润是大势所趋。越来越多的网络出版商倾向于让内容具备在不同应用平台传播的兼容性，并主动与移动阅读设备生产厂商、软件程序开发商加强合作。

在制作数字产品方面，英国未来出版集团比较有收获。该集团在2011年第四季度的业绩成为数字化转型里程碑，其数字化产品收益增长首次抵补了传统印刷产品带来的亏损。电子期刊流通和广告收入增长了51%，这种增长归结于新媒体的应用。未来出版集团首席执行官马克·伍德（Mark Wood）表示，数字化创新让他们在全球数字市场中接触到全新的消费者。

在出版企业进行数字化转型时，出版社与专业化数字技术公司联合投资或合作，分担数字化转型的经济风险。在书籍出版方面，积极进行"数字革命"的出版社占据了先机。培生出版集团（Pearson Plc.）是英国最主要的出版集团之一，该集团重视数字化转型。过去几年中，该集团对数字化内容的投资高达40亿英镑，同时加大对数字出版新技术的投资，为下一轮竞争奠定基础。培生集团（Pearson Plc.）预测，未来出版的增长主要来自数字业务及国际业务。

英国出版从业者普遍认为，随着iPad及Kindle等电子设备的日趋完善与普及，消费者对电子书的接受程度愈来愈高。2013年上半年，电子书带来约20%的销售收入，同比增长15%。一家由英国培生出版集团和美国麦格劳·希尔（McGraw-Hill）公司等合办的电子教材服务公司目前拥有2万多种电子教材,客户人群达250万人。其产品进入市场后将首先把目标锁定在英国高校学生,运作模式主要以学生租借为主,租期为半年或以上时间,学生可以在电子课本上批注并在线保存。

目前,在英国电子书的使用者已经扩大到各个年龄层,但仍以年轻人为主,教科书和非小说类书籍最适合开发电子书,教育界是英国电子书的最大市场。预计,未来出版商一半的营运收入可能会来自电子书,但是电子书不可能完全取代传统书籍,两者将会并存。

2.1.3 德国

在德国出版业界始终呈现出多元的书业生态,既有像兰登书屋(Random House)这样的大型出版社,也有众多小而美的独立出版社,它们共同为读者构建了丰富多样的阅读世界。即使在数字时代,出版社依然肩负着文化传播的伟大使命。兰登书屋(Random House)亦是在深耕主业的同时多元开拓。作为兰登书屋(Random House)母公司的贝塔斯曼集团(Bertelsman AG)表示,将在未来5至10年进行转型,首要目标是通过数字化和国际业务让公司更快发展。早在20世纪70年代,兰登书屋(Random House)便开始迈出数字化的步伐。时至今日,数字业务节节攀升,数字产品的销售额已经成为维持其业务增长不可小觑的力量,初步形成电子书、有声书、游戏和影视等四大数字出版格局。

在德国,电子书在数年前就已经出现,然而在市场和读者中的发展一直未见起色。电子书数量很少,电子书市场只有10万个电子书品种,不及德国图书市场可供书目的8%。能与大部分电子书阅读设备兼容的格式的电子书仅为8000种上下[①]。

根据捷孚凯市场研究集团(GfK)报告《德国电子书市场停滞不

---

① 中国信息产业网.德国电子书为何长年不火[EB/OL].http://www.cnii.com.cn/gj/content/ 2010-09/ 07/content_793406.htm.

前》①显示，2013年德国电子书的购买量占总图书购买量的3.9%，2014年为4.3%，2015年为4.5%（见图2-4），近3年购买电子书的人数基本没有大的变化。2015年在德国大约有390万人购买了电子书，大约是德国10岁以上人口的5.7%。其中虚构类图书在购买量中所占比例最大，为86%，其次分别为非虚构类5%、指导性图书5%，其他4%（见图2-5）。

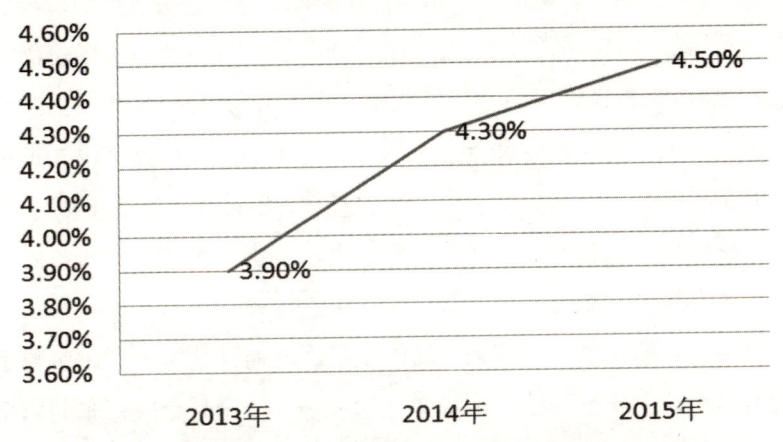

图2-4　德国2013—2015年电子书在总图书销售量中的百分比
资料来源：《GfK报告德国电子书市场停滞不前》

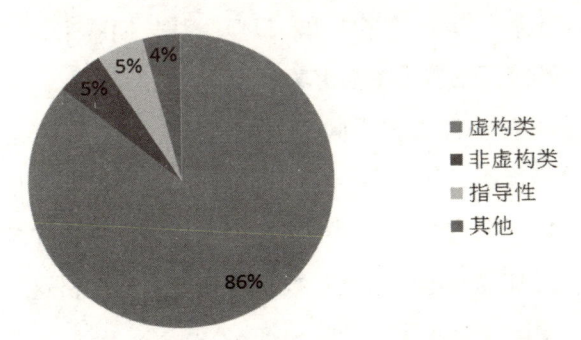

图2-5　2015德国不同类别电子书销售册数占比情况
资料来源：《GfK报告德国电子书市场停滞不前》

---

① 李慧楠. GfK报告德国电子书市场停滞不前［EB/OL］. http://www.cdpi.cn/xzx/toutiaoyaowen/20160303/14722.html，2016-3-3.

在德国图书产业这个大市场中，电子书的销售额及市场占有率在一定程度上受传统实体书店、网络书店以及出版社销售情况的影响。德国书业协会发布的《德国2015图书产业数据报告》统计数据显示，2014年，德国图书产业销售额小幅度下降了2.2%，降至93.2亿欧元。传统的实体书店销售额为45.8亿欧元，所占行业市场份额继续攀升，由2013年的48.6%升至2014年的49.2%。而网络书店的销售额和所占市场份额继续下降，销售额为15.1亿欧元，较2013年下降了3.1%，所占市场份额降至16.2%。出版社直销销售额为19亿欧元，所占市场份额为20.4%。2014年大众图书市场（不含教材和专业书籍）中电子书的市场比重由2013年的3.9%升至4.3%，全年共售出电子书2480万册，销售额上升了15%[1]。由此可见，德国在线销售发展水平低，实体书店、出版社直销等传统的销售途径依然为其主要渠道。

数字出版给传统出版带来了新的挑战，然而，德国人对出版数字化比较坦然。这主要是受德国传统文化的影响。德国是个较保守的国家，他们推崇沉稳、严谨、崇尚阅读的文化价值观，作为一个阅读的民族，其阅读的传统一直延续至今[2]。传统出版仍然牢牢占据着出版市场的主要部分，数字出版只是起补充作用。以至于从长期看来，在德国，电子书也不可能将传统图书挤出图书市场。

德国电子书价格偏贵，不同于美国市场上电子图书经销商提供的电子图书的价格低于纸质图书价格的市场情况，为防止价格战，按照本国相关规定，电子书与纸质书同样采用固定价格体系，在各家网站售价相同。因此，外加购买电子书阅读设备的花费，从价格这一营销因素来看，电子书对德国读者缺乏吸引力。

---

[1] 中研网.德国书业协会发布《德国2015图书产业数据报告》[EB/OL]. http://www.chinairn.com/news/ 20160128/162436951.html

[2] 徐志静.德国：一个阅读的民族——德国出版业透视［J］.青春岁月，2012（18）：125—126.

因此，德国电子书的数量远不及美国和英国。德国出版界将此归咎于德国人电子书购买意愿不强，因为，互联网上非法制作流传着大量的劣质电子书，当然电子书版权的问题、盈利模式探索的困境等也是阻碍出版商开发、制作电子书的原因。

2.2 国际三大出版领域数字化实践与探索

以英美等发达国家为代表的国际出版企业的数字化道路，始于几家大型出版社，他们处于自身发展的需求，保持着高度的警惕和危机意识，重视对数字技术和移动互联网的运用，并通过一系列投资或兼并重组，积极推进数字化进程。通过十多年的探索，在大众出版、教育出版和学术出版多个领域都已经形成了较为成熟的产品形式和商业盈利模式。下面我们对三大出版领域的数字化发展模式和特点进行一一分析。

2.2.1 大众出版

由于大众出版的内容具有普适性、非专一性和离散性的特点，读者阅读与购买呈现或然性和随机性，于是，大众出版的需求模型为"或然需求"，而非刚性需求，所以，这就造成了数字化转型中，大众出版需要经过反复尝试和市场检验，才能找到较为理想的可持续的盈利模式。

2.2.1.1 拥有丰富多样的数字化产品

在大众出版方面，各大出版商纷纷试水，除了电子书，还有其他的一些产品形式，比如网站、有声读物、数据库、视频书等，这些产品形式具有互动性强、多媒体、可移动等等特点。时代华纳出版集团（Time Warner Inc）、哈珀·柯林斯（Harper Collins Publishers）和兰登书屋（Random House）是较早开始数字出版项目的大型出版商。

在2000年前后，时代华纳出版集团（Time Warner Inc.）开始全资经营由网络阅读、网络创作和网络学习等三个部分组成的美国互联网公司，巨额投资建立集出版社、书店、写作学校、在线写作社区、写作天赋展示场所以及演讲大厅等功能于一身的电子出版公司iPublish.com，这标志着美国大型传统出版企业开始进军网络出版领域，为我们展示了出版企业在网络时代的运营模式[①]。

哈珀·柯林斯（Harper Collins Publishers）是大众出版企业中数字化转型较为成功的企业，它是五大大众出版集团中首家向图书馆提供电子书的企业；它还擅长运用多媒体的融合，突出其内容优势和特点。除了一般的纸质图书、电子书和早期就探索的有声读物以外，2009年，哈珀·柯林斯（Harper Collins Publishers）还推出了全球第一本视频图书《谷歌打算干什么》。然后，突破传统的出版思维定势，打造了Publish+的数字推广新模式，即寻找到数字和网络形式下，将作者、书商、消费者的范围不断扩大的新出版模式[②]。

兰登书屋（Random House）在2000年前后就在有声读物和电子书领域大胆试水，收购了有声书公司、开发了系列电子书，然而市场表现不佳，之后几年分别从渠道、内容、读者营销和作者服务等多个角度，通过建设多平台销售渠道、将已出版内容数字化、形成代理制定价模式、采用社会化的营销手段、为作者创建门户网站、提升读者阅读体验，实现了数字化的战略转型发展。到2012年底，其数字产品销售额占总销售额的22%。此外，几大出版商与亚马逊、苹果公司等技术商、平台商合作出版以及销售电子书，日益形成较为成熟的电子书盈利模式。

2.2.1.2 电子书是最重要的数字化产品

美国的大众出版主要包括"五大"电子书出版商，按其规模排列即

[①] 时代华纳推出电子出版公司［J］.中国印刷，2001（6）.
[②] 渠竞帆.哈珀·柯林斯：铿锵铁娘子的数字王国［N］.中国图书商报，2007-01-19（9）.

兰登企鹅书屋（Penguin Random House）、阿歇特出版公司（Le Groupe Hachette Livre）、哈珀·柯林斯（Harper Collins）、麦克米伦出版社（Macmillan Publishers Ltd）、西蒙·舒斯特（Simon & Schuster Inc.）。2009年，兰登书屋的电子书销售收入仅占其总销售收入的1%，而到了2012年，其电子书的销售收入已经占全球销售的20%，北美市场的25%之多。同年，哈珀·柯林斯出版社电子书销售占比20%，西蒙·舒斯特占比23%，阿歇特美国公司的数字销售占比已高达26%。兰登企鹅书屋全球营销高级副总裁塞勒斯·凯拉迪、西蒙·舒斯特国际销售总裁赛斯·鲁索、美国阿歇特的副总裁都得到了一个无可争议的结论：于大众出版的数字化而言，电子书是数字化最受读者认可的形式，也是出版商最能够盈利的形式[1]。

（1）电子书销售规模。

根据尼尔森（Nielsen）的调研数据显示（见图2-6~图2-8），2015年美国电子书销售册数占市场比为26%，英国为25%，电子书与纸质书销售册数占比接近1∶3。相比较而言，2015年德国的电子书销售册数在整个图书市场的占比仅为4.5%，发展缓慢[2]。

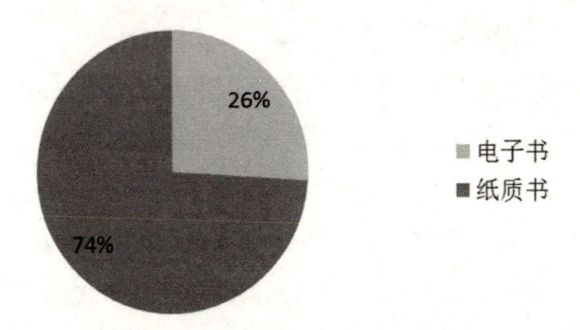

图2-6　美国2015年电子书与纸质书销售册数占比情况

---

[1] 谢山青.美国大众出版的数字化现状与启示［J］.出版广角，2014（1）：57-60.
[2] 李慧楠.GfK报告德国电子书市场停滞不前［EB/OL］.http://www.cdpi.cn/xzx/toutiaoyaowen/20160303/14722.html，2016-3-3.

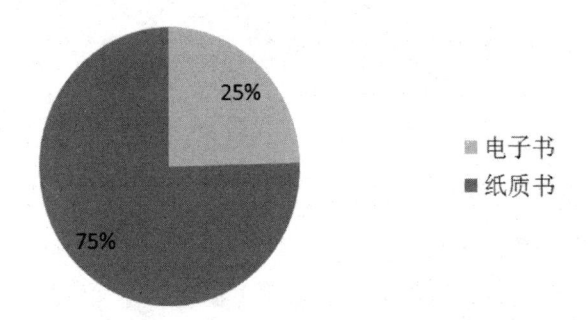

图2-7　英国2015年电子书与纸质书销售册数占比情况

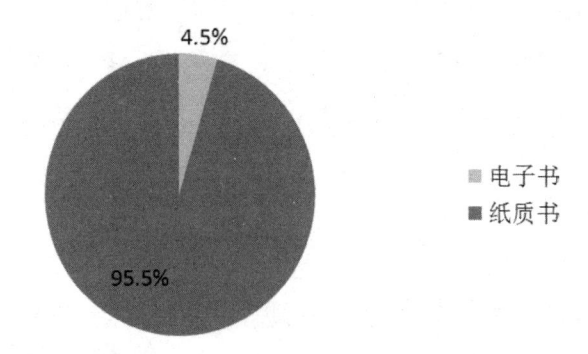

图2-8　德国2015年电子书与纸质书销售册数占比情况
资料来源：《尼尔森：2015全球图书零售市场报告》

（2）电子书销售渠道。

电子书销售的主要模式是大众出版企业将电子书（eBook）的权利授权给平台（数字化服务商、销售平台、终端阅读器生产商，技术提供商、电信和移动运营商），由平台销售后和出版社分成。销售的平台主要是亚马逊的Kindle、巴诺书店的Nook、苹果公司的iBooks等平台。2015年，亚马逊（Amazon）市场占有率为65%，其他较为突出的，分别为苹果iBooks的13%和巴诺书店（Barnes & Noble）的Nook的8%[①]。与2012年相比，亚马逊市场占有率不断提高，而苹果、谷歌的市场占有率有所下

---

① 中国出版集团.16张图帮你读懂美国数字出版［EB/OL］. http：//chuansong. me/n/1510035，2015-7-6.

降，同期，其他销售渠道市场占有率也有所增加（见图2-9和图2-10）

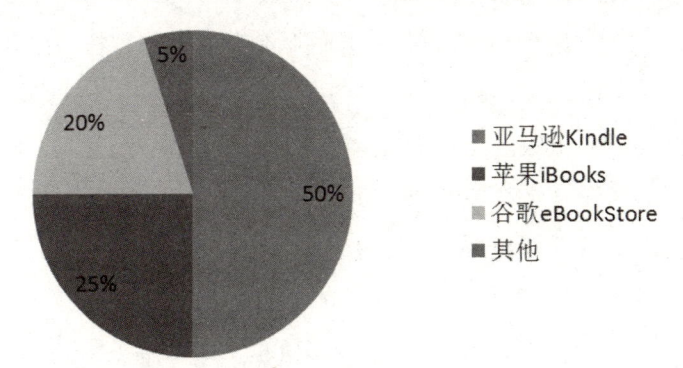

图2-9　美国2012年各电子书销售渠道所占市场份额
资料来源：《美国大众出版的数字化现状与启示》

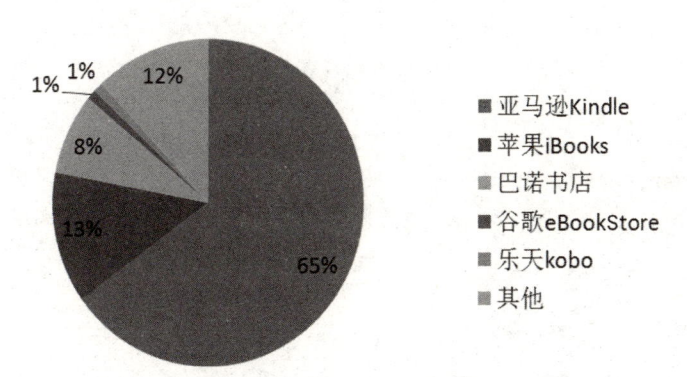

图2-10　美国2015各电子书销售渠道所占市场份额
资料来源：《16张图帮你读懂美国数字出版》

（3）电子书定价。

电子图书定价模式已经基本形成。主要有两种，分别是亚马逊的"内容+平台"的销售模式和苹果公司的"代理制"定价策略。前者是亚马逊主导了电子书的定价，走低价策略，价格从1.99美元至9.99美元不等，而一般硬精装版纸质图书价格则在26~30美元。后者是苹果公司和五大出版社中签订了合作协议，在电子商城出售出版商的电子书，价格也由他们主导，苹果从中分成①。

在电子书的定价问题上，五大传统出版企业与亚马逊一直存在博弈关系。例如2014年亚马逊与阿歇特长期暗暗较劲，阿歇特不给亚马逊定价权，而亚马逊以在网站取消"购买"按钮施以还击。结果双方两败俱伤，直接影响了经济效益和社会声誉。在阿歇特之后，2015年，企鹅兰登书屋与亚马逊在电子书的定价问题又一次陷入焦灼和持续的谈判状态。而这些博弈也影响了未来全球范围内出版商与电子零售商的交易②。

电子书的定价普遍较低。如图2-11所示，2015年各国电子书的人均花费中，日本人均近90美元，英美国家电子书市场占有率高，人均花费却相对低一些，而德国，市场占有率极其低，电子书人均花费却较高。究其原因，日本电子书市场繁荣得益于电子漫画的市场增长，以及便捷的移动电子设备的发展。而再次印证英美市场，其电子书定价偏低；德国的电子书价格偏贵。不同于美国电子书价格低于纸质书价格的市场情况，为防止价格战，德国电子书与纸质书同样采用固定价格体系，售价相同。外加购买电子书阅读设备的花费，那么，从价格这一营销因素来看，电子书对读者缺乏吸引力。所以说，这也是德国电子书的销售远不及美国和英国的一个重要原因。

电子书低价销售甚至免费，是基于数字出版低边际成本的特质。而且，整体上的低价定价策略培养了人们阅读电子书的习惯，利于电子书市场的开拓。于亚马逊而言，帮助其控制了渠道，扩大了市场，然而于出版商而言，难以更好地保障其效益。以英美两国为代表的电子书定价模式和特点已经基本形成。

---

① 罗楠.电子书的发展和定价模式［J］.软件工程师，2013（11）：19-20.
② 2014年英国出版趋势报告［EB/OL］. http：//www. bisenet. com/article/ 201509/152276. html，2016-3-9.

国家	人均花费
中国	$2.30
俄罗斯	$4.70
意大利	$17.80
西班牙	$40.10
美国	$46.00
德国	$55.10
法国	$68.50
英国	$84.40

图2-11　2015各国电子书读者人均花费（美元）
资料来源：《2015各国电子书花销报告》

然而传统出版企业和电商基于利益的争夺，这种基于定价的纠纷和磋商会一直进行。也因为定价的艰难斗争，美国的一些大型出版商开始调整策略，试图放弃对销量的关注，而将注意力转到电子书品质与价位的提高上，希望以此来增加销售收入。

2.2.1.3　抓住核心资源，挖掘数字内容

相比专业出版，大众出版门槛相对较低；相较教育出版，大众出版更贴近人们的娱乐和生活，因此，只要抓住核心资源，勇于开拓市场，大众出版还是有很大的潜力的。区别于一般商品，出版物关键在内容。哈珀·柯林斯（Harper Collins Publishers）是全球第一家将图书内容数字化，并创办全球数字库的大众出版商。

在2014年国际五大出版商公布的财政报告中，哈珀·柯林斯作为2013~2014年度经营利润上涨的唯一一家出版公司上榜。哈珀·柯林斯（Harper Collins Publishers）主要通过对数字内容的挖掘，增强其核心竞争力。首先，作为内容提供商，哈珀·柯林斯（Harper Collins Publishers）在内容进行数字化方面，通过借助先进的技术、广阔的平台和完善的制度加强对版权的保护。其次，对数字内容进行深度挖掘。一方面，哈珀·柯林斯（Harper Collins Publishers）不断探索新的数字产

品的策划，积极挖掘新的作者资源；另一方面，运用多媒体的融合，突出其内容优势和特点。最后，哈珀·柯林斯（Harper Collins Publishers）明白其核心价值就是要积极为读者和作者服务。通过自建数字书库很好地保护了作者的权利、满足了消费者的需求，牢牢抓住了出版竞争的核心。并且还采取一些措施加强作者和读者间的沟通与交流，比如，为了让作者和读者间展开更好的交流，哈珀·柯林斯（Harper Collins Publishers）邀请读者参加其为作者开办的出版讲座，这在当时还是全球首例；另外，还专门针对作者推出新的服务方式，帮助他们及其版权作品建立了电子书店①。

2.2.1.4 采取多样化的数字营销方式

（1）在线零售。传统出版企业数字化普遍的表现之一就是销售渠道的数字化——在线零售，其优势是价格优惠，购买便捷。据调查显示，亚马逊就是在线销售的霸主，占据美国图书市场的半壁江山（约40%）②。

近两年来，美国实体书店甚至出现了回暖迹象。如美国最大的连锁店巴恩斯·诺布尔（Barnes & Noble），在2015年下半年到2016年上半年，店面销售额呈增长趋势③，而且其曾经为了抗衡全球第一大网上书店亚马逊（Amazon），还与谷歌（Google）的Google Shopping Express 服务携手合作。尽管如此，依然难以撼动亚马逊在在线销售的霸主地位④。

---

① 刘银娣. 数字出版启示录——西方数字出版经典案例分析［M］. 广州：世界图书出版公司，2014：3-13.
② 新华社. 亚马逊实体书店新的模式与未来［EB/OL］. http：//news. xinhuanet. com/2016-04/22/ c_1118706198. html，2016-6-9.
③ 人民网. 体验至上，实体书店的生存之道［EB/OL］. http：//world. people. com. cn/n1/2016/0509/c1002 -28333704. html，2016-6-9
④ 科技新报. 美国最大连锁书店Barnes & Noble与Google联手杠上. Amazon［EB/OL］. http：//technews. cn/ 2014/08/09/google-barnes-noble-collaborate-to-take-on-amazon，2016-6-9.

（2）低价营销策略。价格与渠道密切相关，在线销售的方式直接降低了渠道的长度，扩展了渠道的宽度，利于展开定价的营销策略。美国大众出版商哈珀·柯林斯（Harper Collins Publishers）就是通过低价、免费、捆绑销售等一系列灵活的价格策略推动大众读物的销售。

（3）互联网营销推广。哈珀·柯林斯（Harper Collins Publishers）收购了当时世界流量最大的My Space论坛网站，为图书的口口相传及营销造势建立了强大的人脉和噱头；推出了 Browse Inside 网站，再借助搜索功能，为用户与出版社、出版物间实现了连接；依托大数据和互联网平台建立客户数据库，分析不同用户的需求，展开了目标和差异营销；借助网络平台，建立网络直销渠道，实现了线上线下同步销售。

2.2.1.5 开拓规模化的经营方式

哈珀·柯林斯（Harper Collins Publishers）保持开放心态，通过出售、收购等举措，通过向其他平台和机构借力，增强本身在内容、技术、市场等方面的核心竞争力，推动数字化转型与长远发展。比如，哈珀·柯林斯（Harper Collins Publishers）在2014年8月1日完成了对全球最大的言情小说出版社禾林出版社的并购，在2013~2014年度实现了利润增收，而且扩大了规模、突出了细分市场的优势。

2.2.2 专业出版

专业出版，也就是学术出版或科技出版，指的是专门刊出专业性科技研究成果和交流学术观点的出版载体。数字时代，学术交流越来越便捷，对专业出版物的形式和内容也提出了更高的要求。目前在国际出版企业数字化方面最成功就是专业出版领域，专业出版有刚性强、时效性强、个性化突出等需求特点。针对传统专业出版成本高、发行量少、检索不便等劣势，专业出版通过数字技术的广泛应用和数字化转型，极大地满足了受众在内容广度与深度、传播及时性以及搜索有效性等方面的需求。专业出版社通过将自己的专业内容"做专""做精""做深"，从简单的文献服务、内容服务向精深知识和信息服务和平台商转变，形成了成熟的数字化出版模式，主要包括在线数据库、按需出版、内容资源管理与信息服务平台等模式。

专业数据库是基于传统的专业出版社在内容及资源方面的资源，对其进行数字化的编辑加工和处理，形成专业数据库产品，为用户提供专业化的知识和信息服务。数据库产品及时、有效地满足了专业领域的用户对于内容产品广度和深度甚至是个性化的需求。

按需出版是数字时代出版的新模式，是基于数字库存，根据市场需求，由作者或出版企业自助出版，具有低成本、高效率、市场适应性强的特点，适用于那些销量不高、但价格很贵或具有独特性的出版物[①]，比如说学术图书、专业性图书或无法确定销量的新书。

内容资源管理和信息服务提供商是专业出版企业数字化转型最为成熟的模式之一，例如，在2012~2014全球前五名出版公司中[②]（见表2-2），汤姆森路透（Thomason-Reuters）、励德·爱思维尔集团（Reed Elsevier）和威科集团（Wolters Kluwer）在数字化发展过程中都是把自己定位为"信息服务提供商"，而这也是当前国内外专业期刊、图书出版商数字化转型最为成熟的一种商业模式。具体就是依托专业领域的资源，建设在线数字资源平台，通过内容运营，为读者提供内容和信息服务，并获得盈利[③]。

---

① 约翰.B.汤普森.数字时代的图书[M].张志强，译.北京：译林出版社，2014：428-436.
② 凤凰教育.2015世界出版50强排名发布培生集团名列榜首[EB/OL].http：//edu.ifeng.com/a/20150701/41123490_0.html，2015-7-1.
③ 汪忠.数字出版的商业模式与传统出版企业的数字出版发展[J].出版发行研究，2008（8）：58-63.

表2-2　　2012-2014全球前五名出版公司概况（百万欧元）

排名	出版公司（集团或分支）	母公司或所有者	公司主要定位或营收来源	2012年营收	2013年营收	2014年营收
1	培生	培生	全球最大的教育及出版集团之一	6.913	5.655	5.809
2	汤森路透	木桥集团优先公司	商务和专业智能信息提供商	4.080	4.015	4.729
3	励德·爱思维尔集团	励德·爱思维尔	全球最大的STM（Science, Technology & Medical）出版商和专业的信息服务商	4.479	4.417	4.405
4	威科集团	威科集团	信息服务提供商，2014年的财务数字中，有80%的销售收入来源于电子出版物和服务类产品	3.603	3.565	3.660
5	企鹅兰登书屋	贝塔斯曼	世界最大的英语商业国际性出版社	2.142	2.655	3.324

专业出版领域发展数字化主要路径是以用户需求为导向进行创新服务、优化结构打造盈利模式以及专注优势业务等。

（1）以用户需求为导向进行服务创新。

以用户的需求为导向进行服务创新，指的是在数字化科研时代，深入剖析并顺应科研工作者的需求，创新服务的内容和方式，这也是专业出版公司立于不败之地的关键。以用户需求为导向提供创新服务，可以大大地便捷用户对专业出版作品的搜索和使用，并为不同的用户提供特色化的服务，对于强化出版公司品牌形象和扩大市场份额大有裨益。

爱思唯尔（Reed Elsevier）是全世界最大的科学文献出版社之一，也是专业出版领域数字化成功的典型代表。2013年其电子业务占整个市场的68%，其旗下著名的数据库科学指引（Science Direct）是所有学术类数据库中下载量最大的，每年下载量高达10亿多篇。

爱思维尔的企业理念是以用户为中心，并以用户需求为导向，为客户设计和制订个性化解决方案。为了将数字技术更好地运用于内容生产和企业运营，爱思维尔投入巨资进行技术开发，创新服务方式。2010~2013年，爱思维尔平均每年投入5亿英镑用于技术开发。为积极运用大数据技术，爱思维尔大力投资专业技术人员，雇用专门的技术专家和软件开发人员。据悉，爱思唯尔在全球有8000名内部的技术专家从事解决方案开发工作。

2011年5月，爱思唯尔在其出版的期刊中引入谷歌地图功能，谷歌的交互性地图进一步丰富了Science Direct中的在线论文特性，满足了各学科的论文作者们通过地理信息数据互相认识和交流的需求。2012年7月，爱思唯尔又顺应读者需求，推出了语音阅读应用自动朗读阅读器（iSpeech Audio Reader），可朗读论文。2014年前后，爱思唯尔一方面对自有平台，如Science Direct投巨资进行了技术升级；另一方面还收购了为工程师服务的基于网络的搜索工具Knovel、开发科研管理软件Pure的Atira公司以及开发科研生产力软件的Quosa公司。公司坚持以"内容为王"实现价值，为能够嫁接起作者和读者，爱思维尔一直致力于平台——Science Direct全文数据库的投入和创新，保持平台的可发现性的领先水平。爱思唯尔的Science Direct平台几乎每三个月就会更新一次使用模式，接入新的搜索方法和技术，更便利地服务使用者，这样也反过来吸引更多更好的作者，从而形成良性循环。

（2）优化结构，打造盈利模式。

爱思维尔（Elsevier）通过大量收购、结构性调整等策略，强化核心竞争力，塑造内容和专业信息服务付费的商业模式。一方面，爱思维尔出于自身数字化和专业化发展的需要，进行了一系列的兼并和收购活动。比如，爱思维尔（Elsevier）于2013年4月收购了英国学术社交网站Mendeley。爱思唯尔CEO罗恩·莫比德认为，收购Mendely利于爱思维尔执行新的传播策略,即更加注重直接参与同消费者和在线社区的对话。在他看来,之前没有太多参与到用户群中的通道,现在通过兼并改善了Elsevier Connect的平台界面,既可以引导用户到各学科的交流平台去,又可以在整个公司层面得到分享用户的反馈或收获,实现与用户间一个更好的沟通[1]。另一方面,爱思维对企业长期发展不符合企业主要改革方向的刊物和部门进行出售。例如,2011年8月爱思唯尔旗下的三种著名的历史学方面的期刊——《中古史杂志》(Journal of Medieval History)、《欧洲思想史》(History of European Ideas)和《家庭史》(The History of the Family: An International Quarterly)就被泰勒弗朗西斯集团(Taylor & Francis Group)收购。对此,爱思唯尔社会科学和经济学部资深副总裁帕特里克·杰克逊(Patrick Jackson)表示,虽然这三种期刊在爱思唯尔旗下近年来发展良好,但从长远看交给泰勒弗朗西斯集团(Taylor & Francis Group)将能获益更多,我们确信交易之后他们将能得到持续的发展,为高质量的学术研究成果的传播做出贡献。这些兼并和收购的活动,优化了爱思维尔的结构,增强了其核心竞争力,实现了其商业模式的重塑,塑造了内容和专业服务付费的盈利模式[2]。

(3)剥离劣势业务,专注优势板块。

科学研究涵盖的学科领域非常广阔,包括了经济学、法学、文学、历史学、理学、工学、农学、医学、管理学等十几种大类学科。科研出版公司通常只专注于某一或某几个领域,将不擅长的业务领域剥离,专注于优势板块,这将是数字时代强化自身实力的一种有效举措。2013年

---

[1] 乐毅.爱思维尔的战略调整:加强传播力道 持续引领发展[EB/OL].中国出版网, http://www.chuban.cc/gj/my/tj/201404/t20140418_154950.html, 2014-4-18/2016-4-1.

[2] 周益.泰勒与弗朗西斯集团收购爱思唯尔三种期刊.[EB/OL].百道网, http://www.bookdao.com/article/26781/, 2011-9-1/2016-4-8.

培生将从事大众出版的企鹅出版社剥离出去，只留下了培生教育集团，其专业化的决心与魄力可见一斑。这也是培生集团能成为排名全球第一的专业出版集团的主要原因。荷兰威科集团（Wolters Kluwer）是全球最大的专业出版集团之一，也是世界领先的专业信息出版商与信息化解决方案提供商。2009年集团来自数字化业务的收入已达52%；2011年其电子出版物和服务类产品收入占到了其总收入的71%。来自集团年度业绩报告的统计数据显示，2015年其数字化产品和服务收入已占总收入的83%。在步入数字出版时代之后，威科集团果断采取了转型战略，迅速将自己没有优势的业务剥离，更专注于发展自己擅长的领域。业务缩减至财税、法律与法规、教育培训、商业出版、医疗卫生及科学等几个具有竞争优势的核心板块，放弃这些板块之外的所有业务内容。目前，威科重点在于在线业务，以及一部分专业软件，例如用于给医生、会计师、税务师提供服务的软件等。此外，在威科的产品中，其独创了"内容-软件混合解决方案"，将内容和软件相连接，为客户提供更加精细化的服务，比如威科的税务软件，可以自动生成各种报税表格，为纳税人的纳税提供便利，这些软件还可以帮助政府更好地处理税务方面的问题。通过这一软件，可以套用税务公式，实现在线的税务流程，帮助政府实现在线报税的功能。

2.2.3 教育出版

国外发达国家的一些大型的传统教育出版集团经过尝试和探索，通过对内容优势的巩固和技术的投入，作为平台和内容运营商来主导数字出版产业发展，基本上已经形成了较为成熟的商业模式，完成了数字化的转型。培生集团（Person Plc.）、汤姆森集团（Thomason Corp.）和麦格劳—希尔集团（McGraw-Hill Group）是当今世界三大教育出版巨人。其中，培生和麦格劳—希尔都志在提供从小到老的全套教育解决方案，而汤姆森则独钟高端市场——它的四大业务中，无一不具有相当的专业门槛——法律、财经、科技、医疗自不必言,其学习类业务也主要是针对大学和成人教育,同时法律、财经和科技又都可以为高等教育服务,比如法学院与医学院教育。在数字出版时代,教育出版机构面临的最大挑战是如何从一家以出版为主的公司转变为从不同角度运用科技来创新的公司,来帮助学生有更好的表现,使教师更加关注自己的行为,这也是全世界出版业面临的挑战。

教育出版企业数字化的模式主要包括传统出版和数字化出版融合发展、建设规模化的内容资源管理平台、成为个性化解决方案的提供商、移动学习模式、在线教育模式等。

传统出版和数字化出版融合发展,主要突出强调二者的综合效益。出版企业在坚持纸质教材出版的同时,开发配套的数字资源,比如说,电子版的教材、课件、教学网站、视频等,二者共同促进,增加用户对产品的黏性,为教育出版数字化发展开辟了一条途径。

建设规模化的内容资源管理平台,即通过发挥教育出版企业在内容资源上的优势,包括各种电子教材、试题、内容解析,以及课程视频、图像、动画等,根据其内在联系,将其整合、管理,同时借助技术平台,将这一系列的内容资源编辑加工、存储、管理、发布、运营等,以满足用户的需求。

成为个性化解决方案的提供商,在一定程度上补充了传统教育的缺陷,它借助技术和平台,根据不同的读者需求,为其提供个性化的教学和解决方案,实现了教育的个性化发展,是数字时代的典型特点。

移动学习模式,是基于起移动化的终端设备而形成的,是伴随着全球范围内智能手机、平板电脑,以及移动互联技术的兴起和发展,而形成的一种新的教育出版数字化模式。

在线教育是传统教育的重要补充方式,是传统教育出版企业数字化的积极探索,是近年来数字教育蓬勃发展的重要模式。

目前,教育出版领域面对数字化主要采取的路径:一是加大核心业务数字化转型与新兴市场拓展；二是大力发展在线教育。

（1）加大核心业务数字化转型与新兴市场拓展。

传统教育出版集团的数字化发展与企业的发展战略密切相关，他们主要通过专业化、全球并购与协同发展的路径实现数字化转型和发展。

①剥离非核心业务集聚内容资源。剥离非核心业务，即"归核化"战略，是指战略选择由原来的分散型发展为现在的核心型。面对数字化和信息技术浪潮的冲击，培生集团（Person Plc.）能够保持强劲的增长势头，很大程度上得益于其进一步将核心教育出版业务向数字化转型以及对新兴市场的大力投资[①]。培生集团（Person Plc.）实施以教育出版为重心持续投资的集团战略。在经过了充分的市场化洗礼后，以培生为代表的发达国家的出版业走向了更具规模的专业化道路[②]。培生原本是教育出版、财经新闻与咨询服务、大众出版三大板块协同发展，后专注于教育出版。其中最具代表性的事件是，2013年2月14日，培生集团（Person Plc.）宣布以拥有47%的非绝对控股权的方式将企鹅集团（Penguin Group）与贝塔斯曼（Bertelsmann AG））旗下的兰登书屋兼并，强强合并意在掌握大量资源以提高书籍质量、投资电子书市场以及增加在新兴市场的份额；2015年7、8月份分别出售旗下百年大报《金融时报》以及另一份具有全球影响力的标杆性期刊《经济学人》杂志。这都意味着培生集团（Person Plc.）已经有意识地把更多的资源投入到最具有增长点的业务上，更好地实现主要市场的增长。又如麦格劳·希尔公司（McGraw-Hill）为了从全方位内容的信息服务商转变为更加注重针对性和专业性的信息供应商，出售了自己掌管了80年的《商业周刊》及另外60本杂志，其原因在于麦格劳·希尔（McGraw-Hill）认为《商

---

① 凤凰教育.2015世界出版50强排名发布培生集团名列榜首［EB/OL］.http：//edu.ifeng.com/ a/20150701/41123490_0.html，2015-7-1.
② 周爽.英国培生集团的经营策略研究及其启示［J］.出版广角，2013（4）：77-80.

业周刊》等杂志提供的数据还是太大众化，并且不再符合母公司的发展策略，剥离就成为一种必要。而汤姆森集团（Thomason Corp.）早在2003年就出售了其赖以发家的报业。三大集团通过剥离非核心业务，哪怕这些业务的盈利性再好也不足惜，最终实现了优势内容资源的集聚与整合。

②以加强核心竞争力为目标的全力并购与合作。教育出版三大集团无一例外，都是通过品牌收购和业务整合确立其市场领导地位的。如2010年培生相继收购南非电脑培训学校CTI（75%股份）；2011年11月培生宣布收购我国最大的外语连锁培训机构之一的雅思；2014年2月培生完成收购巴西成人英语培训公司Grupo Multi等。2015年培生在虚拟学校和在线课程管理等领域是稳定中发展。另外，汤姆森对西蒙出版公司的收购，麦格劳-希尔对时代明镜高教集团的收购，均使收购者一举在相关市场上取得了领先地位。另外，培生也采取合作战略。2011年9月，培生集团与加拿大教育集团艾木纳塔（Eminata）集团展开合作，Eminata集团旗下的各院校学生将通过iPad上的培生电子教材应用获取他们的课程内容。同年10月，培生集团又与谷歌公司合作推出了免费学习管理系统开放教室（Open Class）。2012年全年，培生集团超过1/3的收入来自数字出版产品。2015年在巩固既有业务的基础上，培生又在国际市场进行新的尝试，与英国埃克塞大学试水在线学位教育。该项目提供的所有课程均可在线学习，完成相关考核后即可获得埃克塞特大学发放的正式学位。目前双方合作主要集中在研究生学位课程，跨多个专业领域，将于2016年9月全面上线。

③传统出版与数字化出版协同发展。培生教育集团（Person Education Group）数字化转型除了数字化的产品外，更重要的是数字化的服务。培生教育集团不仅提供内容，还投资技术和平台，用整条数字化产品与服务线来反哺数字化教材，二者协同发展的盈利模式，走的是"整体性"的路线。

培生集团在数字化产品及数字化服务的开发中，以教育技术学整合数字化出版，以学习的全过程为主线，将教材的数字化出版置于学习、教学、课程体系中。围绕在线教育，培生有面对老师和学生这两条核心线。一方面，教师通过网站和终端形式管理个人教学、研究、学习，以及工作过程中收集的图书、研究资料、机构政策、内部资料等各种资源，还为教师提供多种培训课程；另一方面，对学生不仅可以提供常规的分学科教学资源、在线学习平台、开放课堂、教材和学习工具等，还可以结合考试以及论文写作的需求，提供个性化的需求，另外还有在线作业平台、辅导中心等其他附加值服务。

所以，在数字化转型中，培生不仅是在线教育产业链条中的内容提供商，还是数字化教育教学解决方案提供商。对教育系统中的管理者、教师，以及学生而言，培生支持教学和学习的整个流程，提供全套的教学和学习支持系统，还为不同客户提供了一系列个性化教育方面的整体解决服务方案。比如培生教育集团借助大数据推行个性化英语教育，它针对6~12岁儿童英语学习的Big English教材体系引入了首款My English Lab（培生集团的在线教学资源平台）学习辅导系统，采取线上线下综合作用的教学模式[1]。

（2）发展在线教育。

"在线教育"（Online education）是一种运用网络、多媒体和多种交互手段进行系统教学和互动的新型教育方式。在线教育得益于计算机技术的起源和发展。在线教育在西欧和北美起步较早，整体上发展水平较高。国外在线教育经历了起步期、发展期、成熟期、成熟期等四个阶段（见图2-13）。

---

[1] 中国出版网.培生集团：借大数据做个性化英语教育［EB/OL］. http：//www.chuban.cc/ gj/my/tj/ 201409/t20140912_159067.html，2014-9-12/2016-4-9.

```
起步期(20世纪60     发展期(20世纪70     成熟期(2000年左     飞跃期(2010
年代-70年代)        年代中期-2000年)    右)                年前后)

•萌芽、缓慢发展    •蓬勃发展时期。    •向新高峰发展。    •大规模在线教育
阶段。主要是传     微型计算机快速     高校和企业合作,    慕课(MOOC)出
递信息。          普及,教育类课     在线教育在更多    现并快速发展;
                 件、软件产生,     领域得以应用和    移动学习崭露头
                 各自为营发展,     发展。            角
                 教育资源零散。
```

图2-13 国外在线教育发展阶段

资料来源:《中国在线教育产业蓝皮书》(2014-2015版)

根据受众来分类的话,在线教育主要包括K12在线教育(从幼儿园到十二年级)、Pre-K12教育(学龄前家庭教育课程)、在线高等教育、企业在线教育等。传统出版企业广泛参与在线教育。据Ambient Insight 2013年对全球七个地区(北美、拉美、西欧、东欧、亚洲、中东和非洲)的研究统计,全世界在线教育年均增长率为7.6%,其中,东欧、非洲和拉美的在线教育增长最快,分别是16.9%、15.2%和14.6%。

欧美发达国家对于在线教育,无论是在中小学、大学,还是商业或政府机构,其投资都是巨大的,这其中,政府类投资最多。以美国为例,尤其是近两年,美国的在线教育市场空前扩大,政府出台一些措施大力扶持教育企业的发展,并专门设立了存进在线教育技术及其产业发展的创业孵化和催化园区,鼓励在线教育发展。而非政府类个人投资也积极关注在线教育领域,从2013年Ambient公司的统计看,个人投资在2012年达到15亿美元,而2013年也是在平稳中发展。

根据《2015年国际数字出版年度总结》[1],2015年各国出版大鳄纷纷出手,发力在线教育业务领域。德国贝塔斯曼集团(Bertelsmann AG)作为在线教育服务的新军,2015年秋季完成了新业务部门——贝塔斯曼教育集团的组建,宣布将全力拓展该业务领域。该集团今年完成了一系列的在线教育方面的投资和收购行为,包括RediLearning和Alliant国际大

---

[1] 魏凯.2015年国际数字出版年度总结[J].出版广角,2015(Z1):22—26.

学，以及向美国在线教育服务提供商HotChalk投资230万美元，并成为其最大股东。本次投资是贝塔斯曼拓展教育领域的一项重要步骤，教育业务将成为贝塔斯曼继媒体和服务之后的第三大支柱业务，为高等教育提供在线服务是其主要战略之一，预计年营业收入将达到10亿欧元。老牌数字教育服务提供商圣智学习，则不断打磨数字教育产品，以提升在线教育服务的能力。2015年其借助Gmail、Classroom、Drive、Docs等谷歌应用服务全面提升在线教育产品线。通过使用谷歌应用服务可以使各级别的研究人员将圣智的内容资源集成到他们工作流程平台中，使他们可以便捷地利用圣智的电子内容去提升研究和学习体验。目前全世界范围已有超过5000万科研人员使用谷歌应用，本次完成与谷歌应用服务集成将使圣智学习具备提升科研人员研究效率的巨大潜力。麦格劳希尔教育集团对数字教育服务极大重视，2015年整个集团预计1/3的数字产品收入来自K-12产品。今年集团研发了移动教学设备及教育技术，向K-12阶段学校提供更好"Classroom in a Box"个性化在线教学解决方案，以帮助教师学生更好地利用数字化教育手段探索新知。

在所有学习内容中，英语在线教育是最受欢迎的，这个市场的份额占比也比较突出。首先，英语语言类的产品在国际语言学习市场上最占先机，比如，在2011年，英语学习产品（离线和在线）共创造了359亿美元的收益（占总的语言学习市场的61%）。另外，英语在线教育的国际市场巨大，不但在非英语母语国家，而且在英语母语国家都有很大的需求量。其中一些以移民著称的国家对英语在线教育学习的需求也剧增。

移动学习也是在线教育的重要生力军，其发展要得益于2010年后移动技术、互联网技术、传感器技术和虚拟技术的发展。据统计，北美移动学习市场在2012年的份额达1.4亿美元，预计在2017年达2.1亿美元[1]。

---

[1] 吕森林，邵银娟，冯超.中国在线教育产业蓝皮书（2014-2015版）[M].北京：北京大学出版社.

2.3 国际出版企业数字化发展的特点

西方发达国家出版企业在由传统出版向数字化出版转型的过程中，发挥自身的优势，牢牢把握数字化发展方向的主动权，最终取得非凡的成绩。通过对以美国、英国和德国为代表的欧美国家个案的研究，可以发现他们在数字化方面的成功应归功于四点：传统出版的内容优势、较高产的业集中度、多样化的营销方式及健全的出版法律体系。

2.3.1 传统出版的内容优势是拓展数字出版业务的基石和核心竞争力

数字化改变了出版的载体和阅读方式，但内容资源的作用和地位并未发生任何改变。"内容为王"这一定律在数字出版时代依然适用。西方发达国家的传统大型出版集团之所以能够在数字化转型中依然保持其主导地位，最重要的一点就是得益于其在内容资源方面的竞争优势。欧美的大型出版集团一般历史比较久远，规模比较庞大，有着非常深厚的内容资源积累，在某个或某几个专业领域内占据垄断地位或者明显的优势。像以施普林格（Springer）、汤姆森（Thomson Corp.）和约翰·威利集团（John Wiley）等为代表的国际出版巨头，正是利用自身强大的资源优势，通过技术转换，整合内容资源，这样很快就开发出数据库产品，并可以满足数字网络媒体的海量要求。因此，拥有丰富的内容资源是发展数字出版业务的前提。在传统出版向数字出版的转型过程中，传统的出版单位依旧占据着统治地位，而内容依然是其核心竞争力，技术则成为次要要素。在这种情况下，比较容易形成顺畅的产业链，并可在短期内迅速扩大产业规模，商业运作也在较短的时间内进入了一个良性循环。

2.3.2 较高的产业集中度促进了数字出版产业的形成与发展

出版业具有规模经济的特性，出版企业规模越大，单位产品的边际成本也就越低。一般来说，单独一家出版单位拥有的内容资源，不能满足受众多样化、个性化的需求。数字出版业务最为核心的工作就是资源的积累与整合，缺乏海量内容资源的支撑，数字技术与网络技术带来的便捷性就无法实现。国外出版市场竞争充分，产业集中度较高，市场份额基本被领先的几大出版集团瓜分。而且产业的资本流动也是不受限制的，出版公司之间可以通过资产重组、并购等多种手段以实现资源的重新整合。这样一来，通过资本层面的整合，国外出版商快速实现了内容资源按专业领域、市场细分等的整合与集中。而且，通过采取上述手段也可以实现内容公司与技术公司等产业链之间不同主体的整合，将内容与技术等各自的优势发挥到极致，从而实现了产业发展所需资源配置的最优。像培生集团Pearson Plc.）成功并购励德·爱思唯尔（Reed Elsevier Group）旗下的哈考特教育和在线学习服务商数字学院公司，使培生集团一举成为英国教育市场的领头羊。还有汤姆森集团（Thomson Corp.）并购路透公司，新公司汤姆森·路透（Thomson Reuters Corp.）成为全球最大的财经信息集团。近年来，全球传媒集团并购案有增无减。

2.3.3 多样化的营销方式是取得数字化转型成功的一大关键因素

国外出版企业除了注重数字技术的应用外，还积极有效地开发新的营销方式。在数字化时代，如何能让读者在浩瀚的数字内容资源中找到自己想要的东西是营销工作需考虑的首要因素。互联网最大的优势就是索取信息的便利性和及时性。面对亚马逊等网络书店的快速扩张，哈帕·克林斯（Harper Collins Publishers）、兰登书屋（Random House）、西蒙·舒斯特（Simon & Schuster, Inc.）等公司纷纷通过网站开展图书营销业务。哈帕·克林斯（Harper Collins Publishers）在自己的网站以及所有门户网站和热门搜索引擎上提供其所出版图书信息的链接，通过e-mail经常向目标用户发送图书通信等手段，与读者建立直接和稳定的联系。贝塔斯曼（Bertelsmann AG）利用新技术加速扩张其互联网业务，创建贝塔斯曼在线（BOL），并与贝塔斯曼书友会整合，建立在线平台，为书友会业务提供支持，另外，还通过旗下兰登书屋的新媒体部门在各门户网站和网上社区寻找和吸引读者[①]。2008年10月，美国企鹅出版集团（Penguin Group）投资的速配网上线，开启了图书网上营销服务项目，其"企鹅经典博客"和"企鹅假日阅读博客"都收到良好的营销效果。而培生集团在营销中特别注重满足顾客的需求，提出了"无论如何，设计出来的产品必须是顾客需要的，销售渠道是顾客愿意接受的，重视顾客，哪怕只有一个人或少数几个人；产品必须具有个性，是独一无二的，但又符合规模生产效益的要求"[②]。

2.3.4 完善的出版法律体系是数字化成功的保障

在欧美出版产业数字化发展过程中，他们特别注重数字出版法律法规体系的建设。英国是全球法律最健全的国家之一，英国的法律家们一直崇尚经验，注重实用。在出版行业，虽然英国没有专门的出版法，但是英国不仅有《版权法》和《数据保护法》，还有《邮局法》《官方机密法》等二十几个涉及出版的有关法律，在图书出版、图书馆、图书流通等各方面，基本上每个环节的管理都做到了有法可依，让出版业处于严密的法律环境中，做到了出现问题都能找到相关的责任人。而在美国，数字出版的高速发展也离不开数字出版法律制度的合理规制和保

[①] 张志林，彭文波. 未雨绸缪：国际出版集团的新媒体发展策略[J]. 编辑之友，2007（4）：69-71.

[②] 杨贵三. 三足鼎立，教育为重——走进英国培生集团[J]. 大学出版社，2004（13）：25-30.

障。美国数字出版法律制度经历了很长时间的发展演变，从最初《1976年版权法》到《1995年知识产权与国家信息基础设施》白皮书、《1997年在线版权责任限制法》、《澄清数字化版权与技术教育法》、《1998年千禧年数字版权法》（DMCA）和《2009年数字消费者知情权法》等法案的颁布，最终形成了今天较为完善的数字出版法律体系。在获得版权方面，国外出版企业也已形成比较完善的授权模式。大型出版集团主要采用授权，通过著作权集体管理组织专业的版权代理机构代理人获权、集团化购买版权的方式，此外还可通过默许、"创作共用"协议和"公民互联网授权联盟"的方式获得版权。这一系列数字出版法律法规在整体上适应了数字时代的发展要求，在保护了版权人数字利益的同时，也促进了知识的共享与传播，维护了数字环境下的版权秩序，为美国数字出版的良好发展提供了健全的法律保障，并且为世界上其他国家数字出版法律制度的建设提供了范本[①]。

2.4 国际出版企业数字化发展趋势

根据国际出版业市场调研公司公布的一些行业数据、各国目前的数字化发展现状，以及欧美国家市场和社会环境的变化，分析未来国际出版企业数字化发展趋势，对把握我国出版企业数字化方向有一定的借鉴意义。

2.4.1 电子书增长趋势放缓

电子书销售作为数字出版营收的重要组成部分之一，在2010-2012年伴随着英美纸质书销售的下滑，进入到快速发展的阶段。但是，近三年，电子书销售在各国出版商整体营收所占的比重却在逐年下降，2013-

---

① 黄先蓉，李魏娟. 美国数字出版法律制度的现状与趋势［J］. 中国出版，2012（17）：59-62.

2015年依次为66%、60%及45%。2015年电子书销售市场情况发生重大逆转，增速趋缓。根据《尼尔森全球图书市场报告》的数据显示，在英国，电子书在图书销售当中所占比例也经历一个不断增长的发展过程。不过进入2014年以后，电子书销售的比重逐渐平稳。2015年前三季度电子书销售册数和销售额同比均有所减少（见图2-14）。

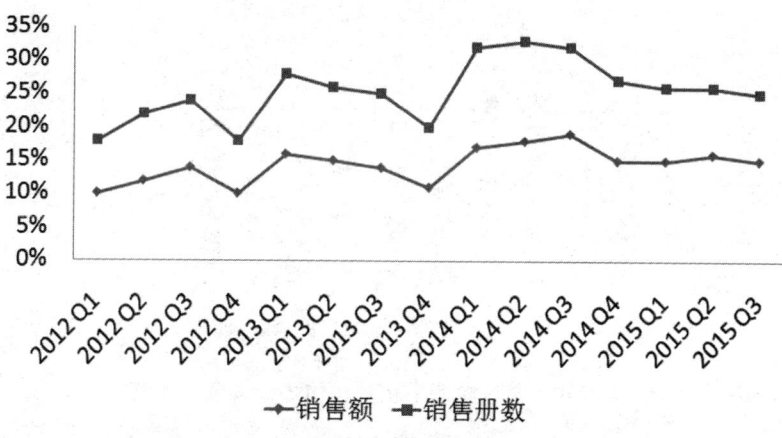

图2-14：2012-2015英国市场电子书销售占比发展趋势
资料来源：《尼尔森：2015全球图书零售市场报告》

根据企鹅兰登书屋（Penguin Random House）、哈珀·柯林斯（Harper Collins）、西蒙·舒斯特（Simon & Schuster, Inc.）、霍顿·米夫林·哈考特（Houghton Mifflin Harcourt）等国际大众出版商发布的2015年前三季度财报显示，电子书销售额严重下降成为各家财报的一个共同现象，如哈珀·柯林斯截至2015年9月30日，电子书销售实现税息折旧及摊销前利润4200万美元，较2014年同期的5500万美元，下滑达23.6%；西蒙·舒斯特的图书总销售额虽然增长了2%，但前三季度电子书等数字产品销售额同比下滑了24.8%（约5000万美元）。2015年整个图书出版市场，纸书和电子书的销售比更是接近3∶1[①]。电子书销售额下降，一方

---

① 魏凯. 2015年国际数字出版年度总结［J］. 出版广角，2015（Z1）：22—26.

面是受纸质书销售的影响，2015年尼尔森监测的九个区域市场（美国、英国、爱尔兰、意大利、澳大利亚、新西兰、南非、巴西、西班牙）中，有6个区域市场的纸质书销量相比于上一年度上升，其中，美国和英国纸质书市场分别增长2.8%和3.7%[①]；另一方面，价格、阅读器的发展等也是影响电子书销售的重要因素。

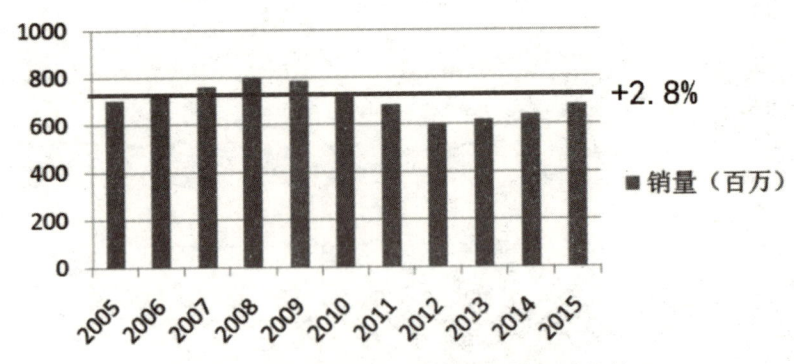

图2-15 美国纸质书历年销售规模与增长情况
资料来源：《尼尔森：2015全球图书零售市场报告》

2.4.2 有声书增势迅猛

随着计算机、互联网技术的发展，有声读物的内容和形式更加丰富多元，不仅包括电视、电台、计算机，还包括 MP3、iPad，以及各种智能移动终端设备。以英美为代表，有声读物在过去的几年发展迅速。

英国《出版商》（Publishers）杂志2015年发布的数字出版调查的问卷结果显示，有声图书增势迅猛、表现亮眼。与过去五年间的调查结果有所不同，2015年有声图书产品第一次成为从业者关注的热点，并有大量数据表明其正在进入市场蓬勃期。根据2014年的数据，有声图书的市

---

① 数字出版在线.尼尔森：2015全球图书零售市场报告［EB/OL］.http：//www.wtoutiao.com/p/ 19bnyax.html，2016-1-20/2016-3-6.

场份额增长率，仅处在数字出版产品十大类型中的第九位，而今年迅速攀升至第二位。如阿歇特出版集团过去的一年中有声图书的增长速度在公司全线产品中遥遥领先。美国西蒙·舒斯特的有声书销售2015年前9个月，比上年同期增长了40%。

  鉴于有声书是美国数字图书增长较快的版块，Open Road总裁Jane Friedman强调："有声书版权一定要拿到，是最重要的版权之一！"根据《商报》2014年度美国出版趋势报告显示，美国可下载有声书销售4800万册，可下载电子书销售5.1亿册。可下载有声书保持了连续多年的增长势头，与2013年相比，销量增长27.0%，销售收入增长26.8%，实体有声书则有小幅下滑[1]。据美国音频出版商协会（APA）官方网站历年调查数据显示：有声读物出版数量从2009年的4062种发展到2014年的25781种；有声读物销售额从2005年的0.871亿元发展到2014年的1.47亿元[2]。2014年度美国出版业统计报告（Statshot Annual）首次对有声书和电子书订阅市场进行了监测，结果显示约20家出版商提供电子书订阅服务，有声书订阅市场大于电子书订阅市场，分别售出了388万册有声书和247万册电子书[3]。根据以上数据我们可以看出，有声读物在美国发展迅速，盈利可观，市场较为成熟。

  有声读物的快速发展和市场的形成有一定的背景和原因。以美国为代表，有声读物的健康、快速的发展，得益于其健全的协会体系、多样化的营销渠道以及成熟的读者市场。美国音频出版商协会是一家致力于维护有声读物市场健康发展的非营利性机构，成立于1986年。它一方面关注市场，通过对市场的调查和分析，帮助从业者更好地把握市场需

---

[1] 中国出版集团做书.16张图帮你读懂美国数字出版［EB/OL］. http：//chuansong.me/n/1510035，2015-7-6/2016-3-7.
[2] 必胜网.2014美国数字出版趋势报告［EB/OL］. http：//www. bisenet. com/article/201508/152236. htm，2015-8-31/2016-4-12.
[3] 胡海燕.美国有声读物的发展对我国的启示［J］.新闻研究导航，2015（24）：191-193.

求、进行读者定位、有效满足市场需求，进而促进有声读物市场的繁荣。此外，这个协会还将通过组织活动增加、促进有声读物在大众和社会上的影响力。美国丰富的营销渠道为有声读物的发展创造了条件。互联网技术的发展改变了人们接收有声读物的方式，网络下载、网店购买成为其主要的消费方式。除此之外，美国的图书馆、加油站、便利店、机场、俱乐部、折扣店等都是有声读物的销售渠道，还有专门的实体书店或者专柜。据调查显示，得益于美国已形成的阅读习惯和90%以上的汽车普及率，形成了独特的具有美国特色的"车载有声读物"文化。其他国家，如德国、英国等，虽也有车载有声读物产品，但没有形成像美国一样较为成熟的市场[①]。此外，近几年青少年市场的日益扩大、终端阅读器的发展、儿童阅读习惯的改变等一系列因素让儿童在一定程度上促进了儿童有声读物市场的日益扩大，而这将促进有声读物市场进一步发展。

国际数字出版业内普遍认为：数字出版正在进入新一轮的产品以及商业模式进化阶段，推动其发展的主要因素来自内容生产渠道和读者获取方式多元化的现状。对于已经成长起来的"90后"、"00"后一代，由于其生活已被智能手机和其他一系列电子装备所包围，有声类图书产品将成为他们接触文学类作品的重要渠道。

2.4.3 移动出版成为出版数字化的一大趋势

移动互联成为出版数字化发展趋势的重要基础是，智能手机和终端阅读器等移动设备在全球范围内的增多，以及互联网技术、无线网络等技术的日益发达和全球范围内的覆盖。就美国市场而言，据皮尤研究中心数据，目前全美有1.75亿个智能手机用户，预计到了2020年，13岁以

---

① 金强，贾晓婷. 车载有声读物的发展现状及前景分析[J]. 出版科学，2012（5）：61—67.

上的美国人将100%使用智能手机[①]。

移动互联网为出版商们带来了机遇，使得他们可以跳过中间渠道商，直接与读者实现产品和服务的对接，并实现双向互动，更好地了解市场，实现以用户为中心。从全球来看，全球智能手机用户增速和出货量方面，虽增速放缓，但整体上保持持续增长状态。据被誉为"互联网女皇"的凯鹏华盈（KPCB）合伙人玛丽·米克（Mary Meeker）公布的2016年《互联网趋势》（Internet Trends）报告显示，2014年全球智能手机用户增速是31%，2015年是21%；出货量方面，在5年的高速增长后，2014年出货量增长28%，2015年出货量增长只有10%[②]。

2015年，欧美发达国家多家国际出版巨头都着手发布了移动终端的APP应用服务，分别采取了不同的数字产品设计和研发策略。比如，企鹅兰登书屋以其已具有35年出版品牌的《笨蛋夫妇》为内容蓝本，策划开发了App应用程序，并且首次采用3D渲染技术呈现了笨蛋先生和笨蛋女士；美食图书出版商1000 Cookbook发布了颠覆传统美食类图书的内容生成和消费模式的App应用，将互联网精神发扬光大，借助社交媒体，实现全方位对客户的服务[③]。

2.4.4　在线教育愈来愈得到关注

教育出版一直是出版各领域中最关注的领域。各国出版大鳄纷纷发力，进入在线教育业务领域。在线教育得益于互联网和信息技术的发展，基于其在解决教育的公平和效率等问题的重大意义，这一领域在2015年就已经是群雄逐鹿，比如贝塔斯曼教育集团组建，宣布将全力拓

[①] 魏凯.2015年国际数字出版年度总结［J］.出版广角，2015（Z1）：22—26.
[②] 新浪科技.互联网女皇2016年年度报告中的18个重要趋势［EB/OL］.http：//tech.sina.com.cn/i/2016-06-02/doc-ifxsvenx3105036.html，2016-6-2/2016-7-6.
[③] 中国图书出版网.2015年国际数字出版年度总结［EB/OL］.http：//218.249.32.178/Web/ ArticleShow.aspx?artid=124112&cateid=A21，2016-1-8/2016-7-6.

展在线教育领域的业务，预计教育业务将成为其继媒体和服务后的第三大支柱业务。由于对内容个性化的需求，大数据技术在学习领域得到了充分的应用。据统计，全球移动学习市场在2012年达到了5.3亿美元，并将以18.2%的增长率快速增长。北美移动学习市场在2012年的份额达1.4亿美元，预计在2017年达2.1亿美元。如图2-16所示，移动教育产品主要包括以下几种，其中，增值服务、用户内容定制开发、移动学习内容编辑平台和软件在全球范围内快速增长的趋势最强烈。主要原因基于国家政策方面的支持，以及投资力度的加大和移动技术的发展[①]。

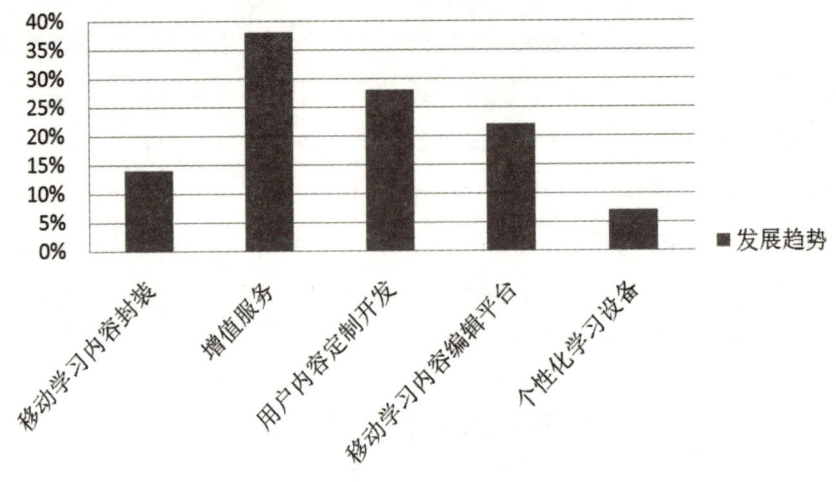

图2-16 2012-2017全球移动学习产品发展趋势
资料来源：Ambient insight 2013

2.4.5 阅读终端竞争日益激烈

皮尤研究中心2015年发布的调查数据显示，2015年美国成年人持有电子阅读器的人数只占19%的受访者，与2014年早期的调查结果为32%

---

① 吕森林，邵银娟，冯超. 中国在线教育产业蓝皮书（2014-2015版）[M]. 北京：北京大学出版社.

相比，下滑了13%。然而阅读终端设备的大战却依然如火如荼，继电子阅读器之后，平板电脑成为争夺的新主战场。2015年10月，巴诺书店发布了新款大屏NOOK平板电脑，采用9.6英寸大屏，这款设备被巴诺书店定义为适合全家共用的影音体验设备，内置特有的NOOK阅读软件，可以十分便捷地帮助用户进入个人阅读中心，并将用户的所读所想随时分享在社交媒体之上。在内容方面，巴诺特意强调童书类内容的增加，旨在赢取更多家长消费者的支持。巴诺书店还采用了以旧换新，折价购买的方式。消费者可通过提交指定型号的NOOK、iPad、Kindle等设备以换取减免最高达200美金幅度的优惠价格。在出版商方面，汤姆森透露2015年11月宣布了与三星电子合作，旨在专业内容领域，使其优质内容与高端设备进一步融合，面向专业人士提供个性化信息解决方案；麦格劳-希尔教育集团也与三星联手，基于三星平板电脑设备，定制开发的ALEKS®及Thrive个性化在线教学软件，为学校提供K-12在线教育服务。此种与硬件商的强强合作，实现优势互补，已成为出版商开拓专有阅读设备，提供独特专业教育内容服务的新模式。

2.5　国际出版企业数字化发展的启示

我国现在正处于传统出版业向数字化转型的探索和实践中，正在走发达国家已经走过的路，欧美等国出版领域已经较为成熟的经营模式和经验，对于我国目前的出版业数字化发展具有一定的借鉴意义。

2.5.1　利用数字化的机会调整产业结构

数字出版不仅省略了油墨和纸张，也可以使传统的产业链从出版社到读者、作者、经销商的所有环节都省略掉，彻底改变了传统的出版产业链条。从国外出版集团数字化进程中我们可以发现，他们都在利用信息高速公路将原有的出版产业链无限延伸，利用这个机会进行产业结构调整。他们重新整合出版产业性质，将传统的出版与在线教育、培训、资格考试等更具服务特性的内容有机结合，融为一个有机的"文化套餐"打包贩卖。这在出版结构调整中更具示范意义。数字出版使传统的出版活动成为网络信息服务业的一部分，因此，传统出版企业要以数字化为契机，积极进行出版产业结构的调整，加速实现产业升级。

2.5.2 数字出版业务可以带来丰厚的商业回报

数字出版业务可以带来丰厚的商业回报，国内出版界曾经质疑"数字出版"在商业上的可行性，这也是数字出版产业在国内发展缓慢的一个重要原因。而在国外，数字出版业务不仅在商业上可行，而且还在较短的时间内给出版商带来了丰厚的商业回报。截至2013年底，欧美部分大型出版集团数字出版收益在其总收益中所占比例迅猛上升，其中汤姆森出版集团（Thomason Corp.）60%、励德·爱思唯尔集团（Reed Elsevier）81%、斯普林格（Springer）61.8%均来自数字出版及网络相关业务。这一创新的出版方式不但获得了市场的认可，也取得了投资者的信任。因此，国际出版巨擘近年来正围绕着数字出版业务进行了一系列的业务重组和资本运作。到目前为止，发达国家出版企业的数字出版收入已经达到50%以上。

2.5.3 加大技术投入，提高出版产业数字化水平

为了将数字技术更好地应用于生产和运营，励德·爱思维尔不惜投入巨资用于技术开发。其中2010–2013年，励德·爱思维尔平均每年投入5亿英镑用于技术创新。我国的信息技术主要由互联网公司和一些技术开发商掌握，出版企业在这方面比较薄弱，缺乏数字资源管理系统。在数字技术应用上，不仅落后于国际同行，也落后于国内其他行业。当前要加大数字出版的硬件投入，加强产品、技术、资本的联合，改善出版行业信息化应用水平，要加大对高技术人才的储备和培养，建立包括内容

编辑、技术人员、市场人员有机结合的商业运营团队。在出版数字化的进程中，将知识和技术有效嫁接，将文化理想和商业机遇有机结合，实实在在地全面推进出版的数字化和网络化进程。

2.5.4　内容资源的积累是发展数字出版业务的基础

无论是传统出版还是数字出版，虽然传播方式发生本质的改变，但内容资源在其中的作用与地位并未发生任何改变，它依旧是主导者。所以，"内容为王"这一定律在数字出版中仍然适用。上述出版巨擘之所以能够在转型中依旧保持主导地位，很大程度上是得益于其拥有深厚的内容资源。例如，具有160年历史的德国第三大出版公司施普林格出版集团（Springer），在世界上有900家分支机构，年出新书2000多种，期刊500多种，其中400多种期刊有电子版。在版图书19000种，其中60%是英文版。图书除销往德语国家外，还销往美国和亚洲国家。百年积累下来十分深厚的内容资源，这些都成为其数字化成功的关键要素。因此，内容资源的积累是传统出版企业发展数字出版业务的基础。

2.5.4　健全版权机制，扩大版权贸易

出版社售卖的资源是内容，而非平台和技术，后者仅仅是手段，不会因为技术很重要，就本末倒置。传统出版企业数字化转型，其实就是通过转型获取新的内容资源。而内容资源却是以版权形式实现的。所以说，电子书的盈利最根本依赖版权的获取而实现。

目前美国的各家出版社都在努力拿到作者的电子版权，尤其是畅销书作家的版权。根据经典的二八原则，尤其电子书有过之无不及，大部分的效益由少部分的畅销书得来[1]。版权贸易方面，爱思唯尔也积极开展版权贸易，且形式多样化。例如，合作版权出让、作品翻译权出让、

---

[1] 谢山青.美国大众出版的数字化现状与启示［J］.出版广角，2014（1）：57—59.

电子版制作权出让等。由于从事版权人员各方面综合素质较高，美国的版权贸易市场发展较为成熟，版权贸易成为其重要的业务及增收点。相比之下，我国电子书版权确立起步较晚，其版权保护存在着法律法规体系不健全、社会版权意识不强等问题，很多电子书版权的问题都还没有解决，电子书盗版和版权纠纷依然不断；版权贸易方面，发展历史较短，对外版权贸易单一，且专业化程度低，对市场把握水平有限，难以有效开拓市场。我国必须意识到，版权建设是电子书的前提和基础，必须要积极创造健全的版权授权和保护机制；另外，版权贸易是我国出版业走向国际化的必经之路[①]。

2.5.5　加大政府扶持力度，明确产业规划

在国际上，由政府扶持出版商是一种非常普遍的做法。英国通过财政倾斜政策支持出版企业向外发展，如设立对外出版基金，补贴类似于图书展览的外向型活动，这极大地鼓励了出版业向外扩张，同时鼓励出版企业将本国出版物出口到其他国家。在税收方面，英国已经100多年从未对图书、期刊征收增值税，从而使图书和其他出版物处于零纳税状态，但对一般商品征收20%的增值税。我国政府对出版行业的税收方面也有一定的优惠，同时在电子书产业的宏观战略和规划层面也有一定的作为，然而，鉴于电子书发展初级阶段，由于企业要投入大量资金进行技术开发、平台建设、通过免费等策略培养读者电子书阅读消费习惯等方面，处于烧钱阶段，我国可加大对电子书产业发展的扶持力度。同时我国电子书产业的规划没有细化到产业操作层面。因此应尽早完善，明确更加具体、有效的发展目标和战略计划，并对亟须解决的问题，如格式统一与标准、行业准入资格等出台相关详细规定。

---

① 王悦. 里德·爱思唯尔对中国出版业的启示［J］. 新闻研究导刊，2015（10）：181-182.

2.5.6 专业与学术出版应努力为用户提供全面的、个性化的信息与知识服务

随着数据库等技术的发展,机构用户和专业人员对出版产品的需求发生了明显变化。国际上著名的专业和学术出版机构积极应对市场变化,不再固守单一的内容出版业务,而是通过提高内容的附加值,为读者提供更多的选择和全面的、个性化的信息与知识服务,不断推动专业和学术出版向纵深发展。如美国法律出版领域名列前茅的汤姆森法律与法规出版公司,通过Westlaw平台为数百万用户提供全年、全天候服务,包括搜索法律文件和文书、相关案例资料,甚至还可以为用户提供技术支持,帮助其提高对内容信息的组织、管理、整合及传递效率。全球最大的科技及医学出版商励德·爱思唯尔集团投入巨资建立了世界规模最大的科学文摘数据库Scopus和全文数据库Science Direct,目前全球范围的大学和研究性图书馆都在使用这些产品。

2.5.7 国际出版集团加速扩张迫使我国加快数字化步伐

国外竞争者还大都选择通过版权贸易的方式进入国内出版领域,这样我们还有合作的空间。根据商报做的一项调查显示[①],有43.86%的境外出版商正在加紧步伐,计划从我国出版商手中获得数字版权,比如德国康乃馨集团正与江苏教育出版社、上海外语教育出版社合作德语教材,荷兰威科出版集团与商务印书馆、中国财政经济出版社、人民卫生出版社达成相关合作协议,培生出版集团则与高等教育出版社、人民教育出版社、外语教学与研究出版社、机械工业出版社、清华大学出版社、北京大学出版社、中国人民大学出版社展开合作。由于在数字内容

---

① 百道网. 海外出版商进入中国的模式 [EB/OL]. http://www.bookdao.com/article/27571/2011-09-12.

服务领域，已经没有制造与运输环节，国外竞争者可以长驱直入。所以，我们的竞争就由单一的国内竞争，走向了多元的国际竞争。因此，我们必须加快发展数字出版的步伐，以提高我国在数字出版领域的国际竞争力。

第三章
我国数字出版产业发展现状及趋势

我国数字出版"十二五"规划指出，数字出版已经成为新闻出版业的战略性新兴产业和出版业发展的主要方向，也是国民经济和社会信息化的重要组成部分。大力发展数字出版产业，已成为我国实现向新闻出版强国迈进的重要战略任务。在政府的大力支持下、技术进步的推动以及全球化和国民阅读方式数字化等因素的合力驱动下，我国数字出版业得到了快速发展。近五年，我国数字出版产业规模不断扩大，一直保持着30%以上的年增长率。数字出版新技术、新产品、新业态不断涌现，盈利模式不断成熟，新的消费理念不断形成，我国数字出版产业已经步入良性发展阶段，并呈现出自己的发展趋势。

3.1 我国数字出版产业的发展进程

我国出版数字化始于20世纪70-80年代，到现在已经有四十多年的发展历史。回顾这一发展历程，我们可以按年代及发展特征划分为四个主要阶段：印刷技术革命时代、电子出版时代、互联网出版时代和数字出版时代。

3.1.1 印刷技术革命时代（20世纪70-80年代）

这一阶段可以称为数字出版技术的萌芽期。在20世纪70-80年代，数字出版的概念还没有出现。但是，数字出版溯源不能忽略从20世纪70年代开始的印刷技术革命，它是出版行业运用数字技术最早的成功典范。1974年8月，我国杰出科学家王选教授参与"748"国家重点科研工程，主持发明"数字化存储和高倍率字形信息压缩及输出复原和失真最小的变倍技术"，因此获得国家专利，奠定了计算机技术在印刷出版领域的应用基础。印刷技术革命告别了"铅与火"，北大方正从铅字排印直接"跳"到激光照排。印刷技术革命取代传真与电分，北大方正采用基于页面描述的远程传版，全面进入书报刊彩色印刷领域。印刷技术革命丢掉了纸和笔，北大方正实现了新闻信息处理全流程的管理。印刷技术革命催生了跨媒体，作为数字印前的工业标准，跨媒体技术指的是数据文件的处理、使用和存储能够适应印刷、电子、网络等多种出版形式。

3.1.2 电子出版时代（1990—2000年）

20世纪90年代初，随着计算机在科研教学领域的应用，产生了一批教育软件、实验模拟系统、信息数据库、小型多媒体节目以及科技图书附带盘。于是，一部分大学出版社和科技出版社相继开展电子出版业务，主要载体是磁盘，主要内容是教学、实验、数据库和管理软件。1991年武汉大学出版社首先推出全文检索电子版《国共两党关系通史》（磁盘）；1992年2月，中国软件行业协会软件出版分会成立；1992年年底，中国出版工作者协会电子出版研究会成立。随着计算机读物出版文化特性的显现，新的媒体形式被定名为电子出版物，由新闻出版署音像电子出版物管理司归口管理。1993年，新闻出版署审批成立了国内第一批36家电子出版单位。同年，清华同方电子出版社开发大陆第一张多媒体光盘《邮票上的中国——历史与文化》；1995年1月，《神州学人》杂志在互联网上推出电子版，成为国内第一份中文互联网杂志。90年代后期我国光盘出版增长迅速，到1998年，我国累计出版光盘电子出版物3000种，约占全球光盘出版物总数的2.5%，电子出版的从业人员超过5000人，从事电子出版、制作、发行的企业以及群体约3000家[①]。

电子出版时代，我国基本实现了印前工艺和出版物形态的数字化，实现了数字内容的机读和屏读。最早的出版数字化出现在书报刊的编辑加工环节，印前图文加工的数字化。编辑加工后的产品，大多数进入了传统印刷出版环节，加工成纸制出版物进行销售，原始数据的存储得以数字化的形式加以保留，便于今后深度的数字化开发与使用。数字化的存储形态，比较有代表性的有可擦写的软磁盘与CD光盘两种，也有一小部分产品，以电子出版物的形式发售，制作成CD光盘等形态直接出售。直至今天，电子出版物仍是数字出版的形态之一。

随着计算机的推广与普及，创作作品也逐步数字化，作者投稿越来越多地以电子版形式提交，省略了对稿件进行专门的录入加工的环节。创作、编辑加工环节的数字化，大大提升了出版效率，为数字出版的发展打下了基础。

3.1.3 互联网出版时代（2000—2005年）

这一阶段突破了单机版的出版物形态。2000年，三大中文门户网站——搜狐、新浪、网易在美国纳斯达克先后挂牌上市，此后，互联网在我国迅速普及和发展。伴随互联网的迅猛发展，数字出版也步入第二个快速发展期——互联网出版时代。

互联网出版，即网络出版（Internet-Publishing、Online Publishing、

[①] 印前网站.技术催生产业革命——数字出版发展纪略[EB/OL]. http://www.prepresssite.com/t24/.

Net-Publishing、Web-Publishing、E-Publishing），是伴随着因特网技术的发展而出现的电子出版形式，是以互联网为载体和流通渠道，出版并销售数字出版物的行为。根据中国新闻出版总署《互联网出版管理暂行规定》，互联网出版是指互联网信息服务提供者将自己创作或他人创作的作品经过选择和编辑加工，登载在互联网上或者通过互联网发送到用户端，供公众浏览、阅读、使用或者下载的在线传播行为。

互联网的迅速推广与普及突破了数字化产品的单机出版形式，实现了远程互联，以多人在线的形式共享信息，这是人类历史上信息传播技术的一次重大进步。互联网出版将出版数字化由作品的数字化、编辑加工的数字化，扩展到发行的数字化和阅读消费的数字化。由于互联网的独特技术也带来一些新兴的独具网络特性的数字出版与发行方式，将数字化出版推向一个全新的发展阶段，主要表现在以下几方面：

（1）出版物加速实现网络化。2000年之后，传统出版企业加速了出版物的网络化进程，80%以上的传统出版单位建有自己的网站，将纸制版内容上传到互联网上，特别是报刊企业，比如各种都市报的数字版等。由于互联网出版具有出版成本低、检索方便、存储阅读空间大等优势，传统书报刊的网站不仅仅上传其纸制版的部分内容，还将其网站建成一个综合性的资讯网站，提供相关资讯及延展性信息。

（2）出版物销售渠道网络化。在这个阶段，当当网与卓越网等一些专业的网络图书销售平台建立起来，虽然销售仍以传统的纸质书刊为主，但在销售渠道上的网络化，使得图书销售中间环节大为减少，提高了发行效率。网上书店摆脱了销售的地域与时间限制，只要能上网，购书随时随地都可以进行。在盈利模式上，由于互联网不像传统书店受到书店面积限制，无限链接使图书可以做到全品种销售，一些出版时间较久的旧书和图书排行榜几万名之后的书获得了新的展示空间。网络书店打破了传统书店"二八定律"的盈利模式，即书店的最大利润来源不是百分之二十的畅销书，而是来源于网络长尾——多品种销售带来的综合收益。此外，网上书店会将读者个人信息及其购买行为等销售信息记录下来，便于进行数据的深入分析，销售信息的数据化，有助于对出版物进行精准投放与推送。

（3）原创作品借助网络迅速发展。2001年后，一种新型的网络表达形态——博客迅速流行开来，并渐渐步入主流传播的视野。博客是个人日志的综合平台，是一个属于个人的小型数据平台。在这个平台上，博主是既是创作者也是管理者，可以随意发布与修改、删除自己的作品，供人阅读与下载，也可以发布照片与音频、视频文件，并与他人进行在线交流。与此同时，一些原创文学网站如天涯社区、榕树下、潇湘书院等也迅速发展起来，一些原创作品借助网络流行开来，优秀作品被出版社签约进而成为纸介质畅销书。互联网为原创作品提供了一个刊载的平台，拓宽了创作者的投稿渠道，使原本作为读者的人也能成为创作者，模糊了传与授的界限，增强了大众对于内容建设的参与性。

（4）检索与集成成为两大发展趋势。互联网的海量信息同时也带来了使用者的不便，人们会淹没在信息海洋中，降低信息的使用效率。2000年，全球最大的华文搜索网站——百度成立，致力于向人们提供"简单，可依赖"的信息获取方式。正是因为搜索技术的出现才使得数据的集成拥有了更大的价值，一些数据库资源平台开始建立，如同方知网、维普数据、万方数据、龙源期刊等，数据资源的整合使查询检索更为便捷，也便于对数据资源进行二次开发与使用。

3.1.4 数字出版时代（2005年至今）

这一时期我国的数字出版产业链初步形成，数字出版发展成为一种出版新业态。伴随着出版全流程数字化的演进、出版形态与出版终端的不断推陈出新，电子出版与互联网出版已经不足以概括所有的出版形态，数字出版的概念应运而生。首届数字出版博览会2005年召开，从此，数字出版这一概念正式开始使用。经过最近10年的发展，数字出版的具体特征体现在以下几方面：

（1）数字出版向全流程数字化转型。数字出版是建立在计算机技术、通信技术、网络技术、流媒体技术、存储技术、显示技术等高新技术基础上，融合并超越了传统出版内容而发展起来的出版新业态，数字出版在加工工艺、产品形态与销售模式三方面实现全流程的数字化，它突破了互联网出版在线阅读的局限，实现了手持终端的离线阅读，相对于电子出版与互联网出版来说，其产业形态呈现出相对独立与完整的态势。此外，数字出版涉及版权、发行、支付平台和服务模式，它不仅仅是指把传统印刷版的东西数字化，或者直接在网上编辑出版内容，真正的数字出版更是依托传统的资源，用数字化这样一个工具进行立体化传播的新型出版方式，是集作品、编辑加工、印刷复制、发行销售和阅读消费的数字化于一体的全流程数字出版形态。

（2）数字出版产业链初步形成。如果说互联网出版只是一种出版形式上的变革，那么数字出版则具备一个完整的出版产业链。经过多年的发展，数字出版到目前已基本形成了由内容提供企业、内容加工企业为主的内容提供商，以互联网、移动通信、卫星为主的传输渠道服务商，以综合或专业、特色数据库为主的平台服务商，以数字技术开发和数字技术应用服务为主的技术服务商，以电子书和其他新型阅读器为代表的阅读终端企业构成的一个相对来说比较完整的数字出版产业链，为整个产业的进一步发展打下了良好基础。

（3）全数字化销售刚刚起步。2011年7月19日，全球最大的网络书店——亚马逊宣布其电子书销售册数持续三个月超过网站上纸制精装本图书的销售册数，亚马逊每卖出100本精装本纸质书（其中包括还没有电子版的纸质书），会售出143本电子书，而且两者的差距不断在扩大。在我国，全数字销售模式也已出现，汉王集团推出汉王书城，提供免费与付费两种形式的电子书下载。在互联网出版时代，网络销售只限于纸制版书刊，部分地实现数字化销售，而电子书的直接销售标志着图书销售全流程数字化的实现。而这方面我们才刚刚起步。

（4）数字阅读终端兴起。在电子出版与互联网出版时代，数字化阅读只限于个人电脑（台式机与笔记本），这种载体的局限性大大限制了数字出版的传播效率，使数字出版在阅读的便捷性上难与图书、期刊、报纸这些纸媒体相抗衡。2004年，SONY公司生产的世界上第一款商用电子纸电子书问世。在国内，津科与汉王分别于2006年和2008年推出采用E-ink电子纸的电子书。随后，引发电子书的热销，开启数字出版脱离互联网，走向独立电子终端的时代。2010年，平板电脑加入数字出版终端行列，这种轻薄的便携式手持电脑，可以提供浏览互联网、收发电子邮件、观看电子书、播放音频或视频等功能，刚一问世，便风靡全球，成为数字终端的时尚宠儿。伴随数字终端技术的飞速发展，电子阅读器、智能手机、平板电脑等便携式产品出现，使数字产品拥有了与纸媒体一样方便的手持式终端。载体的进步使数字化阅读迅速流行起来，为数字出版的大规模推广与普及提供了保障。

（5）多种媒介形态的整合。数字出版与以往的媒介形态最大的不同之处在于它是一种涵盖了多种媒体形式的出版方式，它采用了文字、图形、图像、动画、网页、声音和视频等多种媒体表现手段，为受众提供及时、同步、全方位立体化的视听读信息，是人类现在掌握的信息流手段的集成者。但这种"全媒体数字化"的表现形式并不排斥单一的表现形式，而是在整合运用各媒体表现形式的同时仍然很看重传统媒体的单一表现形式，并视单一形式为"全媒体"中"全"的重要组成。

3.2 我国数字出版发展的驱动因素分析

近几年，汹涌的数字出版浪潮强烈地冲击着传统纸质出版，形成了数字出版与传统出版并存的新格局。传播范围广、存储量大、交互性强、更新信息便捷等众多优势使得数字出版获得越来越多受众的喜爱。

数字出版物爆炸式增长是未来全球出版业的主要业态。我国数字出版业虽然起步较晚，但也发展迅速。探讨其快速发展背后的原因和动机，我们会发现良好的政策支持、先进的技术保障、大众阅读方式的变化，以及全球化是推动我国数字出版快速发展的四大外在驱动因素。

3.2.1 政策驱动

国家政策的支持和资金的投入为数字出版的快速发展提供了政策保障。国家高度重视文化产业的发展，"十二五"规划将文化产业确定为战略性支柱产业，为数字出版产业的发展提供了政策保障。同时，我国文化体制改革卓有成效，随着以数字技术、网络技术为核心的现代信息传播技术的不断创新和广泛应用，各种媒体之间的融合程度不断加深。机构改革推动产业融合，新闻出版总署与广电总局合并组建为"国家新闻出版广电总局"，两大部门的合并有利于打破行业壁垒，对于加速文化产业跨行业、跨领域整合多媒体综合发展有重大推动作用，意味着文化产业将步入大传媒、大出版时代。

国家政策的制定和出台给数字出版的增长打下了坚实基础。2006年，国家先后公布了《国民经济和社会发展"十一五"规划纲要》、《国家中长期科学和技术发展规划纲要》和《国家"十一五"时期文化发展规划纲要》，在这三个重要的规划中，把"数字出版技术"、"数字化出版印刷、复制"和"发展新媒体"列入了科技创新的重点。2010年新闻出版总署颁布了《关于加快我国数字出版产业发展的若干意见》，提出加快数字出版产业发展的总体战略目标和主要任务。2011年《新闻出版业"十二五"时期发展规划》将发展数字出版作为"十二五"期间我国数字出版业发展的战略重点：积极推动传统出版企业向数字出版转型。2013年下半年，国务院发布了《关于促进信息消费扩大内需的若干意见》，该《意见》提出，要大力发展数字出版媒体；加强基于互联网的新兴媒体建设，实施网络文化信息内容建设工程等。

2014年4月，国家新闻出版广电总局、财政部联合发布《关于推动新闻出版业数字化转型升级的指导意见》，提出用三年时间，支持一批新闻出版企业、实施一批转型升级项目，带动和加快新闻出版业整体转型升级步伐。2015年4月，国家新闻出版广电总局、财政部联合印发了《关于推动传统出版和新兴出版融合发展的指导意见》，指明了融合方式和发展方向。这些政策纲要为数字出版业开创了崭新局面。

近年来，从财政部到各省级地方政府，纷纷加大了对文化产业，尤其是对新兴媒体及数字出版行业的资金投入扶持力度，并收到了良好成效。2014年新闻出版项目获中央文化产业发展专项资金支持21亿元，获得中央文资办支持的数字出版转型升级方向项目达77个，获拨文化产业发展专项资金6.27亿元，累计获得支持资金超过10亿元。另外，各地政府对于数字出版产业的优惠政策和扶持措施纷纷出台，上海、浙江、江苏、广东、重庆、天津、陕西等地成立了国家级数字出版产业园区、数字出版基地，系统解决数字出版发展过程中资金、人才、用地、产品研发等一系列问题。2011年，获批的9家国家数字出版基地（园区）拥有资产总额412.9亿元，共实现营业收入624.7亿元，占数字出版全部营业收入的32.3%。截至2015年6月我国已建成国家数字出版基地（园区）14家（见表3-1），对于入住园区或基地的数字出版企业在政策和资金方面给予大力支持。

表3-1　　国家级数字出版基地情况（截至2015年6月）

基地名称	批准时间	基地所在
上海张江国家级数字出版基地	2008年7月	上海张江高科技园区
重庆国家级数字出版基地	2010年4月	重庆北部新区
杭州国家级数字出版基地	2010年4月	浙江省杭州市
江苏国家级数字出版基地	2011年6月	江苏省南京市
中南国家级数字出版基地	2011年11月	湖南长沙市

续表

基地名称	批准时间	基地所在
华中国家级数字出版基地	2011年9月	湖北武汉市
天津国家级数字出版基地	2011年10月	天津市空港经济区
广东国家级数字出版基地	2011年5月	广东省广州市
西安国家级数字出版基地	2012年6月	陕西省西安市
安徽国家级数字出版基地	2013年1月	安徽合肥市
青岛国家级数字出版基地	2013年3月	山东省青岛市
福建海峡国家级数字出版基地	2013年4月	福建省福州市、厦门市
北京国家级数字出版基地	2013年12月	北京市丰台区
江西国家数字出版基地	2015年5月	江西南昌高新区

资料来源：根据中国新闻出版报资料整理

3.2.2 技术驱动

"出版业是一个依托内容创新和技术支撑的产业，技术进步是引起变革的基本动因。"[1]信息技术和数字技术的应用为出版业数字化的快速发展提供了技术保障。纵观出版业的发展历史，从古代的造纸术、活字印刷术到现代的激光照排术，出版业的每一次发展都离不开技术的进步，因此，出版产业是一个高度依赖技术的行业。随着科技的日新月异，近年来，电子阅读器、平板电脑、智能手机等各种数字终端设备涌入了人们的日常生活，使得人们能够更加便捷地进行数字阅读。终端的普及使得移动互联网快速发展成为可能，而终端技术的进步又推动着数字出版的不断发展。信息技术更新换代带来了终端优势和渠道优势，数字出版重心已经从台式电脑向平板电脑和智能手机转移。据台湾市场调研和分析，TrendForce公司发布的2015年全球智能手机市场情况报告显

---

[1] 柳斌杰.加快传统出版与数字出版的融合发展[J].现代出版，2011（4）：5-8

示，2014年全球智能手机销量高达12.92亿部，同比增长10.3%。方便、快捷成为数字出版物被广泛接受的首要因素，不断完善的移动互联网服务，满足着用户各种各样的需求。手机、互联网、手持终端阅读已成为数字化阅读最主要的途径和方式。

3.2.3 数字化阅读推动

近年来，读者阅读方式和阅读习惯的改变推动数字出版的蓬勃发展。我国国民图书阅读率总体上呈现走低态势，而新兴数字媒介阅读率呈现出迅速上升的态势。中国新闻出版研究院公布的第13次全国国民阅读调查结果显示，2015年我国国民人均纸质图书阅读量为4.58本，报纸和期刊阅读量分别为54.76期（份）和4.91期（份），电子书阅读量为3.26本。与2014年相比，纸质图书和电子书阅读量略有上升，纸质报纸和期刊阅读量均有不同程度的下降（见表3-2）。

表3-2　2013-2015年各类出版物阅读量对比

阅读量	2013年	2014年	2015年
图书（本）	4.77	4.56	4.58
期刊（期/份）	6.56	6.07	4.91
报纸（期/份）	77.20	65.03	54.76
电子书（本）	2.48	3.22	3.26

数据来源：2013-2015年全国国民阅读调查数据报告

据中国互联网发展统计中心（CNNIC）发布的《第36次中国互联网发展状况统计报告》显示，截至2015年6月底，我国网民规模达6.68亿人，上网率65.8%，手机网民规模达5.94亿人，网民中使用手机上网的用户占比由2014年12月的85.8%提升至88.9%。手机已超越台式电脑成为第一上网终端。中国新闻出版研究院公布的第十三次全国国民阅读调查结果显示，2015年我国成年国民图书阅读率为58.4%，较2014年的58.0%上升了0.4个百分点；数字化阅读方式的接触率为64.0%，较2014年的58.1%上升了5.9个百分点；各媒介综合阅读率为79.6%，较2014年的78.6%上升了1.0个百分点。数字化阅读方式包括网络在线阅读、手机阅读、电子阅读器阅读、光盘阅读、PDA/MP4/MP5阅读等。

数字出版的兴起以及电子书的出现，在丰富人们阅读方式的同时，也使阅读成为一件时尚而有趣的事。在电子书读者的年龄构成和学历构成中，低年龄和低学历读者是电子图书的主要读者群，其数量增长是拉动电子书读者数量稳步提升的主要动因。在网络环境下成长的年轻人已适应网上阅读，这一群体为电子书的发展提供了稳定的动力。

另外，现代人生活节奏加快，人们对纸质书籍的阅读时间明显减少。人们追求全新、便捷、高效的阅读方式，数字出版使得人们可以随时、随地便捷地获取信息。随着移动终端的日益普及，人们的阅读方式正在悄然变化。人们纷纷通过手机、iPad、Kindle等移动终端进行非连续性阅读。以互联网为载体的新闻资讯、电子图书、网络游戏和以手机为载体的手机报、手机阅读、手机游戏等数字出版产品逐步成为大众阅读的重要方式，数字化阅读迎来了其发展的黄金时代。

3.2.4 全球化的推动

伴随着全球化的潮流，我国出版市场虽然并未向国外完全敞开，但作为全世界最大的市场之一，中国出版领域也逐渐对外开放。许多外资企业看好中国出版市场这个巨大的蛋糕，纷纷通过合资或代理的方式进入国内出版领域。如英国培生出版集团（Pearson Plc.）、加拿大汤姆森公司（Thomson Corp.）、日本讲谈社、德国贝塔斯曼出版集团（Bertelsman AG）、美国读者文摘出版集团（Reader's Digest）等在我国均设立代表处或办事处，"都想在中国市场这块巨大的蛋糕上分一块"[①]。对于我国出

[①] 崔保国.中国传媒产业发展报告［M］.北京：社会科学文献出版社，2007.

版市场来说，外资力量的注入会带来更为先进的出版理念以及更为规范的市场环境。但任何事物都是有两面性的。这也意味着我国出版企业将面临着来自更强大敌人的挑战。但从长远角度来讲，外资进入我国出版市场对于我国出版行业是利大于弊的。从国家角度来讲，出版市场的开放也会推动一些文化企业走出国门，输出中国优秀文化，有利于提升我国在全球范围内的文化话语权，使文化出口在出口贸易中占优势；从企业角度来讲，可以从国外运作相对成熟的出版环境中学习到现今的经验与技术，并为自身的产品开辟出一个更为广泛的世界性市场；而从"走出去"战略来看，数字化出版凭借自身的优势成为文化交流的重要推动力量。对于传统出版企业来讲，面对日益开放的全球市场以及国外较为成熟的数字出版市场，如果想继续加深与国外相关出版企业合作并在合作过程中占据优势，数字化转型及深化数字化出版程度将成为不能回避的任务。

3.3 我国数字出版产业发展的总体情况

在科技高速发展的今天，随着信息技术及新兴媒体的迅猛发展，"数字"成了出版业中最高频的词汇。我国是出版大国，出版业借助互联网的发展，使得数字出版风生水起。数字出版已成为新闻出版业重要的经济增长点。目前已形成了网络图书、网络期刊、网络教育、网络游戏、手机出版等新业态，数字出版在丰富出版物内容和形式的同时，也将改变人们的生活方式和消费理念，成为出版业发展的新趋势。

3.3.1 数字出版产业市场规模

从整体收入来看，数字出版总收入稳步提高。根据中国数字出版产业年度报告发布的相关数据统计，2010-2015年我国数字出版产业年增长率一直保持在30%以上。2015年数字出版产业总收入为4403.85亿元，比

2014年增长30%,数字出版产业收入在新闻出版产业收入的总比由2014年的17.1%提升至20.5%。其中互联网期刊收入15.85亿元,电子书49亿元,数字报纸9.6亿元,博客11.8亿元,在线音乐55亿元,网络动漫44.2亿元,移动出版1055.9亿元,网络游戏达888.8亿元,互联网广告2093.7亿元。在数字出版总收入中后三者所占比例分别为23.98%、20.18%和47.54%,合计占比91.69%,移动出版、网络游戏和互联网广告依然是拉动数字出版产业发展的三驾马车。这也意味着休闲、娱乐类产品在数字出版产业中占据了相当比重(见表3-3)。

表3-3　2011-2015年我国数字出版产业收入情况(单位:亿元)

数字出版分类	2011年	2012年	2013年	2014年	2015年
互联网期刊	9.34	10.83	12.15	14.30	15.85
电子书	16.50	31.00	38.00	45.00	49.00
数字报纸	12.00	15.90	11.60	10.50	9.60
博客	24.00	40.00	15.00	33.20	11.80
在线音乐	3.80	18.20	43.60	52.40	55.00
移动出版	367.34	472.21	579.60	784.90	1055.90
网络游戏	428.50	569.60	718.40	869.40	44.20
网络动漫	3.50	5.00	22.00	38.00	888.80
互联网广告	512.90	753.10	1100.00	1540.00	2093.00
合计	1377.88	1935.49	2540.35	3387.70	4403.85
年增长率	31%	40.47%	31.25%	33.36%	30%

数据来源:根据2011-2016年中国数字出版产业年度报告整理

3.2.2　数字出版产品供给规模

从表3-3我们可以看出,2011-2015年我国数字出版的产品规模变化不一。其中,互联网期刊和数字报纸发展平稳,电子书产品规模增加显著，从2011年的90万种增加到2015年的170万种，增长率近90%；多媒体互动期刊产品规模从2013年的0.29万种，降至2015年的0.0552万种，降幅为80.97%，这说明多媒体期刊面临急剧萎缩的局面，这一数字出版物形态与市场需求之间没有很好地吻合，不能适应用户需求，作为产品形态已基本趋于没落。互联网原创作品（电子书原创平台出版）的产品规模从2011年的175.7万种，增至2012年的214.43万种，再降至2013年的175.78万种，再增至2014年的201万种，到了2015年增至256万种，产品规模变化明显，这与网络原创作品平台自律机制的不断形成，以及政府引导与内容规范管理，近年来涉及色情、暴力、反动等不良题材的网络原创作品受到遏制与删除，侵权盗版行为得到一定程度的遏制，IP价值得到进一步重视密切相关。上述数据表明，新的产品形态如果不符合互联网用户消费习惯及使用特点，不能与互联网特点及发展趋势相结合，就会失去发展机遇，丧失竞争能力，最终被市场淘汰[①]（见表3-4）。

表3-4　2011-2015年我国数字出版物品种数（单位：种/家/户/款）

数字出版物	2011年	2012年	2013年	2014年	2015
互联网期刊产品	25000	25000	25000	20100	25000
多媒体互动期刊	1260	3420	2899	1009	552
电子图书出版	900000	1000000	1000000	1600000	1700000
电子书原创平台出版	1757000	2144310	1757751	2010031	2560000
数字报纸家	900	900	900	900	900
博客注册用户	318640000	372990000	437000000	110000000	474570000
网络游戏	353	580	549	515	750

数据来源：根据2012-2016年中国数字出版产业年度报告整理

---

① 魏玉山.《2015-2016 中国数字出版产业年度报告》解读[N].中国出版网，2016-07-23.

3.2.3 数字出版产业企业规模

在我国参与数字出版的主体包括三大类：一是新媒体出版企业，包括技术提供商、平台运营商等；二是移动出版企业，主要包括电信运营商、移动阅读应用开发商等；三是传统出版企业。目前技术提供商主导着我国数字出版产业的发展，并占有相当大的市场份额。数字出版业务的参与主体主要是IT企业，如北大方正、清华同方、中文在线、万方数据等。这几家新兴出版商，已将全国500多家图书出版社120万种的图书资源进行了数字化整合集成，从而占据了我国电子图书市场90%以上的份额[①]。而随着移动互联网的快速发展，电信运营商和移动阅读应用开发商在移动出版领域发挥着他们的优势。根据2011-2016年中国数字出版产业年度报告发布的相关的数据来看，传统出版数字化在数字出版产业总收入中所占的比重近五年来是逐年下降的。与传统出版相关的互联网期刊、电子书、数字报纸所占比重很小。2015年互联网期刊、电子图书、数字报纸三者的总收入为74.45亿元，比2014年增长了6.66%，但在数字出版总收入中所占比例仅为1.69%，与2014年的2.06%相比，呈现下降趋势，这也反映出我国传统出版企业的数字化参与程度相对较低，依然处于数字化转型的初期阶段。

3.2.4 数字出版产业用户规模

2011-2015年我国数字出版用户规模保持平稳（见表3-5）。截至2015年底，我国数字出版产业的累计用户规模达到17.2357亿人（包含了重复注册和历年尘封的用户等）。在线音乐、网络游戏、手机阅读的用户规模数在2015年有一个跨越式的大幅增长过程。网络游戏用户数从2011年的1.2亿人增加到2015年的4.5亿人，增长率达375%。而在移动阅

---

① 林发源.我国传统出版业需加快数字化转型［J］.红旗文稿，2011（12）：17-21.

读领域，根据《2015年中国移动互联网应用市场研究报告》统计数据显示，2015年中国手机用户规模预计将突破13亿人。其中3G和4G用户爆发式增长，预计净增1.65亿户，总数达到7.47亿户，同比增长28.4%。在庞大用户群体的需求刺激下，移动互联网应用市场规模呈现持续增长态势。2015年中国移动互联网市场规模同比增长76.9%，达到3981.5亿元。手机阅读用户人数增长率达到90%以上，用户规模达到5.94亿人，可见，移动阅读领域的数字出版产品有着十分诱人的需求空间。2015年尽管博客的用户规模数有所回升，但博客的使用率却有所下降，这与微信、微博等社交媒体的迅猛发展和博客用户转移有很大关系[①]。另外，原创网络文学注册用户数也保持着高速增长的势头。

表3-5 2011-2015年我国数字出版产业用户规模（单位：亿人/家/个）

数字出版物	2011	2012	2013	2014	2015
互联网期刊用户数	数据缺失	数据缺失	数据缺失	数据缺失	数据缺失
电子图书机构用户数	8000	8500	数据缺失	数据缺失	数据缺失
数字报纸用户数	>3	数据缺失	数据缺失	数据缺失	数据缺失
博客注册用户数	3.1864	3.7299	4.37	1.1	4.7457
在线音乐用户数	3.8	4.36	4.5	4.78	5.01
网络游戏用户数	1.2	1.4	1.5	3.66	4.51
手机阅读用户数	3.09	数据缺失	数据缺失	数据缺失	5.94
原创网络文学注册用户数	2.03	2.33	2.74	2.94	2.97
合计	16.31	11.82	13.11	12.48	17.24

数据来源：根据2012-2016年中国数字出版产业年度报告整理。

[①] 魏玉山.《2015-2016中国数字出版产业年度报告》解读[N].中国出版网，2016-07-15.

3.4 我国数字出版产业发展模式

我国数字出版完全是从技术领域、非传统出版企业基础上发展起来的。下面主要从新媒体出版企业、传统出版企业以及移动出版企业等三个方面探讨我国数字出版的发展模式。

3.4.1 新媒体出版企业发展数字出版模式

新媒体数字出版企业是指没有传统出版业务，只发展数字出版业务的企业，涉及数字内容出版、内容加工、内容发行等领域。新媒体企业，无论是终端设备制作、平台建设，还是网络文学创作、内容贩售，究其本质，其实都可以看作是网络科技企业。发达国家数字出版产业链上出版企业的角色分工明确，而我国的数字出版企业多在产业链上担当多个角色，新媒体出版企业大多属于综合型的数字出版企业，国内较知名的新媒体出版企业，按其发展模式可以分为以下几类：

（1）手持阅读器技术商。

手持阅读器技术商主要从事终端阅读设备的开发和销售，有自己的内容平台，代表企业如北京汉王科技有限公司。自2008年5月第一本汉王电纸书N510发布以来，汉王电子书的国内市场份额一直遥遥领先，2010年12月汉王电子书的用户就突破百万。可以说，汉王是移动阅读终端制造商中的领军企业，而汉王书城则号称全球最大的中文数字书报刊下载中心，提供最新出版的图书、报纸、杂志的免费试阅和几十万种正版免费电子书的下载和在线试读。在iPad上市之前，汉王电子书确实给消费者带来耳目一新的用户体验，但在iPad发布后，国内用户对电子书的热情消退，汉王电子书就失去了当年鼎盛之态。2010年汉王电子书产品销售收入为9.3亿元，而2012年仅为0.62亿元。汉王科技的相关工作人员认为汉王电子书在长期阅读的过程中对眼睛的伤害比iPad小，而其在内容上的投入使得其内容平台要比当前的卓越有优势。所以相对于苹果的iPad和亚马逊的Kindle,汉王电子书还是有自己的细分市场的。然而几年下来,汉王一亏再亏,如今已是偃旗息鼓,并将研发重心转向了文字识别、数字阅读等领域,其他的跟随者如爱国者、联想、方正,或是京东、当当、盛大等,均未能逃脱入市即亏的命运。Kindle入华半年销量就达到几十万台,占据电子书市场行业第一的位置,我国本土的手持阅读器技术商前路堪忧。

(2) 数字出版技术及产品提供商。

数字出版技术及产品提供商的代表企业是北京方正阿帕比技术有限公司,该公司自主研发了数字出版技术及整体解决方案,已经发展成为全球领先的数字出版技术提供商。目前,方正数字出版系统提供包括电子书、数字报、数字博物馆、各类专业数据库、移动阅读以及云出版服务平台的技术解决方案,并提供丰富多样的数字资源产品的运营服务。客户涉及出版社、报社、图书馆、电信及光电运营商、网上书店、实体书店、移动设备厂商等。

(3) 网络原创文学出版企业。

网络原创文学出版企业指从事网络文学内容出版的企业,如拥有起点中文网、红袖添香网、潇湘书院、晋江文学城、小说阅读网、榕树下等一系列知名网络文学原创网站的盛大文学。此外国内一些大型的综合性门户网站,如新浪、网易等,也有专门的原创文学栏目。盛大文学是中国最大的社区驱动型网络文学平台,致力于打造网络文学全产业链。2011年就已成为三大移动运营商阅读基地最大的内容提供商,自有的移动互联网端,月活跃用户数过千万。此外,盛大文学在影视等版权开发上取得了令人瞩目的成绩,至2012年共计售出版权作品900余部,虽然与众多网络文学原创网站上的作品数目无法相比,但是根据这些作品改编的电影电视剧所取得的票房和收视率都是相当可观的,如我们熟悉的《步步惊心》、《觐娲传》、《盛夏晚晴天》、《裸婚时代》、《致青春》等，而《星辰变》、《盘龙》、《凡人修仙传》、《斗破苍穹》等著名网游，也都是根据盛大文学的作品而改编。

（4）数字内容管理与发行平台。

数字内容管理与发行平台指数字出版企业推广销售内容或服务、为用户提供阅读体验的平台，其代表有以下两类：

①电子书分销平台，主要以当当、卓越等电商网站为代表。该类平台只允许自己发布内容，只服务于企业自身的数字出版业务。内容提供商等合作伙伴不能在平台上发布内容或经营管理自己的内容产品。内容提供商将内容资源（原始稿件、电子文档、数据文件等）提交给平台运营商，由平台运营商进行编辑加工，再发布到平台上投送给读者。这类平台有信息不对称和利益分配失衡等缺点，内容提供商没有话语权，极大挫伤了他们发展数字出版业务的积极性。2013年4月，当当网未与内容提供商沟通即将电子书全场免费下载，引起行业的极大争议。这就使得平台很难汇聚大量内容资源，很难实现产品的规模化，进而做大做强。实际上，当当网的电子书频道多是养生类、励志类、保健类的图书，并无当下畅销书的身影，且字体偏小，在线阅读的体验并不佳。

②开放式数字出版平台，主要以云中书城为代表。云中书城被定位成一个开放的平台，是一个类似淘宝网的存在，内容提供商（作者、出版机构、原创文学网站等）可以自由接入，通过认证后开店，均可自主上传作品、自由定价、保留自有品牌，借助云中书城专业的内容管理和上传工具以及完善通畅的销售网络进行推广销售，云中书城提供专业、个性化的运营数据统计分析和稳定、透明的结算系统，针对不同的合作对象，云中书城推出付费分成、广告分成等模式，但是具体分成比例尚未公布。云中书城分为原创文学专区、传统图书专区和杂志专区，其客户端涵盖智能手机、平板电脑、PC以及Bambook阅读器，并推出部分单行本App，同步更新盛大旗下原创文学网站作品，传统电子书种类齐全，畅销书数量较多，用户使用同一账号可以在官方网站和各客户端间

切换使用，实现多屏全网无缝阅读。

数字阅读已成大势所趋，随着用户版权意识的不断加强，建设大型正版中文书库，成为体现作家价值、用户利益的必由之路。此外，数字内容管理与发行平台应该与多种终端设备对接，真正为用户提供跨场景、跨媒体、跨介质的阅读体验，开放更多基于智能手机、平板电脑等终端设备的应用。

3.4.2 移动出版企业发展模式

移动出版指的是将文字、图片、音频、视频等内容编辑加工制作成数字产品，传输并发布到互联网络及手机、平板电脑、手持阅读器等移动阅读终端载体上，供用户浏览、阅读、下载和使用的传播行为。涉及移动出版的企业主要是电信运营商和移动阅读应用开发商。

（1）电信运营商。

随着3G技术的发展，智能手机、平板电脑的应用和普及，移动出版成为数字出版新的经济增长点。与平台运营商相比，电信运营商同时拥有用户数量庞大、计费方式透明、支付方式便捷等优势，在移动出版产业中占据主导地位。以中国移动为首的电信运营商，进入移动阅读市场较早，已经形成以手机阅读基地为核心的，连接网页端、移动互联网、内容提供商、平台服务商与读者的成熟的商业运作模式。运营商利用其定制机内置移动阅读业务，迅速扩充其用户规模，并且利用短信等便利的宣传途径，不断地向用户推送电子书内容，刺激用户的阅读热情，促使用户进行更多的消费，并通过包月业务获取持续稳定的收入来源。除天翼阅读以外，中国移动与中国联通的包月收入均超过半数[①]。虽然电子运营商自有的内容资源不占优势，但是基于电信运营商丰富的终端

---

① 易观智库.行业数据：2013Q2中国移动阅读市场高端用户是蓝海［EB/OL］.http：//www.enfoclesk.com/ SMinisite/nnaininfo/articledetail-id- 369847. html，2013-07-26.

渠道及付费渠道资源，使其在与内容提供商及平台服务商合作时，获取高份额的分成收入。三大运营商收入占据了移动阅读市场70%以上的收入，整个移动阅读市场的行业利润主要被三大运营商占有。

以中国移动阅读基地——"和阅读"为例，用户既可以直接访问网站阅读，也可以下载和阅读的客户端，通过移动应用阅读。其中内容包括图书、报纸和杂志。杂志涉及新闻、财经、娱乐、时尚、数码、汽车、旅游、体育等14个方面，以包月形式为主，多为5.00元/月，单期杂志售价为0.50元/本；报纸包含新闻、金融、养生、体育、教育、文学、军事等16个板块，包月费多为5.00元/月，个别为3.00或8.00元/月；和阅读有35万册图书，分为男频、女频和出版频道，男频、女频的图书多为0.08元/章或0.12元/章，出版频道的图书每本标价不等，例如七堇年的《平生欢》4.30元，余秋雨的《何为文化》5.00元，苏童的《黄雀记》10.00元。此外，开通各类包月业务可以免费阅读特定书籍，如开通5元新书速递包可免费阅读《黄雀记》。

以原创榜排名第一的《斗破苍穹》一书为例。全书共1647章，前20章为免费章节，以后章节按0.12元/章的价格收费，全书共计195.24元，包月用户每月收取3元资费，除去可以免费阅读1538本图书外，可八折优惠购买其他图书，则《斗破苍穹》一书为156.192元。该书在起点中文网首发，共1623章，5333917字，前95章共241568字为免费章节，收费章节共5092349字，按照起点中文网千字三分钱的收费方式，用户读完全本需付费152.77元，而起点高级VIP会员以千字两分钱阅读，则只需花费101.85元。《斗破苍穹》实体书共27册，定价695元，网络书店售价从380元到480元不等。

（2）移动阅读应用开发商。

2012年数字移动出版的主题是移动阅读应用程序迅速扩张。移动阅读应用的数量不断增长，用户认可App为其提供的阅读体验。移动阅读应用程序可分为本机应用与网页应用。本机应用是指在智能手机、平板电脑、手持阅读器等移动终端通过下载安装获得的应用程序。更新时按照版本更新，需要重新下载安装并覆盖原有程序，本机应用提供离线下载与阅读功能，能够储存在阅读移动终端内部的文档。网页应用是基于网页的系统和应用，它是以网页技术的支撑为基础而实现具有交互功能的应用程序。此外，还有单本图书App，一本书就是一个应用程序。

根据易观智库统计的2013年第二季度的中国移动阅读客户端累计用户市场份额，占据市场份额前三位的分别是iReader、QQ阅读和91熊猫看书。目前仍是以渠道为主的市场，iReader与终端厂商密切合作，具有终端预装渠道优势，随着智能手机销量的不断增长，保持着高速的增长速度；QQ阅读依靠腾讯庞大的用户基础，91熊猫看书凭借91助手应用商店进行推广。但是以内容为导向的厂商正在不断提升其市场份额，例如塔读文学着重培养签约作者并加大编辑队伍的建设，市场规模不断增大；云中书城依靠盛大文学强大的内容资源背景，份额也稳中有升；多看定位于精品内容的策略也得到了用户的认可；腾讯在扩大阅读用户规模的同时，通过与吴文辉创立的创世中文合作，加强原创内容的建设，未来移动阅读市场将进入内容为王的时代[1]。

3.4.3　传统出版企业发展模式

发达国家出版业目前已经基本完成产业转型。在专业出版领域，欧美大型出版机构的数字出版收入达到50%以上，他们不重印书籍，所有的重印书都放在网上。新书先卖数字版，需求量达到500本以上后开印。数字技术于他们而言，是机遇大于挑战，使得产品的生产流程得以简化，成本结构的改变意味着经济效益的提高，而模糊学术出版和专业信息服务之间的边界，拓展了服务的范围。可以说，数字出版拓展了这些

---

[1] 易观智库. 行业数据：2013Q2中国移动阅读市场向内容为王过渡［EB/OL］. http：//www.enfodesk.com/SMinisite/maininfo/articledetail-id-369868.html，2013-07-26.

传统的出版企业发展道路。

目前,数字技术在传统的出版企业已经基本贯穿了内容创作、加工、编辑、整理的整个流程,只不过是最后用纸印出来。数字化转型关键的一步就是最终面向读者的服务。管理大师彼得·德鲁克认为,企业之间的竞争,不是产品之间的竞争,而是商业模式之间的竞争。我国传统出版企业尚未形成数字出版的盈利模式,仍处于探索如何用内容去服务,去扩大盈利空间的阶段。如今大多数出版企业都已经认识到数字出版的重要性与迫切性,一改过去消极观望的态度,开始积极投入出版数字化建设,但是现有投入绝大多数集中在建立数字出版小平台和既有内容数字化两个方面①。而在我国的数字出版中,传统出版企业作为内容提供商处于劣势地位,产业链条的利益分配不合理,极大挫伤了出版企业对数字出版的积极性。就是这种不合理的利益分配机制和盗版猖獗的市场环境,从而导致平台服务商的平台缺乏优质的内容资源,而拥有优质内容资源的出版企业也不会轻易将其内容交给平台商。但是,如果出版企业自建平台,又没有足够的资金和技术支持,单靠一家企业,平台内容又会显得单薄和缺乏多样性。尽管如此,许多大型的出版集团已经在数字出版领域进行了许多独辟蹊径的尝试和探索。

(1)与电信运营商或平台服务商合作推出数字阅读产品。

广东省出版集团是我国在数字出版领域起步较早的传统出版企业之一,2009年初即成立了数字出版有限公司,主要锁定于数字阅读和数字教育两大业务板块。在数字阅读方面,与三大运营商合作推出"G3书城"、"3G学堂"、手机报等移动阅读产品,且搭建"岭南文化数字资源平台",将建立孙中山、岭南中医药、华侨华人、黄埔军校等内容资源的全媒体数据库。数据库项目在短期内难以实现盈利,但是对

---

① 孙寿山. 数字出版产业的新业绩、新挑战、新举措[J]. 现代出版,2012(05):5-12.

于文化的推广和传承,有着很重要的意义,同时可以有效地提升广东省出版集团的品牌效益。广东省出版集团数字出版有限公司推出的MPR（Multimedia Print Reader）,即多媒体印刷出版物,是以多媒体印刷出版技术为关联码,把纸质印刷出版物、音像出版、电子出版和网络出版进行技术嫁接和内容关联整合,令读者闻听观看得以同步进行的一种全媒体数字出版方式。目前该技术主要运用在幼儿教育类图书上。

（2）建设内容资源管理和推送平台。

中国出版集团旗下从事数字出版、数字内容资源整合及复合出版技术研发的中版集团数字传媒公司在2013年4月19日正式推出其自主研发和建设的"大佳移动出版平台"。该平台是一个功能丰富、运营灵活的综合性服务平台,将数字出版内容管理、制作和发布有机地整合到一起,进行数字出版业务推广和市场运营,真正实现内容资源的增值运营。其相关负责人称,"大佳移动出版平台"商业模式清晰,内容资源单位在定价、栏目设置、推广方式、推广产品、广告植入等方面完全独立运营,借助平台提供的制作工具与运营增值服务实现了低门槛进入移动数字出版领域[1]。

（3）研发移动阅读应用。

中华书局、外研社、中信出版社、磨铁图书等出版机构,在苹果和安卓系统上,推出了数以百计的自营APP,只是大多数移动互联网用户并不知道罢了。但是无论是单本图书,还是平台化客户端,基本上没有关于出版社APP盈利的报道。磨铁图书在2012年推出了"磨铁书找",每周都会推出不同的限时免费图书和特惠图书,该软件中60%为免费阅读,40%为付费图书,价格在每本6元左右,但是数量繁多的免费图书中,大多是一些无名的小说或是有名的古典名著,磨铁历年来推出的诸

---

[1] 大佳网.中国出版集团"大佳移动出版平台"上线［EB/OL］. http：//www.dajianet.com/digital/2013/0422/199149.html, 2013-04-22.

多精品图书,却难觅其踪。[1]

3.5 我国数字出版产业发展趋势

伴随我国文化产业的快速发展,政府日益重视制定数字出版产业发展规划,数字出版产业也日益走向市场化和规范化,产业规模不断扩大,增长速度加快,成为出版产业新的经济增长点。进入"十三五"时期,数字出版纳入新兴文化产业范围,国家推动力度持续加大。从目前来看,数字出版在今后几年内还将保持高速增长的态势,其中收入规模的增幅每年可能都会保持在30%以上。未来几年,我国数字出版的发展趋势会出现以下几个特点:

3.5.1 数字出版与科学技术将深度融合

大数据、互联网技术、数字技术等带来的数字化浪潮,推动了我国数字出版的快速发展。而移动互联网的迅猛发展为数字出版产品的发展带来了新的发展空间。数字出版的本质就是与科技融合[2],因此,科技是数字出版发展的源动力。目前数字出版产业从创作、生产到传播、消费等几乎各个环节都实现了与数字技术的融合。而在未来的发展过程中,与科技的深度融合将会是行业的主导趋势。特别是在"互联网+"的加速推动下,科技与出版的融合程度将进一步加深,科技对数字出版产业发展的支撑作用不断加强,带动出版业服务能力的不断提升,科技推进出版业转型升级、融合发展不断深入。随着跨平台阅读技术、结构化版式技术、多媒体印刷读物(Multimedia Print Reader)技术、数字版权

---

[1] 张书乐. 出版社App生死路移动阅读前路迷雾【EB/OL】. https://www.douban.com/note/310407172/,2013-10-14.

[2] 梁威. 数字出版的本质就是与科技融合[OL]. 中国包装网. http://news.pack.cn/news-1034-2.html,2016-07-26.

保护技术、内容加工技术、电子纸显示屏技术等数字出版关键技术的突破，我国的数字出版将进入一个快速发展轨道。

3.5.2 传统出版与数字出版将融合发展

数字出版是一场革命，将在根本上颠覆传统出版业态。然而，纸质图书并不会消亡，它将长期存在，因此，融合发展是传统出版与数字出版共同的发展方向。数字出版是科学技术发展的产物，现代科学技术的日新月异使得出版业界也发生着深刻的变革，数字出版展现出了其独特的优势，传播的广泛性和实时性、超文本功能和内容的可检索性以及载体形式和阅读方式的多样化，都是传统出版方式不能比拟的。尽管如此，传统出版的优势仍不可小视，数字出版在相当长的时间内都不可能取代传统出版。在内容方面，传统出版有着其显著优势，长期培养的经验丰富的采编队伍、严格的运作程序和成熟的营销模式、社会的公信度都成为传统出版的核心竞争力。当然，传统出版和数字出版不会是简单的替代，因此，两者相互依存、优势互补是今后的发展趋势。目前，产业融合发展态势已基本形成，融合发展条件也基本成熟。未来在"互联网+"行动计划等国家战略部署的有力推动下，我国新闻出版业融合发展的进程将不断加深，数字出版在融合发展的理念的支持下，将迎来更加广阔的发展空间。

3.5.3 传统出版内容资源的核心地位仍然不变

传统出版模式的根本性变革就在于其传播信息的载体发生了变化，其内容在数字出版中仍旧会延续其核心地位。在过去，传统出版社的编辑主要任务就在于如何找到有价值的东西以供读者阅读。而在数字出版时代，面临着海量的信息内容，编辑的根本任务仍旧是为读者筛选优的内容。因此，我们可以看到数字出版是科技发展的必然趋势，但即便其传播速度再快，再便于读者消费和阅读，终究不会取代内容与信息的核心地位,只有将高质量的内容放在首要位置,然后再借助于现代化的传播渠道,这样才是出版行业发展的永恒之道。

3.5.4 电子书领域将迎来新格局

从国际上的发展趋势来看,英美等国家的电子书在过去一年中普遍销量下降,但同时有声书和自出版日渐兴起。美国出版商协会公布的一份报告显示,2015年前8个月有声读物下载量的涨势最为显著,此外,总销量比2014年同期增长了37.8%,其中8月表现最佳,销量同比增长了43.3%[1]。在此背景下,我国电子书领域将迎来发展的新格局。据易观国际发布的《2016年中国有声阅读市场专题研究》显示,2015年我国有声阅读市场规模已达16.6亿元,同比增长29.0%,其中仅电信运营商的收入就将近3亿元,预测2016年该市场规模将达到22亿元,由此可见这一领域具有良好的发展前景。同时,随着网络文学的迅速发展,原创电子书的比例将得到大幅度提升,出版企业将加快包括有声书在内的电子书产品形态的多元创新开发,以满足日趋多元化的阅读需求。另外,伴随从"以设备为核心"到"以内容为核心"的产业发展理念的更新,适合电子阅读器发展的良性市场环境将会逐步形成。2016年5月,掌阅发布其第二代电子阅读器产品iReader Plus;京东通过众筹方式推出了其第一款阅读器产品JDRead;腾讯阅文集团在3月宣布将进入电子阅读器终端领域。新一代电子书阅读器外观设计更加注重细节,更加注重营造品牌的特色化。

3.5.5 娱乐化和碎片化内容消费正在成为一种趋势

在近几年的数字出版发展报告中,与娱乐相关的数字产品的收入是比较高的。在数字出版的各业态中,网络游戏消费和手机出版的比例

---

[1] 金得利.2016年数字出版业三大趋势展望[N].中国新闻出版广电报,2016-03-25.

比较大，这一现状说明数字出版的娱乐化消费倾向很强。现在的社会，人们的生活工作节奏加快，没有太多的人会拿出专门的时间去安静地读完一部作品，对于知识的索取大多是采用不完整的、断断续续的阅读方式。这与我们现在的阅读方式改变也有关系，进入后现代之后，大众的阅读方式都在转向一种浅阅读，人们更希望获得大量的信息而非精深的理解，而数字出版产品则在很大程度上能满足这样的要求。人们在上下班的途中、坐电梯的时间会用手机随时查看网络信息或者玩游戏等，这些都是在用零碎的时间进行，数字出版产品正迎合了读者的需求。

3.5.6 数字出版将向个性化按需定制的方向发展

"按需印刷或者按需出版（POD-Print On Demand）是通过采用先进的数据处理技术、数码印刷和网络系统，将出版信息全部存储在计算机系统中，需要时直接印刷成书，省去制版等中间环节，真正做到一册起印，即需即印。根据顾客的需求，将电子化的书稿即时印刷、装订成书，交付到顾客的手中"[①]。数字出版不同于传统出版的以出版者为中心，它是以消费者为中心，这就意味着数字出版产品要满足消费者个性化的需求，提供个性化的服务。例如读者阅读一本书籍，感兴趣的可能只是其中的某一章节，数字出版者可以专门出版该书的其中的某一章节，发行给消费者，满足了不同读者的个性化的需求。

"数码印刷在按需出版方面成效是最显著的，一些传统出版社开始购入数码印刷设备，尝试按需出版业务，而在我国现行出版制度的允许范围内，一些数码快印店也将按需出版作为新的业务方向。目前，我国的知识产权出版社、中国标准出版社、石油工业出版社、气象出版社已经率先开展了数码印刷业务。未来，随着数码印刷机的普及，出版社涉足印刷的可能性会越来越大，只有数码印刷广泛普及，出版业的全流程

---

① 周蔚华. 大学出版社学术出版的数字化模式 [N]. 中国新闻出版报, 2007-09-18.

出版数字化革命才会真正实现——从结构到出版数据,到远程数据输出和数码印刷,使按需出版、个性化出版和跨媒体出版成为可能"[1]。

目前,消费数字出版的群体中,还是以年轻群体居多,这些人的思想观念开放,具有个性,对于产品的需求也追求个性化的展现。而数字出版因为其具备的各种各样的优势,使其有条件满足消费者的各种个性化的需求,数字出版面对的消费者更加的细化,而且数字出版的制作与销售途径也会依据每个消费者的具体要求做到从个体出发。

3.5.7 移动出版将成为数字出版的必然趋势

随着手机、平板电脑等移动终端的日益普及,移动阅读应用和内容日益丰富,用户的时间和注意力正在加速转向移动端。根据《2014–2015年数字出版产业年度报告》显示,在数字出版产业总收入中,手机出版是成长最快的数字出版业务。移动出版收入规模2015年为1055.9亿元,在增加了统计项(在线教育)的情况下,占数字出版收入规模的比例比2014年增加了0.81%,表明移动出版依然是数字出版的重要发展方向,具有雄厚发展潜力。

众所周知,中国的手机用户规模异常巨大,中国手机网民呈现迅速增长态势。根据中国互联网发展中心(CNNIC)2016年1月24日发布的《第37次中国互联网发展状况统计报告》显示,截至2015年12月,我国手机网民达6.20亿人,网民中使用手机上网人群达到90.1%[2]。另外,目前我国国民数字阅读方式的接触率已超过传统纸质书刊阅读类。中国新闻出版研究院公布的第12次全国国民阅读调查结果显示,2014年国民数字化阅读方式的接触率为58.1%,其中手机阅读接触率首次超过50%。我

---

[1] 郝振省.《2007-2008 中国数字出版产业年度发展报告》[R].中国书籍出版社,2008:37.

[2] 中国互联网发展中心(CNNIC).《第37次中国互联网发展状况统计报告》[R].2016,1.

国国民数字化阅读率首次超过传统图书阅读率，也表明了大众对移动数字出版产品的需求不断增加。特别是以手机为载体的各种出版物得到越来越多消费者的喜爱，例如手机小说、手机游戏、手机报等。阅读手机出版物比其他形态数字出版物更加便捷，因此，手机出版发展的速度与规模将会超越其他数字出版业态而成为主力军，这是必然的趋势。

第四章
我国传统出版业数字化发展态势分析

2015年我国数字出版全年收入规模突破4404亿元,比2014年增长30%,继续保持强劲增长势头。数字出版产业收入占新闻出版产业收入的总比,由2014年的17.1%提升至20.5%。然而,在数字出版总收入中90%以上的收入都来自于网络游戏、网络广告和手机出版,而与传统出版相关的互联网期刊、电子书、数字报纸所占比重很小,仅为1.69%,相较于2014年的2.06%,有所下降,说明传统出版企业在数字化转型升级、融合发展方面仍需要加大力度。

因此,对于传统出版企业来说,还需明确自身的发展现状,与发达国家的数字出版情况进行比较,找到自身的差距所在,才能更好地把握数字化发展的重点和方向。

4.1 数字化背景下我国出版业发展概况

传统出版泛指书刊、图画等的编辑、印刷、发行等工作。出版业的构成包括出版单位、制作单位、复制印刷单位、出版专业教育单位及科研单位。出版单位一般指出版图书、报纸、期刊、音像电子及其他电子出版物的单位。本文所讨论的传统出版企业,即在新型出版方式——数字出版出现之前进行出版活动的单位。我国目前有这类出版单位30多万家，其中图书出版单位500多家。

出版是一个国家文明的基石，集中了最优秀的智慧结晶。在传统出版的产业链中，报刊社、出版社往往处于重要地位，前端掌握着作者资源，后端对接印刷、发行和读者各环节。左手握着内容版权、右手拿着印刷订单，出版单位处于主动的核心地位。然而随着全媒体时代的到来，这种不可撼动的地位正在悄悄改变。一批批网络运营商、电商悄然产生并迅速崛起，它们借助现代技术的力量，不断地争夺内容和版权资源。与此同时，数字出版运营商又省去了传统的印刷与发行环节，直接将数字产品投放给终端用户，导致目前传统的出版产业链被打断。面对数字化出版以及读者阅读方式的改变，我国传统出版业发展受到很大冲击和影响。目前，我国出版业发展的总体情况呈现以下特点：

4.1.1 传统纸质出版增幅趋缓，数字出版发展增速

2012年12月31日，美国老牌周刊类杂志《新闻周刊》出版了最后一期纸质印刷版的杂志，并宣布停止纸质刊物的出版，2013年全面转向数字出版。在过去几年中，全球范围出现了一波报刊的"停刊潮"，很多全球有影响的报刊相继结束了纸质印刷出版，或停办或转向数字出版。其中的原因有很多，最重要的一个因素是数字化出版对传统纸质印刷出版造成的冲击。《新闻周刊》的数字化转型告诉我们一个现实：传统纸媒新闻和出版机构遭受了严重打击，主要原因是大批读者和广告客户流向网络数字出版。

在中国经济融入全球化的今天，"停刊潮"开始波及中国的新闻出版业。根据2015年国家新闻出版广电总局发布的《全国新闻出版业基本情况》显示，2014年，全国共出版图书448431种（初版255890种，重版、重印192541种），总印数81.85亿册（张），总印张704.25亿印张，折合用纸量165.51万吨，定价总金额1363.47亿元。与上年相比，图书品

种增长0.90%（初版下降0.04%，重版、重印增长2.17%），总印数下降1.51%，总印张下降1.17%，定价总金额增长5.75%。最近几年，我国的报纸期刊的发行量明显下降，总体走衰。纸质图书出版的发展虽然还没有出现明显的下降，但增长非常缓慢，进入发展的停滞期（详见图4-1）。

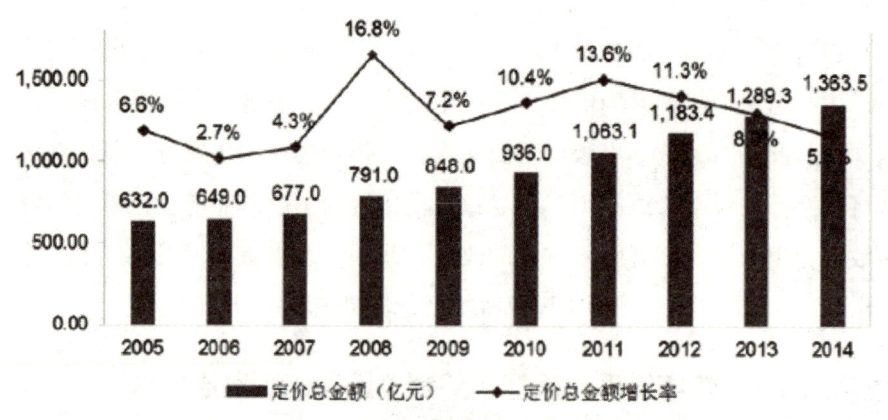

图4-1 2005-2014年我国图书定价总金额情况

数据来源：根据2005-2015年《全国新闻出版业基本情况》统计数字整理

与传统纸质出版物所面临的困境相反，数字出版正在崛起。同期我们看到数字出版产业营业总收入不断提升，规模以平均每年超过35%的惊人增速发展（详见图4-2）。随着互联网技术的快速发展和广泛应用，以手机为代表的各种移动阅读终端得到迅猛发展，智能手机、平板电脑和手持阅读器等各种移动阅读终端得到普及，使得数字阅读的发展成为趋势。

根据中国互联网络信息中心2016年1月发布的《中国互联网络发展状况统计报告》数据显示：2006年始，我国网民规模以每年10%以上的速度增长，到2015年，我国网民规模达6.88亿人，互联网普及率达到50.3%（见图4-3）；使用手机上网的网民规模近6.2亿人，占网民规模的90.1%（见图4-4）。人们的阅读习惯随着网民规模的壮大正在悄悄地发生革命

图4-2 2006年-2014年全国数字出版营业收入统计
数据来源：根据2007-2015年《中国互联网络发展状况统计报告》数据整理

图4-3 中国互联网规模和网民普及率

性的变化，越来越多的人开始通过互联网进行阅读。而智能手机和平板电脑的普及，更迎来了基于互联网的"移动阅读"时代。"网络阅读"正在挑战传统的纸质阅读。数字出版的规模继续以每年30%以上的增速增长，而纸质出版领域的市场已经出现了萎缩，需求正在被数字出版蚕食，传统纸质出版产业的发展面临严峻考验。

图4-3摘自中国互联网络信息中心2016年1月发布的第37次《中国互联网络发展状况统计报告》。

图4-4 中国手机网民发展规模占网民比例

根据2015年中国数字出版产业年度报告发布的相关数据统计，2010-2014年我国数字出版产业年增长率一直保持在30%以上。2014年数字出版产业总收入为3387.7亿元，比2013年增长33.36%，数字出版产业收入在新闻出版产业收入的总比由2013年的13.9%提升至17.1%。

在全球范围，包括中国在内的出版行业都出现了这样一个趋势：传统出版产业的增速趋缓和新兴数字出版产业的加速发展。

4.1.2 传统出版物销售收入增速下滑

网络出版突破了人们的阅读模式，使其可以根据阅读和思考的需要自行确定阅读的进程，进一步拓展了阅读空间。数字出版产业中的手机出版越来越受到大众的青睐，手机媒体从一种通信工具转换为终端媒体，人们不受时间、空间的限制，可以随时随地对手机上的各种业务进行浏览，阅读方式和习惯随着数字出版的发展也在发生着改变。数字化环境改变了人们的阅读习惯。随着信息技术的不断发展，阅读的娱乐化倾向不断增强，他们希望可以通过文字之外的媒体获得信息。传统的单一媒体的纸质出版物已经不能满足读者多样化的需求，而数字新媒体可以在最大程度上使其需求得到满足。现在"80后"以及"90后"把网络作为接受信息与知识的主要途径。他们受学校教育的时间更长，从小就在开放的环境中成长，更勇于接受新生事物，乐于接受和适应网络、电子图书、手机阅读等新阅读形式。他们更倾向于一种浅阅读，网络资源的海量性与便捷性正迎合了他们的需求，通过各类搜索引擎可以快速地找到需求的各类信息。有媒体报道，与2010年相比，2013年新华书店的一般图书（课本除外）的零售额下降17.46%。但从近几年的出版物市场总体情况来看，传统出版物的销量跟过去相比虽然没有明显下降，但是相对于国民总收入、社会总需求与消费者购买力来说，迅速扩容的阅读市场正在被数字出版物所占领。根据近五年我国新闻出版业营业收入的规模分析，收入增速下降较为明显（详见图4-5），而从各细分行业收入规模来看，报纸、期刊收入下降较大（详见表4-1）。

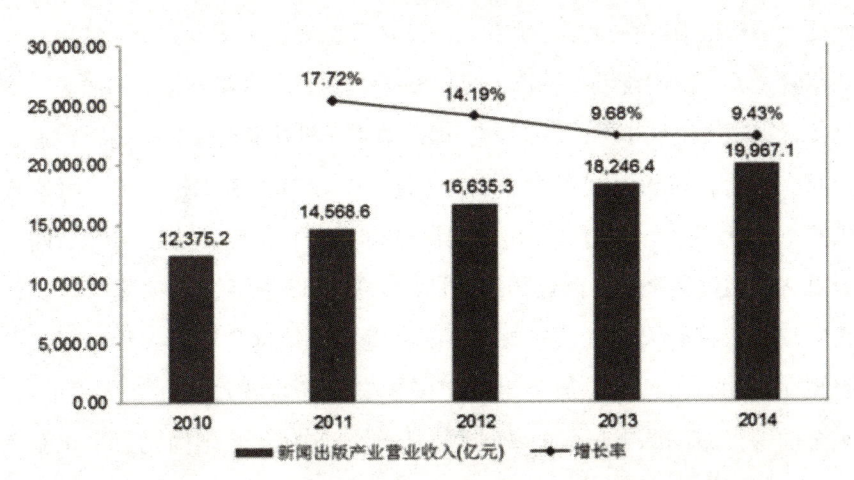

图4-5　2010-2014年新闻出版产业营业收入及增长率
数据来源：根据新闻出版广电总局，中国产业信息网相关数据整理

表4-1   2014年新闻出版产业各细分行业收入规模

项目	2014营业收入（亿元）	较2013年增减（%）
图书出版	791.18	2.65
期刊出版	212.03	-4.49
报纸出版	697.81	-10.15
音像制品出版	29.21	18.16
电子出版物出版	10.89	6.45
数字出版	3387.70	33.36
印刷复制	11740.16	5.82
出版物发行	3023.76	11.55

4.1.3　传统出版的读者大量流失

随着网络普及率的不断提高，读者获取信息的途径不断拓宽。在数字化环境下，互联网有海量的信息资源，一些免费阅读内容对消费者来说更具有吸引力，这对靠卖内容获益的传统出版业来说无疑是巨大的冲击。在某些特殊的领域，如工具书和信息服务领域，数字出版由于检索便捷、价格低廉等特点赢得了众多的消费者。现在生活节奏快，越来越多的年轻读者更倾向于网络阅读，可以在最短的时间内获得想要的信息，这是传统出版无法比拟的。人们大多都在消费一种快餐式文化，追求快速、快感，不会花较长时间阅读纸质的书籍，更多选择了手机阅读或者网络浏览。由此以来，人们对于传统出版物的消费在不断减少。"在新闻出版总署的阅读调查中，阅读传统出版的人数在以每年12%的速度减少，而阅读新媒体的人数则以30%的速度在增加，特别是年轻人和知识人群表现尤为明显，他们是数字出版市场未来消费的最大主力"[①]。第十三次全国国民阅读调查报告的统计数据显示，2015年我国国民数字化阅读

---

① 张莹.我国数字出版产业发展现状及趋势［J］.新媒体研究，2015（12）：47-48.

方式的接触率为64.0%，较2014年的58.1%上升了5.9个百分点。数字阅读首次明显超过纸质阅读。其中成年国民网络在线阅读阅读率首次过半，达到51.3%，同比增长1.9%；成年国民手机阅读率最高，达到60.0%，同比上升高达8.2%个百分点，电子阅读器阅读、Pad阅读及光盘阅读等都呈增长态势。在数字阅读中，微信阅读最为普及，据统计，有51.9%的成年国民在2015年进行过微信阅读，同比增长17.5个百分点，增幅超过50%[①]。

根据2009年到2015年对国民数字阅读率的统计数据来看，近7年国民的数字化阅读率在不断提高（图4-6）；在各类数字化阅读载体阅读中，通过手机阅读的人人数增加较快（见图4-7）。

	2009年	2010年	2011年	2012年	2013年	2014年	2015年
数字化阅读接触率	24.6%	32.8%	38.6%	40.3%	50.1%	58.1%	64.0%

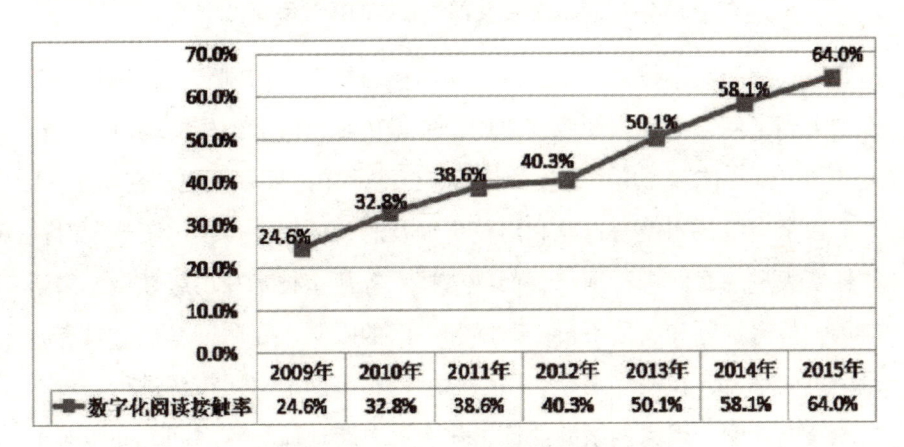

图4-6　数字化阅读方式接触率7年间变化

4.1.4　传统出版的业务流程发生改变

数字技术使得传统出版业的生产流程发生革命性的变化。传统出版主要包括三个流程：编辑、印刷和发行。传统出版各个环节间隔时间长，彼此之间是独立的。长期以来形成了编辑、印刷、发行各成系统的

---

① 中国新闻出版研究院.第十三次全国国民阅读调查.2016-04.

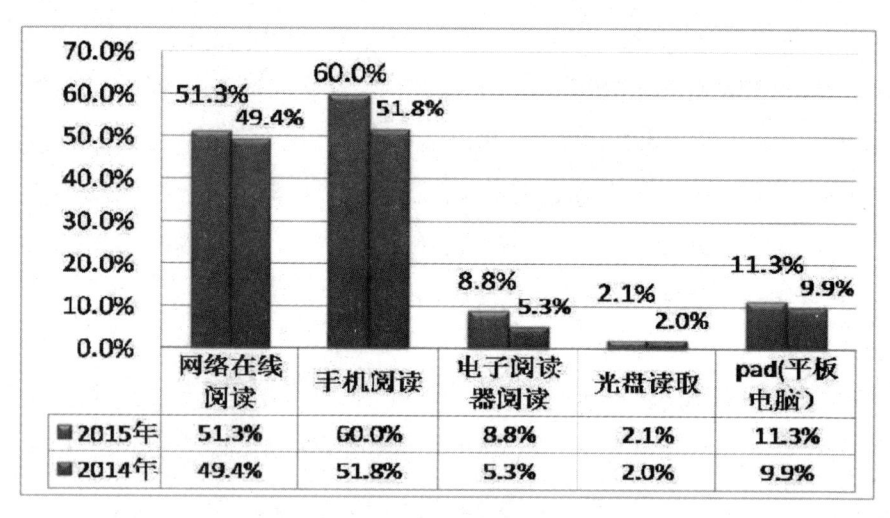

图4-7　各类数字化阅读载体的接触率变化

出版模式。而数字技术应用之后，从约稿、编辑、印刷到发行销售环节都纳入到了网络化管理的范畴之内，使得传统出版的编辑、印刷、发行变为"三位一体"，出版速度加快了，三个环节之间联系更加密切了。

数字出版技术使得选题和组稿更加及时、便捷。传统出版选题时往往耗费大量的时间进行筛选，而网络技术等数字技术在出版领域的广泛应用，使得选题和组稿不再受时间和空间的限制。互联网是一个具有海量信息的平台，在网络书店、网络原创网站等网上出版市场进行分析产生独特的选题。因为网络的便捷，作者可以跨地域、跨时间，同步对出版的内容进行编写和修改，这样大大缩减了传统出版在选题和组稿环节上所耗费的时间，数字化技术的应用改善了原有的出版环节的弊端，为出版带来了一定的变革。数字技术改变了印刷流程，提高了产品质量和生产效率。数字出版技术可以在确保生产质量的前提下快速便捷地根据读者和市场的需求进行印刷。而原来的传统出版，都是采用先生产再销售的模式，先把出版物印刷出来，没有一定的数量限制，结果很有可能造成出版物的滞销，耗费了印刷资源，加大了成本，也不利于环保。而数字出版则可以根据前期的市场调查，分析出读者的需求量从而确定合理的出版数，这样就不会存在滞销的问题。这种科学合理的模式冲击着传统出版的印刷流程。

数字技术改变了传统出版业的发行流程，对原来的发行销售环节造成一定威胁。传统出版业的发行流程基本上都是出版产品经过批发商批发到零售商，最后由零售商出售给读者。而现在数字技术在一定程度上简化了发行流程。1995年开始出现了网络书店这一销售渠道，著名的网上书店有卓越亚马逊、当当网上书店等。网上书店可以帮助消费者实现与商家直接进行联系，缩短了发行流程。而现存的实体书店面临着经营困难，甚至倒闭的危险。根据全国工商联书业商会2014年的调查显示，过去10年有近五成实体书店倒闭，特别是一些民营书店，如第三极书局、风入松、三联书店、光合作用等。

4.1.5 传统出版单位的生存空间受到挤压

在我国数字出版发展的最初阶段，传统出版社大多都是把自己部分内容版权或者把全部的版权出售给一些技术提供商，获取很少的利润。传统出版社与数字出版企业相互合作的模式还能为传统出版带来一些利益，可是随着数字出版的发展，越来越多的数字出版企业在掌握了一定的经验与资源后，开始着手自己做内容，不再去购买传统出版单位的内容资源，形成一体化的产业链。"例如较早进入电子图书领域的北大方正、中文在线等几家企业，虽然不是传统出版单位，也不具有图书资源的原始积累优势，但是他们已经将全国500多家图书出版、120多万种图书资源进行了数字化的整合集成，占据了中国电子图书市场的90%以上的份额。而清华同方的中国知网，目前收集的期刊已经达7600多种，占中国所有期刊数的75%和所有学术类科技期刊的98%，成为国内最大的传统期刊的网络出版平台"[①]。

---

① 苗卉.大数据时代编辑理念的更新[N].人民网，2013-03-02.

盛大公司建立并且开放自己的"内容+渠道+终端"的电子书产业链，全面布局规划电子书产业链中的各个环节，不需要借用传统出版单位的内容资源。这样一来，那些还未主动开展数字出版产品的传统出版单位面临着巨大的威胁。传统出版在发展数字出版业务上没有掌握技术进步的主动权，传统出版单位对于数字出版的发展还大多停留在建网站推荐出版社的新书这种初级形式上，建网站只是在原有出版模式上的拓展，并不是数字出版真正的商业运营模式；或者是与其他数字出版企业签订委托协议书，通过与硬件服务商分成获得收益，在这样的盈利模式下，传统出版企业永远处于被动地位。传统出版业没有真正地深入发展数字出版业务，数字化水平远远低于数字出版企业，因此，盈利空间也受到影响。

4.1.6　一批传统出版单位开始拓展数字出版业务

"截止到 2008 年底，在我国 579 家图书出版社中有 90% 开展了电子图书出版业务"[①]。目前，我国上网人数和手机拥有量居于世界第一。数字出版代表着未来出版业的发展方向，随着世界经济的高速发展，全球范围内互联网用户水平的不断上升，大众的阅读习惯开始发生变化，人们从纸质阅读逐渐转变为电子媒介的阅读，这样的现实情况促使传统出版业进行数字出版的开发与转型。商务印书馆、中国出版集团、四川出版集团等传统出版企业正在加快数字化的转型。中国出版集团公司全面设计实施全集团信息化建设工程，加快推进中国数字出版网——大佳中文网的建设工作，研发并拥有自主品牌的电子阅读器等数字产品。2010 年上海世纪出版股份有限公司推出了全球首款由出版机构出品的电子阅读器"辞海悦读器"。这是上海出版股份有限公司突破行业壁垒，以内容优势打通行业产业链，从传统出版迈向数字出版领域的一个新里

---

① 　熊玉涛. 论数字出版产业的运作与发展［J］.《编辑之友》，2010（7）：72-74.

程。此外，凤凰传媒集团成立数字传媒公司，开发电子书包业务等。读者集团推出自由品牌电子书等，这些有实力的传统出版机构叩响了数字出版的大门[①]。

随着数字技术和互联网的应用，传统出版业生存和竞争的环境发生了根本性的变革。新媒体、新业态给传统出版业带来的巨大的冲击和压力。国民纸质图书阅读率逐年下滑，而数字化阅读率不断提高，致使传统出版业现有的出版形态和业务模式无法满足读者的需要以及竞争和发展的需要。因此，面对数字化的冲击和影响，传统出版业必须走数字化道路，不断探索传统出版业务与数字出版业务的融合发展，才能最终找到生存的空间。

4.2 传统出版企业数字化发展的进程

我国传统出版单位的数字化发展起源于电子图书。到目前为止，电子图书仍然是我国传统出版社实现数字转型的主要形式。因为对于传统出版社而言，在整个数字出版业务中，电子图书的经营成本是最少的，而利润成效是最快的。但是在整个电子图书出版销售产业链中，传统出版单位的角色定位只是内容提供者，而真正的主角确实是北大方正、中文在线等电子图书运营公司。

进入数字时代，科技的发展以及数字出版技术的不断升级，传统出版单位已经慢慢意识到简单的电子书业务并不是真正意义上的数字出版，因此，多媒体课件、数据库以及按需印刷（POD）等数字出版形态渐渐出现，同时，各种电子阅读器终端，诸如 MP4、MP5 以及手机等，也不断丰富，从而，促进了数字出版的长远发展。我国三大出版领域（专业出版社、教育类出版社和大众类出版社）纷纷利用各自的出版资

[①] 姜军.数字出版产业步入高速发展期［N］.中国新闻出版报，2010-10-08.

源，根据不同目标读者的个性化需求，提供有针对性的内容资源和个性化服务，例如商务印书馆的工具书在线、社科文献出版社的皮书数据库以及外语教学与研究出版社开展的数字业务。我国传统出版企业的数字化发展大致经历了四个发展阶段。

4.2.1 出版企业数字化的尝试期

20世纪90年代以来，计算机与网络技术应用于出版的某些环节，并为我国出版企业强化决策准确性、改善管理进而提升竞争力提供了强大动力。以深圳为代表的一些出版社开始尝试信息化的管理，上线出版信息管理系统和ERP（Enterprise Resource Planning企业资源计划系统）。通过数据共享来实现数据的完整性、一致性，减少因信息流通不畅而造成的盲目性工作及重复工作，实现科学管理，提高出版的效率和质量，从而提高市场竞争力。这也成为许多出版企业信息化建设的着力点。

这一时期我国的出版产业经历了电子图书的滥觞。声势浩大的电子图书席卷全球，以电商网站为主导，面向大众市场，美国斯蒂芬金《驾驭子弹》的巨大成功引来对电子图书的热捧，我国的人民网也同步推出了"人民时空图书平台"。但是伴随着互联网泡沫的破裂和电子图书盈利模式不明及资金匮乏等原因，电子图书热一度走向了尽头。

4.2.2 出版企业数字化的推进期

进入21世纪，我国出版产业数字化进入推进期。计算机应用技术所带来的数字技术已逐步渗透到传统出版业的各个环节。首先，传统出版企业运用数字化手段建立了远程采编系统，从形式上实现了传统图书纸质出版内容的资源数字化以及出版印刷环节的流程数字化。其次，传统图书出版单位尝试将电子书出版技术引入进来，实现了无纸化出版，并根据自己原有的资源特点建立了专业的出版资源数据库。特别是以高等教育出版社和商务印书馆等为代表的一批老牌传统出版社加快了数字化的步伐。高等教育出版社整合企业内部资源，提供增值服务，开通门户网站，上线数字业务，这一部分的产值比例正在不断上升。商务印书馆推出了"工具书在线"，是集文字、图像、声音、动画、视频为一体的多媒体数字出版平台。

这一时期，随着数字出版技术在传统出版业中的运用，数字版权等一系列问题被出版者提上了议事日程。方正数字版权保护技术为出版产业界所认可。方正作为最早进入数字出版领域的企业，以其具有自主知识产权的方正阿帕比数字版权保护系统（ApabiDRM）、版式文件技术CEB、数字版权保护技术DRM、阿帕比电子图书整体解决方案Apabi eBook等一系列核心技术，妥善解决了图书资源数字化、数字版权保护、电子图书安全分发与数量统计三大关键问题。

4.2.3 出版企业数字化的发展期

2011年以来，数字技术全面应用于出版业，并彻底改变了出版产业的经营模式，数字革命由边缘走向中心，无论国外还是国内的数字出版都进入了快速发展期。

从国外的情况看，数字出版业态进一步扩张。电子图书销售快速增长，2011年5月，亚马逊宣布电子图书销量持续3个月超过纸质书，网站每卖出100本纸质书，就可以卖出105本电子图书。传统出版业加快数字化转型，网络新闻读者首次超过报纸，按需出版、自助出版越来越热，电子图书销售平台化、集成化渐成趋势。数字终端不断推陈出新，终端技术的发展再次印证了摩尔定律——"每隔18个月，电脑性能提高一倍，价格降低一半"。销售商介入内容生产，以亚马逊为代表的图书销售商直接出版图书，作者绕开出版社与销售商直接签约。数字出版产业链竞争的边界日益模糊。

我国出版企业的数字化发展在2011年以后逐渐步入良性发展轨道。政府主管部门主动部署，出台相应的产业政策，充实产业发展的标准体系建设，基本完成数字出版基地布局。具体表现在以下几个方面：

（1）传统出版产业走向内容的深入加工，尝试定制化、多终端的内容开发。2011年盛大文学网络连载小说《斗破苍穹》获得高点击率后，这部小说被开发应用于各类手机操作系统、WAP站、云中书城及PC等多个终端，并被改编成网络游戏、电视连续剧，实现立体复合出版。

（2）数字出版投送平台竞争加剧。2011年2月云中书城脱离盛大官网独立运营，3月京东商城上线读书频道、搜狐原创频道试水付费阅读，4月淘宝旗下淘花网推出数字杂志，9月百度阅读上线，10月苏宁易购图书馆上线，12月当当网开始售卖电子图书。

（3）数字出版技术升级换代。2011年8月国内最大的数字出版云计算中心在天津上线运营，同方知网、北大方正推出云战略。卫星通信公司涉足出版传媒领域，2011年8月中国卫星通信集团公司等三家大型国有企业共同出资组建的直播星数字信息技术有限公司更名为"航天数字传媒有限公司"，创新了出版传播渠道。

（4）数字版权保护多管齐下。2011年3月，最高人民法院、最高人民检察院、公安部颁布相关意见，明确了侵犯著作权犯罪案件的认定问题和通过信息网络传播侵权作品行为的定罪量刑标准；国家知识产权战略实施工作部际联席会议将知识产权保护工作提升到国家战略高度；2012年3月，《中华人民共和国著作权法（修改草案）》公布，向社会公开征询意见，修正后的法案更加适应数字出版和网络技术发展的需要。数字技术研发步入关键领域，2011年7月，新闻出版总署启动"数字版权保护"技术研发工程，并最终确定了最终版本的EPUB格式标准细则[①]。

---

① 郝振省. 2011-2012中国数字出版产业年度报告［M］. 北京：中国书籍出版社，2012.

4.2.4 数字化盈利模式探索期

目前大多数出版企业陷入了该阶段的困境中,尚未找到合适的解决办法。虽然国内许多传统出版单位已经纷纷涉足数字出版业务,也获得了一些成果,但是与传统出版物相比,数字出版物无论是从产品质量还是产品盈利方面都存在着很大的差距。传统出版观念的转变、产业链与商业模式的缺失、数字版权的界定、数字内容标准的模糊、阅读方式的转型等一系列问题成为制约传统出版单位数字化发展的关键因素。寻求一套合理完善的数字出版盈利模式并找到一条普遍适合我国绝大多数传统出版单位的转型路径已经成为传统出版社开展数字业务的当务之急。

4.3 传统出版企业数字化转型现状

我国传统出版业正在加速向数字出版的转型,转型的动力来自全球数字化浪潮的冲击以及出版业自身和社会发展的需求。正如中南传媒集团董事长龚曙光所说:"上不上市,决定出版企业的兴衰;做不做数字出版,决定出版企业的生死。"[1]2010年8月,《关于加快我国数字出版产业发展的若干意见》政府文件出台,把传统出版单位完成数字化转型的最后期限规定为2020年,并提出到"十二五"末,我国数字出版总产值力争达到新闻出版产业总产值的25%,整体规模居世界领先水平的愿景。自此,我国传统出版业加快了产业结构调整、升级的步伐,加快了传统纸介质出版物向多种介质形态出版物的转型。2015年4月,国家新闻出版广电总局与财政部联合发布《关于推动传统出版和新兴出版融合发

---

[1] 白曙光. 人生最美的姿态是奔跑[EB/OL]. http://www.bookdao.com/article/33804/,2012-1-19.

展的指导意见》，对新闻出版业融合发展提出明确路径和发展要求。同时，总局于2015年7月公布了第二批100家转型示范单位名单，至此传统出版数字化转型示范单位总计已达到170家[①]。这表明我国传统出版企业数字化转型取得了实质性进展，部分传统出版企业在数字化转型过程中首先一步就是确定自身在数字出版产业链中的定位和目标，目前，主要表现在以下几个方面：

（1）转型成为内容服务提供商。在数字出版产业链中，作为上游内容提供商的传统出版单位，抓住电子阅读日益普及的市场机遇，开始向内容服务商转型，如上海世纪出版集团。2010年5月，全球第一款由传统出版机构自主研发和设计的移动终端阅读器"辞海电子悦读器"成为众人关注的焦点。阅读器由上海世纪出版集团出品，内置《辞海》、泱泱巨著《中华文化通志》十典百志101卷，拥有上海世纪出版集团旗下27家图书编辑出版机构和两岸三地众多华文出版集团的正版图书资源，以及44种期刊和5种报纸的电子版。同时，"辞海"悦读器还是全球第一本真正实现用手指直接触屏翻页、书写的电子阅读器，可在线写作、发表、出版。

（2）转型成为全媒体内容服务提供商。数字出版业务最显著的特征就是全媒体出版，因此，部分音像出版商已从原来以音像制品为主的光盘出版方式迅速向提供视频教学、网络课程、课件等在线内容和服务的方向转化，以期在数字出版领域抢占市场份额[②]。2012年4月7日，安徽电子音像出版社更名为时代新媒体出版社，宣告以"新媒体、新技术、新业态、新产业链为经营方向，以手机出版、网络出版和应用出版为三大主攻方向，立足多媒体教育，实施立体化出版，跨媒体、多元化经营，

---

① 魏玉山：《2015-2016中国数字出版产业年度报告》发布［EB/OL］. http://reader.gmw.cn/2016-07/21/content_21057763.html，2016-7-21.

② 郝振省. 2011—2012中国数字出版产业年度报告［R］.北京：中国书籍出版社，2012.

从而成为我国首家主动战略转型至新媒体出版领域的音像电子类出版机构"①。同年10月，时代新媒体出版社与安徽电信共同组建的iTV"健康频道"上线。该平台由时代新媒体出版社自主搭建，通过互动点播向观众传播健康养生节目。这意味着新时代媒体出版社已从传统内容提供商转型为内容服务商。

（3）转型成为平台提供商。国内一些实力较强的技术提供商、发行中盘等从2008年开始逐步增加投入，采用兼并、重组等手段加大跨系统、跨区域、跨行业的整合力度，以打通产业链，进一步强化在各自领域的领先地位。如以图书发行、报刊经营为主业的新华传媒与上海强势传媒解放日报报业集团于2010年4月携手上海易狄欧电子科技有限公司，三方共同投资成立全新的数字内容出版、发行平台公司，打造完整的阅读器产业链②。新公司以手持移动阅读器终端为切入点。其中，易狄欧主要负责提供阅读终端产品；新华传媒提供旗下新华书店的渠道资源和内容资源；解放日报报业集团则提供旗下多家报纸的内容资源，并在宣传推广上为新公司提供帮助。成立伊始，新公司就与全国100家出版社签署了合作协议。其他如北京报刊发行局、四川文轩、深圳书城、安徽书城也纷纷进入该领域，搭建数字内容分发平台，开始数字出版产品销售业务③。

（4）转型成为教学服务提供商。在数字化转型中，教材出版单位改变原有的纸质教材销售模式，在提供教材的同时通过网站提供互动、全媒体的综合教学服务以及音视频数字出版物等，降低了成本，拓展了市场。如人民教育出版社开发的在线学习平台"人教学习网"于2010年

---

① 张竞艳. 时代新媒体社半年蝶变［EB/OL］. http：//www. press-mart. com/ArticleInfo-view-mtjj-e04fbe62-5e20-487b-b36b-8f686d871a50. shtml, 2013-1-7.
② "亦墨"阅读器亮相上海［EB/OL］. http：//news. sina. com. cn/c/2010-05-28/203117578070s. shtml, 2010-5-28.
③ 李云华，马莉. 文化全球化语境下的中国出版业数字化转型［J］. 出版科学, 2013（5）：89-91.

6月开始正式上线运营，该网为全国范围内的中小学师生提供方便、快捷、高效的网络学习平台和网络学习产品，以先进的信息化互联网测评手段对学生的学业水平进行诊断、制订科学的学习计划并高效地进行综合辅导，积极推进我国教育信息化和优质教育资源的共享。这种产品、服务领先的战略已经显示出良好的发展前景。

由此可见，数字化转型工作已经启动，并取得了一些实质性的成果。但是，多数传统出版单位仍处于数字化转型基础阶段，只有少数单位结合自身特点开发了数字化产品。特别是一些规模较大、经济实力较强的出版单位基本完成了内容的数字化加工工作，像中国国际出版集团、中南出版传媒集团、人民邮电出版社等，都根据自身的业务需要上马了内容管理系统（CMS），为整个数字化转型工作打下了基础。像科学出版社、人民卫生出版社、社会科学文献出版社的探索经验，或自身独立开发，或与技术提供企业合作，推出了具有自身知识产权的数字化阅读和服务产品。

4.4　三大出版领域数字化发展模式探析

在全媒体发展和数字技术的不断冲击下，我国传统出版企业纷纷加入到数字化的浪潮中，积极探索，在传统业务发展的基础上，大力发展数字出版业务。但由于出版企业本身的功能、规模、资源、实力的差异，传统出版企业的数字化情况差异很大。在我国三大类出版领域，专业出版的数字化程度最高，居于领先地位；教育出版次之，正在孕育突破；大众出版最低，正在积极探索。这是由出版物的内容特征和读者的需求强度决定的。在众多的新技术中，对出版业影响最大的是数字化技术以及与之相关的网络技术和通信技术。新技术给出版业带来的最大好处是使得内容的加工存贮和营销变得高效、快速、成本低廉。下面主要从三大出版领域的数字化模式来分析我国传统出版业的数字化发展态势。

4.4.1 专业出版领域

专业出版是数字化技术的最大受益者。目前，我国传统专业类出版企业所开展的数字业务主要集中在建立专业的数据库上。建立在海量内容基础上的数据库产品具有大规模定制及针对性服务等特点。而这些特点恰恰充分体现了数字出版的精髓。在传统出版领域，大多数出版社已经拥有了细分的目标读者以及固定的目标市场，已经成为我国最为成功的出版数字化领域。但是这种出版形式的初期投入资本较大，技术平台的开发周期较长，数据加工制作的时间较长，且对产品功能的设计要求较高。

专业出版的目标受众主要为该领域的行业从业人员，为他们从事专业技术工作提供知识储备和技能服务。这类出版物功能性强并提出了解决问题的方案方法，因此这类出版物的受众定位清晰，需求固定，产品针对性强。相对于其他领域的出版社具备很好的统一性和可协调性。目前，我国专业出版领域的传统出版企业经过几十年的从业积累，已经拥有了大量的出版内容资源，并且在各自的专业出版领域中整合了大量的作者资源，因此开展起数字出版业务相比较其他两类出版社具有一定的行业基础。目前在我国专业出版领域数字化发展比较突出的出版单位主要有电子工业出版社、知识产权出版社等。其发展模式可以归纳为以下几种：

（1）定制化按需出版。

专业出版社的特点及性质决定了其受众具有特定性。例如，科技单位、学术团体、图书馆及个人等，在开展数字出版时可以根据上述客户的不同需求进行出版，包括数量、形式、内容等，更加突出出版物的个性化特点。该模式不仅能与传统出版业务有机结合，更能充分发挥出其品牌优势。中国标准出版社就在逐步推广该项业务，不断地总结经验，探索出了基本模式及方法[①]。

（2）网络出版。

随着网络技术的不断发展，网络出版作为一项新兴事物，是以传统出版产业为基础发展起来的。网络出版的内容兼容性较强，原创内容或纸质图书的数字版本均可，其优点在于不需要实体的纸张，内容可以及时更新，节约资源，且不需要印刷，没有库存。因此，也不需要店面，成本较低。出版者可以把信息发表到互联网上，或者利用互联网将信息传送至客户端，受众人群可以通过网络或者客户端阅读、使用或者下载各类信息。读者还可以利用网络的强大功能，包括搜索、查询等，快速地找到需要的书籍或者内容，使得阅读效率更高，其需要花费的费用也更少[②]。

（3）构建数据平台。

各类专业工具书的信息内容十分丰富，专业数据库的主要功能则是对该类资料进行相应的组装、深化处理及资源整合，即根据各个专业知识点、条目、图片对其实施分类，并把文字、图片、音频、视频等文件进行集合、整理，建立具有搜索查询功能的信息数据库，使得信息更加具体化，进而形成系统性强、技术先进、搜索简便的大容量专业资源数据库。中国建筑工业出版社建立的中国建筑全媒体资源库与专业信息服务平台即是一个较为成熟的案例，其专业数据资源库平台能够对专业书籍、图片资源等进行类别化管理，同时提供大量图书的免费阅读及在线营销。

（4）互动出版。

目前，大多数出版社均建有读者交流社区，以便于人们在阅读的

---

① 刘冰，游苏宁. 国际科技出版集团商业模式对我国科技期刊发展的启示［J］. 中国科技期刊研究，2011（4）：479-483.

② 高锡瑞. 专业出版社的数字出版之路——以测绘出版社为例［J］. 出版发行研究，2011（10）：48-50.

同时可以进行思想的交流。为了让读者能够更好地在该平台中表达自己的观点，可以对原有的读者社区进行改造，构成互动交流的系统模式。读者可以就已出版图书进行讨论、研究和探索，同时也可以对图书中的不足之处进行意见反馈，以便出版社在日后的出版工作中进行调整，使得出版内容更加完善，也能有效克服纸质图书无法及时修订和改版的缺点。另外，多媒体资源也可以进行整合，使其与互动交流平台有机结合，读者能够更加高效地利用资源，获得更佳的阅读体验，这也是专业出版利用数字出版的未来可以发展的盈利模式之一[1]。

（5）在线服务。

社会的发展日新月异，知识的更新迫在眉睫，许多人在工作之余需要进行相关知识的补充，还有许多人出于兴趣爱好想要掌握某些方面知识，但没有更多的时间用于课程的专业培训学习。专业出版社可以充分利用现代发达的网络环境，将数字化的专业课程内容上传至网络，提供在线学习、下载等有偿服务。例如，许多专业出版社开展的职称考试培训在线服务、技术等级考试资料下载等，客户可以使用电脑或者手机进行在线学习，或者下载，利用零碎的时间随时学习各类知识，实现自身能力的提升。

4.4.2 教育出版领域

由于教育类出版物具有对产品自身质量要求高的特性，虽然数字出版拥有海量的信息，但是质量却难以保证，因此，在数字化发展的初期，数字出版在教育领域并未像专业出版领域一样发展迅猛。但是，随着中国教育硬件配置和软件设备的不断发展改进，教育出版领域也逐渐表现出了对数字出版物的极大兴趣。例如多媒体课程、在线测试、远程

---

[1] 张晗. 理性的转向——2010年数字出版研究的论域与争论 [J]. 新闻界，2011（5）：81-84.

教育等基于数字技术而发展起来的方式越来越得到师生的青睐和肯定。然而，我国目前传统教育类出版行业竞争异常激烈，"教辅图书同质化严重，很多出版社为了增加发行量，纷纷大打价格战；大量图书滞销，退货现象日益失控，恶性循环，造成传统出版社利润低下[①]。"在这种大环境下，许多规模较大的教育类出版单位纷纷着手开发全新的数字产品，迈出了从传统出版向数字出版转型的第一步。

目前国内已经开展数字业务的教育类出版社，大多从搭建网络学习平台、建设相关数据库入手。如外语教学与研究出版社早在十年前就开始数字化建设。到如今，外研社已经建立了10个左右的分社网站、开发出相应的APP应用，并设立社交平台的公众账号，将整个出版社从产品到服务都朝着数字化之路转变。最重要的是，外研社的数字化转型已经取得显著成效，真正地迎合了数字化浪潮，成为教育类出版社数字化道路上的表率。还有浙江教育出版社，细分了传统课程资源，建立了相对应的数据库以及专有类题库，并且实现了在线查询、在线组卷，从而借助数字出版自身的互动性、及时性、个性化与多媒体化的优点；而高等教育出版社却是从开展数字内容管理工程建设开始。随着数字技术及计算机技术的高速发展，手机越来越普及化，移动学习成为一种全新的学习方式，而教育类出版社将会成为开展此类数字出版的最佳场所。教育出版领域发展数字业务的模式可以归纳为以下几种模式：

（1）门户网站模式。

电商模式是门户网站的基本模式。网站的定位是立足教育出版、服务和服从于教育改革发展，通过网站平台与编辑的对接，不仅为教育出版社注入新观念，还能提高用户的黏合度。出版社与电商服务平台的"无缝对接"，逐渐走出了以往内容陈旧、服务落后的局面，形成了线上销售和线下服务的O2O模式。像重庆出版集团打造的天健出版网，"书

---

① http://msn.ynet.com/view.jsp?oid=66150095&pageno=4

行天下，传承文明"的醒目标志代表着企业的核心价值观和战略目标，透视着出版社的发展理念，而依次呈现的集团概况、新闻中心、网上书城、原创文学、天猫旗舰店、购书指南、联系我们、会员注册这几个类目，为出版社提供了一个内容创作、销售平台宣传推广的渠道。而在侧面的子栏目里，分别有最新上架、编辑推荐、热销图书，从而满足读者多角度、多层次的购书需求。

（2）数据库模式。

数据库模式是基于"用户+平台"的使用模式。用户主要分为机构用户和个人用户两种，机构用户的支付能力较强，常用于高校和政府部口之间，通过IP、账号等方式实现资源共享；个人付费模式，主要是下载期间对版权的有限期限的数据库资源使用，个人用户付费模式是对机构付费的补充。而平台合作模式，主要是建立数据库平台资源，通过数据库资源的共享、互动、交流，方便用户的使用，提高期刊的使用率和品牌效应，实现数据库内容的推广和盈利。例如，中国基本古籍库是由北京大学中国基本古籍库工作委员会和北京爱如生数字化技术研究中心、安徽黄山书社联手推出的中文古籍数字化产品，被列为国家重点电子出版物。该数据库共收录上自先秦下迄民国的历代名著和各学科基本文献1万种，其内容总量相当于3部《四库全书》，每种均提供1个通行版本的数码全文和1~2个珍贵版本的原版影像。总计收书约17万余卷，版本12500多个，全文约17亿字，影像约1000万页，数据总量达320G。全国100多家图书馆装备了该古籍库，在馆内可以浏览。

（3）手机终端模式。

手机是基于移动终端的使用模式，手机具有即时性、互动性、碎片化传播等特征。一种是内容订阅服务的盈利模式，另一种就是手机广告模式。用户可以根据需要，订阅、下载独具特色的、个性化的信息服务产品，通过手机终端付费下载游戏、彩铃、客户端等。而广告付费，主要是用户在使用手机出版物的过程中，向手机用户推送的个性化、服务性多样化的广告信息①。借助于手机短信、彩信、APP软件、微信公众号等实现内容的精准定位,将休闲化、娱乐化、碎片化的浅阅读呈现在受众面前。伴随着3G、4G的相继到来,手机移动终端凭借着其庞大的处理器,几乎实现了与电脑等同的地位,并实现内容与PC互访的功能,能够实现多媒体的功能,使其具备传统媒体不具备的功能。因此,内容决定着手机出版的对象,不仅包括电子图书,更包括动漫、视频、音乐、网游等内容。

(4)教育平台模式。

教育平台模式多见于发达城市,优质教育教学资源经过平台的共享和互动,有助于弥合人才培养中的"知沟"差异,从而汇聚全社会优质的教师资源、教学资源,构建一个实时互访的数字教学超市和学习圈,实现市、区、县教育资源的多向流通,有利于打破地区间教育的壁垒,实现教育的公平公正和可持续发展,确保优质教育资源的纵向流通。以"微课"、MOOC、网易公开课等为典型代表,通过建立多层次、多类型的学习平台和数字服务标准体系,形成集文字、视频、图片等一体化的全媒体学习格局,实现"一次付费,多次使用",达到个性化教学和学习服务的目的。

4.4.3 大众出版领域

大众出版类图书的出版主题较为广泛,既可以与娱乐相关,又可以涉及人们普通的平常生活。正是由于大众类图书内容宽泛、即兴,读者的图书阅读与购买呈现随机性和或然性。相比教育出版和学术出版,大众出版则具有更强的市场属性和商业属性,竞争也最为激烈,这使得大众类出版企业的业务模式以内容和品牌建设为主,好的内容或品牌是大众类出版企业发展壮大的基础,而内容和品牌建设恰恰是传统出版最为

---

① 毛润政.手机出版的盈利模式[J].出版广角,2014(4):12-15

擅长的，所以大众类出版企业的读者特点和发展模式决定了其数字化程度目前还处在初级阶段，尤其是在技术运用上跟不上数字出版发展的步伐，大众类出版企业大多只是企业内部初步的信息化建设，如ERP系统、企业OA（办公自动化）系统等，数字化发展的核心——数字出版业务流程的数字化建设还处于起步阶段[①]。

在我国，网络从最初的萌芽到后来的高速发展都是基于"免费"这一大前提的，虽然其对于网络在中国的普及起到了巨大的推动作用，但是却在一定意义上使得受众的意识中形成了"网络信息免费使用"的观念。再加上大众类图书购买的随机性与非必然性，这就更加阻碍了电子支付在大众类图书数字出版中的运用，一时难以形成理想且行之有效的商业模式。目前，大众类出版企业还没有摸索出一套适合企业特征的商业盈利模式。大众出版需求是一种或然需求，人们对大众出版内容的要求是视、阅、听的享受。消费者希望得到与内容整体配备的体验式效果，如旅游信息配上丰富多彩的照片，艺术类、少儿类的作品配上相应的音乐或视频等，但大众出版企业目前仍是以单一的电子图书出版为主。这在电子书发展的早期无疑是符合市场需要的，但随着近年来数字出版的快速发展，数字出版产品早已不仅仅局限于简单地把纸质图书内容以电子化呈现，而是要实现视、阅、听三位一体，丰富的内容样态、便捷的获取方式等是数字出版领域大众出版满足消费者需求的基本要求。显然大众出版目前仅仅依靠电子书销售的商业模式无法满足消费者日益提高的消费需求，这就需要大众类出版企业的注意力不仅仅是放在内容和品牌的建设上，还要对选择、创新合适的商业模式给予足够的重视。

由于整体的数字化程度还不高，尤其是技术方面的滞后，使得处在数字化转型初级阶段的大众类出版企业在数字出版标准的研制和贯彻执行上，以及人才队伍的建设上都没有取得理想的进展。相比较其他两类

[①] 阮玉顺.中央级出版企业数字化转型升级实现策略研究[M].2014，12.

出版传统出版领域，大众出版领域的数字化出版开展很缓慢，主要是由于尚未找到适合的盈利模式，但是，大众类图书出版社仍然在数字出版领域做了一些尝试，而电子书是此类出版社主要的发展模式。随着时间的推移，那种完全复制传统图书内容的电子书已不能再满足读者的阅读需求，只有基于超媒体技术开发的电子书对读者，尤其是青少年读者具有很大的吸引力。在教育类出版社萌芽发展的移动阅读也逐渐成为大众类图书流行的阅读方式，成为享受及时阅读的年轻读者的新宠。

综上所述，在三大出版领域中，专业出版单位的转型工作相对领先，主要以数据库平台建设为主进行探索，像人民卫生出版社、人民交通出版社、中国水利水电出版社等一批专业社都采取政府项目带动的方式开启了转型之旅；相对而言，教育类出版单位的转型较为迟缓，除了人民教育出版社、高等教育出版社等个别单位外，多数教育类出版社并未有实质性转型方案；大众类出版单位主要是以基于内容授权合作而进行的探索，三大通讯运营商的阅读基地是他们最主要的获利渠道，但是目前还是没有找到成熟的发展模式。

4.5 传统出版企业数字化发展的国际比较

数字出版实际是技术革新带给出版业的又一进步，是出版传播途径的扩大和延伸，大大提升了传统出版的传播力与影响力，从而延伸了整个产业链，但并不是一个新产业的诞生。从根本上讲，数字出版的基础就是传统出版，传统出版是数字出版的内容提供商，数字出版是传统出版传播介质的发展。从国内各大出版集团的纷纷试水，到传统出版业和技术商的合纵连横，处处显示出我国传统出版业正步入数字出版新征程。近五年来，我国数字出版产业呈现出高速发展的态势，总产值连年上升，已经成为出版产业发展新的增长点。但是，从目前数字出版的总产值构成、规模以及参与主体来看，与国外发达国家相比，我国传统出版业数字化发展还存在很大的差距。

4.5.1 传统出版企业参与数字化比重很小

根据2011—2015年中国数字出版产业年度报告发布的相关的数据来看，数字出版90%以上的收入都来自网络游戏、网络广告和手机出版，而与传统出版相关的互联网期刊、电子书、数字报纸所占比重很小。2015年三者总计74.45亿元，只占到总收入的1.69%，相比2014年的2.06%，下降了0.37%。根据2011—2015年数字出版产业总收入与传统出版数字化收入情况来看，传统出版数字化在数字出版产业总收入中所占的比重近五年来是呈下降趋势的（见表4-3）。而在国际上，世界排名第一的专业出版集团汤姆森（Thomson Corp.）2001年数字化相关收入占其销售额73亿美金的53%，且连续三年每年成倍增长。世界排名第二的专业出版集团励德集团（Reed Elsevier）2001年数字化相关收入占其总收入68亿美金的27%。世界排名第三的专业出版集团威科（Wolters Kluwer）2001年数字化相关收入增长28%，在38亿欧元的销售总额中占27%。国家新闻出版广电总局副局长孙寿山在2014年中国数字出版年会上说，"在欧美等发达国家，大型出版集团的数字出版已经占其总收入的50%

表4-3 2011—2015年数字出版产业总收入与传统出版数字化收入情况

年份	数字出版产业总收入（亿）	传统出版数字化总收入（亿）			传统出版数字化占数字出版产业总收入的比重
		数字报纸	互联网期刊	电子书	
2011	1377.88	12.0	9.34	16.50	3.47%
2012	1935.49	15.9	10.83	31.00	2.98%
2013	2540.35	11.6	12.15	38.00	2.43%
2014	3387.70	10.5	14.3	45.00	2.06%
2015	4404.85	9.6	15.85	49.00	1.69%

数据来源：根据2012—2016年中国数字出版产业年度报告整理

以上，而我国的传统出版单位目前做得最好的数字出版收入只能占到总收入的15%左右。"由此可见，我国传统出版企业的数字化参与程度很低，依然还处在初期阶段。

4.5.2　传统出版企业在数字出版竞争格局中处于弱势

在欧美等发达国家，传统出版企业是数字出版的先行者，如汤姆森出版集团（Thomason Corp.）、励德·爱思唯尔集团（Reed Elsevier）、培生教育集团（Pearson Education）等在20世纪末就已基本完成了数字化转型，拥有海量内容的数据库，数字出版业务比较成熟，并能够根据读者需求提供多样化的数字产品和服务。由于传统出版商拥有着内容资源优势，在数字出版竞争中处于绝对的优势地位。而我国数字出版几乎完全是从技术领域、非传统出版企业发展起来的。在数字出版领域，传统出版企业竞争力还比较弱，所占比重很小。在学术期刊领域，数字出版业务基本被中国知网、维普资讯、万方数据和龙源期刊等数字出版企业所垄断；在电子图书市场领域，北大方正、超星、汉王等企业占到90%以上的市场份额；手机出版业务则被两大电信运营商（中国移动和中国联通）所控制；网络出版方面的主力军是原创文学门户网站，主要包括起点中文网、潇湘书院、晋江原创网等。因此，在数字出版竞争格局中，传统出版企业依然处于弱势。

4.5.3　传统出版的产业集中度较低

在西方发达国家，传统出版产业的集中度一般都很高。美国排名前20的出版单位占到85%的市场份额，英国7家大型出版集团占有英国的大部分市场份额，俄罗斯最大的出版集团EKSMO-AST集团一家就占据了该国20%的市场份额。这些国际媒体巨头具有较强的资源整合能力，并且垄断了所有的出版信息资源和信息传播渠道，因此，他们在出版业务数字化发展的进程中具有独特的优势。而在我国，出版企业一般规模都比较小,产业集中度较低,资源处于高度分散状态,"任何一家出版单位所拥有的资源都不足以维持数字传播所需的规模经济的要求,形不成海量信息,更形不成对海量信息资源的整合力量,从而在根本上制约了从传统出版向数字出版的转型过程"[①]。

4.5.4 传统出版企业对数字版权的控制力缺失

著作权是作者对其创作的作品依法享有所有权和控制权,而数字版权是作者对其作品的数字载体具有的所有权和控制权,是著作权利的一种延伸。数字出版是以技术开发与版权增值为核心的产业,只有获取作品的数字版权,数字出版单位才能获得收益。在传统出版模式中,出版社只拥有在一定期限内对内容资源的专有使用权,而且只是针对纸质载体的,出版社得不到作者更多的授权(包括数字版权)。因此,缺乏对作品高附加值的衍生产品及数字内容版权的控制力。而在国际上,一些大的传媒集团,一般与作者签约时就约定与作者共同拥有著作权,出版者有权对作品进行整体开发或部分开发。因此,对数字版权的获取和保护是出版企业在数字化过程中获得收益的前提条件。

4.5.5 传统出版业发展数字出版的治理结构存在问题

国外出版集团的高层管理者和经营者大多是职业出版家和企业家,而且有很完善的股权、期权等激励和约束机制,出版集团长期业绩的好坏和他们本人的利益息息相关,所以只要经过股东授权,他们就会按照市场逻辑去运作。而我国传统出版业无论是出版社还是杂志社、报社,多是事业单位或刚从事业单位转制而来的国有企业,高层管理者仍由主管单位任命,数字化转型动力不足,仍习惯用纸质出版的经营

---

① 周蔚华. 通过加快改革解决我国数字出版转型中的制约因素 [J]. 出版发行研究,2010(12):21-25.

模式来经营数字出版，还不适应数字时代灵活多样，甚至瞬息万变的经营方式。

4.6 影响传统出版企业数字化发展的因素分析

传统出版企业的经营活动与新型数字出版单位的经营活动，本质上都是为读者提供优秀的精神读物，满足读者多元化的需求，但在具体的出版活动中，出版方式和流程及要求又存在巨大差别。传统出版单位在数年到数百年的出版活动中，拥有大量的资源，包括优秀的作者、编辑队伍以及完备的发行渠道。对这些企业来讲，数字化转型的需求主要是希望通过转型来巩固和扩大资源的优势，获取更多的利润及扩大企业的发展版图。目前，我国传统出版业正在向数字化出版转型，转型过程中还存在着一系列影响出版企业数字化发展的因素。这些因素归纳起来，可分为三个层面：战略层面、产业层面和企业层面。

4.6.1 战略层面

从上面的分析我们可以得到这样的结论，尽管我国数字化出版发展增速很快，但传统出版企业的数字化参与度并不高，主要原因可以从企业数字化发展的战略层面一窥究竟。这里主要选取我国584家出版社为考察对象。通过对其官网上提供的信息进行搜索和研究，可以发现以下问题：

（1）领导重视不足，战略定位模糊。

尽管大多数出版社在战略层上是重视数字化转型和发展的，但从256家出版社官网提供的组织机构设置说明中，只看到102家设立有独立的数字机构。从这一点就可以看出大部分出版社领导对数字化重视程度不够。因为，战略制定在一定程度上反映了领导班子对数字化的态度以及对市场的认识深度。另外，由于我国目前还没有形成成熟的数字版权保护机制，传统出版社以内容收费为主的商业模式无法得到保障，导致一大批出版社对数字化出版热情不够，积极性不高，甚至一些已经进入数字出版领域的出版社也停滞不前。在已设有独立数字出版机构的出版社中，大部分都没有实现全流程运作的数字出版业务，在没有弄清市场需求的前提下盲目投入搭建数字出版平台，忽略了与技术提供商和平台运营商的合作，从而导致数字化效率低下，效果不尽如人意。

（2）出版思维传统，产品定位模糊。

数字化转型有两种方式：一种是由传统出版介质向数字化介质转型，比如多数出版社开展的电子书出版和网络数据库出版；另一种是出版社自己投资建设数字出版公司，对原有资源进行开拓。这种方式一般只有大型出版集团才有实力去做。不管是哪种方式，大多数出版社依然沿用传统的出版思维模式，仅仅对现有内容资源进行简单的数字化或电子化加工。这种"平移"方式完全没有发挥信息技术的优势，没有对内容资源进行多媒体呈现与集成化。另外，面对数字阅读者，缺乏对读者阅读习惯和阅读倾向的了解，也就无法明确产品定位。另一方面，数字出版仍处于发展初期，出版企业没有形成自己的数字产品品牌，通常还是借用传统出版业态下形成的品牌和出版策略开展数字出版业务[①]。进入数字时代，出版企业要以互联网思维开展数字出版业务，做IT产业的内容提供者，生产的数字化产品要能够满足读者的个性化需求和多元化需求。

（3）产业链发生改变，角色定位不清。

传统出版产业链由作者、出版社、发行商、书店、读者构成，出版社在产业链条上定位非常明确。数字化改变了传统出版产业链，传统出版企业在数字出版产业链中的地位也发生了改变。数字出版依靠单个企

---

① 李广超，李欣.中国传统出版企业的数字化转型［J］.今传媒，2014（12）：77-79.

业的单打独干无法适应发展的需要，海量的内容资源要依托技术提供商和平台运营商，共同开展数字化业务。但是，目前出版企业在数字出版产业链中还没有找到自己的合适位置，造成利益分成不均。传统出版企业在产业链中的角色有可能是内容提供商、数字发行商、数字内容服务商或是数字出版商，到底充当什么样的角色决定着他们的盈利能力。由于产业链上企业利益的分割问题，一些出版企业就自建分销平台。由于能力和实力有限，企业不仅不能专注内容资源的精深加工，还受到技术缺乏的困扰，往往收益欠佳，甚至亏损。

（4）数字化并没有纳入企业发展战略之中。

数字化发展和转型是传统出版企业的战略选择。数字化改变了阅读方式、出版方式和传播方式。出版数字化的本质是数字内容的整合，其基础是流程化，核心是内容数字化，关键是传播方式数字化。对传统出版企业而言，数字化是一个系统工程，需要组织从上到下，各级领导及相关参与者的共同努力，相互配合和协调，在达成共识的基础上明确数字化发展过程的企业定位，发展目标等。而且，企业的数字化发展战略还必须与企业总体发展战略保持一致，成为其中的一个重要组成部分，这样才能得到足够的重视以及资源配置支持，形成统一的规划，有计划、有步骤地进行数字化转型。然而，目前大多数企业都没有制定数字化发展战略，只是一时兴起，迫于大环境以及自身的种种压力，走上了数字化之路，这也是目前传统出版企业数字化成效不显著的主要原因。

4.6.2　产业层面

根据目前我国传统出版企业数字化的现状分析，传统出版企业的数字化收入在整个数字出版产业总值中的比重依然很低，与国外相比，差距还很大。分析其原因，在产业层面主要存在以下问题：

（1）行业标准缺失，没有形成有效规范的监管体系。

出版业的发展离不开标准化，数字出版产业的发展同样需要统一的技术标准。在互联网领域，中文标准严重缺失，4000项国际标准中只有3项由中国制定。

数字出版产业的标准化包括出版元数据的标准化、网络出版的标准化、出版物流系统的标准化等。标准化的问题如果得不到解决，就会成为制约我国数字出版产业发展的瓶颈。由于数字出版在我国的发展尚未成熟，整个产业形态还没有完全形成，对数字出版标准的制定也未形成统一。如果没有摸清数字出版标准体系脉络，对数字出版标准体系的层次框架还未认识清楚之前就盲目制定数字出版标准，会对数字出版的发展造成不利影响。

目前，我国出版产业链各方参与标准化的积极性增强，但仍然存在明显差异。传统出版社如中国出版集团、中国凤凰出版集团、人民出版社、人民教育出版社、高等教育出版社等都参与到数字出版标准化的建设当中。主要的数字出版技术提供商，如方正、同方知网、万方数据库、龙源期刊等也投身到中国数字出版标准化建设的队伍当中。但是由于我国的数字出版体系尚未成熟，统一标准的制定也不是短期内能够实现的。

因为缺乏行业乃至国家标准而带来了的问题主要表现如下：①数字出版物的储存格式多种多样，比如Adobe的PDF、方正的CEB、超星的PDG、中国知网的CAJ等，由于功能差别大，行业也缺乏统一的标准，很多阅读软件无法满足所有读者的阅读习惯。②不同数字图书出版商的技术标准不同，制作的电子图书格式各有差别，用户要用不同的阅读器阅读不同格式的电子书，给用户的选购带来困难并造成资源的浪费。③不同的技术提供商为了垄断市场，增强自身竞争力，依据自身的技术优势推出不同的标准，传统出版单位在与不同的技术提供商合作时，为了适应不同的标准，就必须将同一内容进行多次加工。但是这些标准加工的文档很多是不能自由转换的，必须进行再次加工，在这个过程中不仅耗费了大量的人力、物力，还增加了数字出版物的成本。④数字出版平台不统一也给数字出版产业的发展带来了极大的制约。数字出版包括ERP（Enterprise Resource Planning-企业资源计划系统）、OA（Office Automation-办公自动化）等信息管理平台，还有CMS（Content Management System-内容管理系统）、内容发布系统以及其他系统平台。但是由于数字出版产业没有有效地系统整合，造成数字出版之间沟通的困难，导致信息资源的浪费与搁置。

数字出版物的行业标准难统一，导致了一个普遍存在的问题，技术提供商无法准确的满足产品购买者的需求，而技术提供商之间又缺少统一的技术标准，彼此难以互联互通、实现强强联合并共享客户资源。另外，数字出版物由于其具有海量信息的特点，因此现有管理制度和措施具有很大的局限性，难以实现及时而又全面地监控。因此，要想实现实时监管，制定统一而有效的出版标准势在必行。

由于技术标准不统一，传统出版社在开展数字出版工作时，面临着巨大的生产成本困扰，对于整个行业来说，也不利于内容资源的交换和整合。多种电子图书格式，要求用户必须使用不同的阅读器，这使得用户进行数字阅读的成本增加，无形中提高了用户的阅读门槛，阻碍了数字出版业务的健康发展。正是由于行业出版标准不统一，在行业监管环节，数字内容制作、质量、导向、数字版权保护等尚未形成有效、规范的监管体系。消费者不习惯为无形的精神商品付费，我国的数字出版产业在发展初期，硬件厂商将内容视为硬件的附属，而后的电商企业将电子图书视作占据市场、拓展业务的手段，一直在不顾成本大打价格战，这对用户付费习惯的形成造成极大的阻碍。价格战的结果只能导致恶性循环，用户越来越难读到好的内容，更谈不上花钱购买，价格越来越低则导致内容提供商和技术提供商不愿意在提升内容和技术服务品质上投入更多的资金和精力。同时行业标准的缺失也降低了进入数字出版的门槛，影响数字内容的质量。目前有相当数量从事数字出版活动的企业并没有取得数字出版资质，也有一批取得数字出版资质的企业，尚未开展数字出版业务，数字出版尚未建立起有效的市场准入退出机制，留下了管理空白和社会风险。

（2）数字出版版权制度不完善，造成侵权案件的发生。

数字出版产业的快速发展在为作品的传播和读者的阅读带来方便的同时，也使得传统出版企业、作者、网络服务商以及网络内容提供商等之间在作品版权的归属上出现了更多的纠纷。数字出版产业在发展中还未建立完善的版权保护机制，主要表现为授权模式、技术手段以及法律保护体系等的不完善，从而导致侵权的现象时有发生。由于许多作者常常采用匿名的形式在网络上进行作品传播，使得许多作品的作者身份并不明晰，从而也给网络原创作品的任意盗用和肆意转发提供了契机。如发生在2010年的龙源期刊网侵权案例就是因为版权问题引起了社会各界广泛关注。

版权保护是与数字出版伴生而出的关键问题。相较于发达国家，我国数字出版起步较晚，版权保护滞后。目前，我国关于数字出版的法律法规主要有《著作权法》、《信息网络传播权保护条例》等，对超出《著作权法》规定的版权保护期的作品的数字版权归属问题、纸质版本与数字版权分离问题、手持阅读设备预装数目的版权和付费问题等都没有明确的界定。法律法规滞后会引发涉及版权、利益分配等一系列问题，使得管理模式、运营模式、收费标准、利益分配都无据可依。

数字版权保护可以通过技术来实现，但是《著作权法》对网络版权、网络传播权等仍难以界定，诸多版权纠纷问题在制约着数字出版物的销售以及整个数字出版产业的发展。而且我国对于侵权行为约束不力、惩罚不当的现状容易造成"恶性循环"，对于侵权方来说，版权侵权行为是低风险高收益的，版权纠纷需要耗费大量的人力物力，很多单位或者个人即使提出诉讼并胜诉，但判赔金额较小，并不能弥补盗版给他们带来的损失。另外，传统出版企业在数字出版的定价、收益分配机制中没有话语权，处于弱势地位，出版企业和著作权人的利益难以得到有效保障，版权关系模糊，致使版权引发的纠纷问题屡有发生。

（3）产业链不健全，尚未形成有效的盈利模式。

一个产业健康发展，需要产业链条上的每一个环节形成合理的分工。完善的产业链条是推动出版产业数字化快速发展的重要内容支撑。数字出版行业需要内容提供商、平台服务商、电信运营商和终端提供商的合作才能实现规模化发展，但是目前行业分工不明确，产业链各环节都在做综合型数字出版企业，涉足各自并不擅长的领域，从而无法形成强烈的凝聚力和竞争力。

产业链的完整，需要每一个环节都得到合理的回报。传统出版社在与数字出版的技术提供商或运营商合作中，只是作为内容提供商，将版权授权给技术提供商或运营商而实现利润，传统出版单位在产业链中只是处于被动地位。然而在利益分配方面，数字出版产业链条上的技术提供商、内容提供商、版权代理商以及运营商等各环节在收入分配上也存在着较为严重的不平衡现象。一般来说，内容提供商在整个产业链条中处于被动的地位，其获得的利益成分也相对较少，而技术提供商和广告投资及运营商等则在运行中能够获取较大的利益成分，这种不平衡的利益分配也在一定程度上影响了数字出版产业的健康发展。例如，在手机出版产业链中，内容提供商主要负责提供与组织阅读内容，运营商负责阅读平台建设、产品开发、内容整合、运营推广、网络建设与计费系统，内容提供商与运营商之间的分成比例大约按照四六分成。之后，传统出版社再从得到的销售收入中拿出6%~8%的版税分给作者。目前数字出版的运营模式尚未成熟，产业链尚不健全，涉及利益分配的销售数据不透明，缺乏第三方监管，导致产业链的各个环节一直无法形成成熟的合作经营模式，严重阻碍了数字出版市场的规范化和多元化发展。

找到一条适合的盈利模式是一个产业长期持久发展的前提。虽然传统出版社纷纷涉足数字出版，但调查数据显示真正形成成熟的商业模式并且从中盈利的出版社比重还不到8%。正是由于商业模式不明确，使得传统出版业在数字化的进程中举步维艰、举棋不定，不敢大规模地投入，不敢进行全面的数字化转型。在整个传统出版单位数字出版的产业链上，"数字技术提供商与传统出版单位处于产业链的上中游；技术提供商则专注于向传统出版单位要内容，而传统出版单位专注于自己的企业发展和产品转型，并没有形成传统出版单位与数字技术提供商合作，并携手向数字出版进军的局面"[1]。

在整个数字出版的产业链上，传统出版单位处于弱势地位，没有话语权。"销售渠道对电子书的低价倾销、电子书定价机制中对内容商发言权的忽视、电子书销售数据第三方监管的缺失，使内容提供商很难与平台运营商建立起真正的信任关系"[2]。在莫言获得诺贝尔文学奖之后，中移动手机阅读平台首页14本莫言小说打包销售，售价仅为8元钱，每本平均下来只有5角7分钱，还不到6条短信的价钱。还有像当当网一样的电商网站不定时地推出电子书全场免费下载的活动，极大地伤害了内容提供商的积极性。国内的出版社，大多还处于观望状态，多是在摸索和试探，并没有与网络商全面合作进行数字出版。三联书店总编辑李昕曾表示，三联书店掌握数字版权的图书有2500种以上，但只拿出其中不足200种做数字出版尝试，比例不足10%[3]。绝大多数传统出版社的数字化转型仅仅停留在最初的内容资源数字转换阶段，并没有真正实现按需阅读，更谈不上跨媒体阅读了。

---

[1] 曾伟明.构建健康合理的数字出版产业链[J].科技与出版，2011（3）：7-9.
[2] 汤雪梅.脚踹中前行——2012年中国数字出版产业发展与趋势综述[J].编辑之友，2013（2）：52-55.
[3] 白洋铭.纸书触网，仍旧雷声大雨点小[N].人民日报，2014-01-13（12）.

4.6.2 企业层面

根据我们的考察、调研以及个案分析，在企业层面，影响传统出版企业数字化发展的因素主要包括以下几个方面：

（1）观念落后，数字出版意识不强。

传统出版企业拥有强大的人力物力资源，同样具有大量的内容优势，相当长的一段间内，传统出版单位都将自身的优势定位在"内容为王"。事实上，多数出版社并不真正拥有内容资源优势，真正的资源其实掌握在作者手中。进入数字出版时代，作者手中掌握真正的内容，作者要出版作品只是一个选择的问题，出版单位只是进行一个加工和包装的过程。内容提供商（作者）——数字出版商（网络原创平台）——读者，这一条产业链的形成完全省略了传统出版的环节，使得传统出版社的地位发生了转变。因此，数字化转型的今天，需要出版人具有敏锐的嗅觉和卓越的市场观察能力。调查中发现大多数人认为许多传统出版单位不敢轻易尝试数字转型的主要原因在于软件与硬件的要求高，耗资巨大。尽管传统出版的数字化转型已经得到了全行业的普遍赞同，但是，数字化发展的路径和盈利模式仍处于摸索之中，因此，传统出版单位对数字出版的认识仍然处于表层，未能认识到数字出版的本质。大多数的传统出版单位认为数字出版只是传统出版的一种简单模式化机械转变，很多仍然停留在建设网站或者与运营商签订委托数字化协议的表层阶段，几乎找不到实质性的盈利点。

（2）数字化资金投入不足。

依托高新技术建立的数字出版产业属于资金密集型产业，尤其是在起步阶段，核心的技术研发需要大量的资金投入。资金投入的情况在某种程度上决定着数字出版技术的发展速度及发展水平，数字出版技术的强弱是制约我国出版企业数字化进程的重要因素。我国各个出版单位由于规模、资源等各方面条件的差异，发展数字出版的步伐有很大差距。

一些资金实力雄厚、内容资源丰富的大型出版集团加快数字出版的发展，也从中获得了较大的收益。然而部分传统出版企业由于资金有限，缺乏融资渠道，内容资源也相对缺乏，无力完成传统出版的数字转型。根据我们的调查结果，60%以上的传统出版企业每年投入到数字出版技术开发以及数字化建设的资金不足本单位总投资的10%。目前，传统出版单位由于库存以及回款滞后等原因，资金流转跟不上，无法补上新媒体技术研发的资金缺口，使得整体数字化技术水平较低，自主开发优秀数字出版物的能力较弱。

（3）数字出版人才缺乏。

数字出版的核心竞争力是技术创新能力和管理能力，而提升技术创新能力和管理能力的关键是人才。数字出版对编辑人才在知识结构、能力、专业素养等各个方面都提出了更高的要求，不仅要掌握出版、编辑等方面的理论知识，还要掌握数字化的出版编辑技术，还需要懂得利用网络策划产品和推广营销。根据我们的调查结果，对于出版从业人员应具备的基本素质和能力，出版企业以及从业人员基本上已经达成共识，但由于这些技能的获得还需要时间的积累。因此，人才培养成为值得重视的一个重要因素。

传统出版企业的工作主要集中在出版和编辑的流程，在传统出版单位的数字化转型过程中需要引进大量的专业人才，尤其是既懂出版又懂技术研发的复合型人才。目前，很多出版企业虽然设立了数字出版部门，但是从业人员中大部分是学习计算机技术的人员，缺乏编辑、出版理论知识，无法为企业提供全面的技术支持。我国的高校的专业设置中涉及数字出版专业的少之又少，而且师资力量不足，造成人才培养与数字出版的发展不同步。出版单位改制后，人才管理体制不健全，不利于人才的引进，并造成人才的流失。

传统出版单位在编辑人才方面与新兴数字出版企业相比有其明显优势，但是一些传统出版单位在已有优势的基础上，并没有紧跟数字技术的发展步伐，既懂技术又懂管理的新型复合高级人才极为匮乏，加上数字出版产品的研发、营销、管理人才也很奇缺，就更加剧了传统出版单位与新兴数字出版企业之间的竞争差距，严重束缚了数字出版的快速发展。

第五章
我国传统出版企业数字化发展面临的机遇和挑战

传统出版业数字化是我国出版业发展的唯一出路和必然选择,对于这一点无论是政府还是出版企业自身都已经达成共识。国际上以英美为代表的发达国家在依托高新技术的基础上,基本完成了传统出版业的数字化转型。因此,加快实现我国传统出版业的数字化转型和升级,是时代赋予我们义不容辞的历史使命与重任。为此,传统出版企业必须清楚了解企业所处的行业环境变化,一方面对自身数字化发展面临的有利条件和制约因素进行全面分析。另一方面,既要抓住数字化浪潮所带来的良好发展机遇,又要勇敢面对数字化带来的一些困难和挑战。只有这样,才能保证传统出版企业的数字化战略具有一定的科学性和有效性,加快出版企业数字化转型的成功与健康发展。

5.1 传统出版业面临的行业环境变化

进入全媒时代,媒介融合不断加速,如何发展成为数字化首要解决的问题。要解决这一问题,出版企业必须全面认清我国出版发展的大环境,了解自身所处的行业环境。

5.1.1 出版主体多元化

全媒时代，各种新型出版形式层出不穷，出版业不再是传统出版业独树一帜。出版者的行列有了一系列新成员：曾经为传统出版提供服务的内容提供商、技术提供商以及渠道运营商等。它们在出版业中相互竞争，力争从出版市场中分一杯羹。

随着社会与科技的发展，人们因为工作繁忙、学习或者生活压力大等原因，阅读传统的纸质图书的时间越来越少，相反，使用电脑、手机等电子产品的时间越来越长。许多非传统的出版企业利用自身的技术，抓住读者的阅读需求与习惯的变化，发展速度迅猛，早已超越了传统出版业。例如，在学术文献数据库出版方面，中国知网、维普资讯、万方数据和龙源期刊等四大期刊数字出版企业已经基本上垄断了我国学术期刊的数字出版业务；在电子图书出版方面，北大方正、超星、汉王等企业由于较早进入这个领域，经过多年努力，占据了我国电子图书大约90%以上的市场份额；在手机出版方面，中国的两大电信运营商移动和联通早已推出了手机报等增值业务，站在了手机出版的制高点上；在网络图书出版方面，起点中文、潇湘以及晋江等原创文学门户网站成为中国网络出版的主力军。

在媒介融合时代，为了成为竞争中的胜者，传统出版业与非传统出版业开始从曾经的竞争关系转向了相互合作的关系，力求整合最好的技术与资源，谋求自己的市场地位。以方正阿帕比、书生等为代表的技术提供商积极寻求与传统出版社的合作，积累内容资源。传统出版社也开始倾向于原创作品网站的资源，出版自己的纸质图书。

总之，各大出版主体不仅仅是在相互竞争，而且还伴随着相互的合作。非传统出版业与传统出版业的相互渗透与转变正在改变着我国图书出版业的环境。目前我国的图书出版业向数字化转型应该充分考虑到利用好技术与资源，积极应对媒介融合时代的要求。

5.1.2 出版物发行模式多元化

传统出版需要把内容复制在纸介质上，以图书、期刊、报纸等形式作为媒介进行传播，印刷是其关键环节。随着数据库、人工智能、数据挖掘等技术的发展，新的出版方式不断出现，国内外的出版集团积极组建网络出版部门，纷纷向数字出版转型。例如，美国亚历山大斯特里特出版社正在与高校出版社和图书馆进项电子版本的合作，倡导出版社要加强合作而不要相互抗衡。他们通过谷歌、雅虎和微软等提供的技术支持来开发自己的数字出版平台。

我国一些著名的出版集团也推出电子书、按需印刷和手机出版等新的出版方式，为了满足这些需求，一些高技术公司也在不断地提供技术支持。例如，自2001年起方正阿帕比公司进入数字出版领域，它不仅继承了传统出版印刷技术优势，而且还自主研发了数字出版技术及整体解决方案，目前已发展成为领先世界的数字出版技术提供商。它以互联网为纽带，还原出版流程，将传统出版的供应链有机地联结起来，实现出版社、报纸、杂志社迅速进入数字化出版。目前，中国90%以上的出版社将方正阿帕比技术及平台应用于出版发行电子书，每年新出版电子书超过12万种，同时与阿帕比共同打造，推出了各类专业数据库产品。

在我国，传统的出版物发行渠道大到新华书店、图书大厦等，小到报刊亭、超市等。随着科技的发展，人们的观念转变，新的图书发行渠道出现，传统的书店与出版社开展了网络售书业务。与传统的图书批发零售不同，网络售书旨在通过网络的信息流进行图书交易，买卖双方可以即时即刻进行交流互动，服务第一，产品第二是网络售书的宗旨。在我国有许多比较成熟的网络发行渠道，当当网、卓越亚马逊等都是其中的佼佼者。以当当网为例，其网上书店总裁李国庆有着最具价值的传统图书资源，至今已经有十余年的出版发行经验。目前，当当网是中国的网上购书第一店，其单车送货军团在中国低廉的劳动力市场中以货到付款的方式,俘获了广大书迷的心。通过网络发行图书俨然顺应了读者选购图书方式的变化,网上购书为读者提供了可供参考的图片与文字信息,详细的图书分类提高了购买效率,特别是打折图书更是让人们体验到了实惠,传统的实体书店难以避免受到网上书店的冲击。

出版物发行模式在发展迅猛的数字技术的影响下逐步走向多元化,无论是新兴的手机发行、专业发行平台的组建,还是网络发行,其图文声像等信息可以通过多种媒体发布与传播,是出版业真正实现低成本高效益的有效途径之一,传统的图书出版如何借助其发展是关键。在媒介融合时代,所有的媒体和所有的传播手段塑造一定的信息社会图景,因此,只有充分调动与利用社会媒介资源与技术,才能更好地发展我国的图书出版业。

5.1.3 读者阅读方式电子化

从传统阅读方式到现代阅读方式,再到后现代阅读方式,三个方式各体现了三个阶段的社会特点。传统阅读方式体现的是农业社会的一些典型特征,它是小众化的并且是以作者为中心的,其社会影响力正在逐步减弱。现代阅读方式体现的是现代信息社会特别是网络社会的典型特征,它的特点是大批量生产或大规模定制阅读产品,目前处于主导与支配地位。后现代阅读方式以读者为中心,是一种非线性的、跳跃式的、海量的阅读,充满不确定性与感官享受,它对人们的社会生活影响越来越大。但是,它对我国的图书出版业带来了强烈冲击,弱化了出版的最基本功能——信息内容的提供、传播和服务。如何趋利避害,正视阅读方式的变化,是推动出版业转型的关键之一。

网络文学网站用高稿酬来网罗网络文学写手与文学作家,吸引读者群付费阅读,成为这些网站的利润增长点之一。随着在线付费技术的不断发展,读者群会越来越多,网络阅读与手机阅读也会继续保持在数字阅读方式的顶端,数字阅读的市场份额将会越来越大。后现代阅读方式的逐步形成在不断提醒着图书出版业应该以一个全新的理念服务读者市场，尽力开发出多种内容产品与数字产品以满足受众多样化的、个性化的阅读需求。

5.1.4 文化消费观念及消费习惯的转变

传统出版模式下，人们对信息的获取、对知识的阅读，只能通过购买报纸、书籍等传统的纸质出版物来完成。随着数字化出版的发展，人们对文化的消费已经突破了传统的消费模式和消费习惯。在数字化出版模式下，人们的文化消费已经不仅仅是对信息的获取和对知识的追求，而且还加入了娱乐的功能。如果曾经"掌握了媒介信息就是掌握了知识、掌握了财富、掌握了自己的命运"的话，那么今天，在互联网技术飞速发展的新的时代背景下，人们除了掌握必要的信息与知识之外，更多的是对自己感兴趣的信息的浏览，这种伴随着数字化出版带来的新的文化消费习惯，被称之为"快乐消费"，所谓的"快乐"消费就是指消费者"不仅是对快乐内容、快乐媒介的消费，也是以一种快乐的方式、一种快乐的态度去消费。"随着年轻一代群体的成长壮大，这种消费方式与消费理念日益成为文化消费的主流。

与"快乐消费"同样重要的还有伴随着数字化出版诞生的娱乐性消费，与传统的文化消费单一的获取信息与知识的消费观念不同，娱乐性消费主要是人们在快节奏生活之下的一种借助文化的娱乐功能来满足与快乐身心、放松情绪的一种消费习惯。而且这种娱乐性消费不像快乐性消费一样主要存在于年轻一代的消费群体之中，它广泛存在于社会生活的各个角落，包括电视、电影、娱乐新闻等各种形式的适合各个群体审美风格的数字出版作品。

5.1.5 数字传播技术广泛应用于出版行业

在媒介融合时代，传统出版不但积极推进自己的数字化转型，而且不断加强与新媒体之间的互动。同时,手机出版、网络出版等新兴的出版模式也在剧烈地影响人们对社会的认知。这一切则是得益于数字传播技术的不断更新与发展。它扩大了信息的存储空间,突破了传统图书的容量限制,无论是手机、电子阅读器还是电脑,其存储空间的扩大都可以满足电子书信息容量的变化。并且,图书内容的变化与版本的更新都无需再花巨大的人力、财力、物力和时间等待市场反应与进行市场调查,数字传播技术轻松解决了这一问题,不仅可以在线更新图书的内容,还可以通过超链接等形式将新发布的内容发布到互联网上,作为原来版本的补充。

电子图书的出版是以受众为中心的数字传播模式,它实现了出版者、作者与读者的平等地位与对等交流,读者们可以相互分享自己的想法、观点与感受,增强互动性,这些也成为出版业制定个性化出版物的依据。为了满足用户需求,互联网技术为其有目的的主动查找、选择信息提供了大量的技术手段,其中最有代表性的就是搜索引擎。例如,目前很多人买书之前都在搜索引擎上查找关于此书的相关信息,特别是其他读者在网上发表的评论和分享的读书感受,然后再决定买与不买。购书之后,经过阅读,又可以在自己的微博或者读书论坛里面发表读书感受,成为下一个潜在购买者的参考依据,如此循环往复,将使得受众对出版物的影响越来越大,网络口碑传播便形成了,它对传播效果有着直接的影响。

我国的出版业所处的生态环境已经发生了巨大的变化。多元化的出版主体促成了出版业的新格局,优质内容成为数字转型的核心指标,现代传播技术推动发行模式的多元化,读者的阅读方式也发生了根本的变化,数字传播技术对我国出版业的影响越来越大。我国出版业如何进行数字化转型,如何更好地生存与发展,必须考虑目前所处的大环境。

5.2 传统出版业数字化发展的优势条件

传统出版单位在发展数字出版业务时比其他数字出版企业具有不可比拟的优势，具备了丰富的内容资源、权威的图书品牌以及众多的读者资源。传统出版单位应该成为我国数字出版产业发展的主力军，发挥其固有的优势，在市场化环境下充分利用自身的资源优势积极地进行数字化转型，促进我国出版产业健康快速的发展。

5.2.1 具备丰富的内容资源

数字出版还是以内容为源头的产业，内容是整个产业的核心，而传统出版业在长期的发展过程中，具备了众多丰富的优秀的内容资源，这就为数字化转型打下了很好的基础。传统出版业完全可以以数字出版产品为载体，使优秀的内容资源得到重新开发与利用。任何数字出版业态在生产阶段都需要优秀的内容，而那些由技术提供商和网络运营商发展起来的数字出版企业都不具备内容资源的积累，他们在发展初期大多是向传统出版单位购买内容资源。大量丰富并且优秀的内容资源，对于传统出版业发展数字出版而言，是市场竞争的优势。截至2008年底，国内578家图书出版社已有90%开展了电子图书出版业务，出版的电子图书总量达到了50万种，发行总量超过3000万册；我国1900多种报纸已经有50%实现了数字化出版。传统出版单位正是因为拥有丰富的内容资源，其发展数字出版业务才会顺利的开展，内容资源是最大优势。例如中国出版集团拥有各级各类出版机构40家，每年出版图书和音像、电子、网络等出版物1万余种，出版期刊报纸50余种，出版物在全国零售市场占有率为7%左右，持续稳居第一。这些巨大数量的图书资源成为中国出版集团发展数字出版业务的优势，依托内容出版集团开展了各种形式的数字出版业务。

5.2.2 拥有大量的读者资源

在传统出版业中，无论是传统的出版社还是报业集团，都拥有丰富的读者资源。例如南方报业，它的读者资源普及到了全国的各个地区。传统出版业按照出版物对象不同可以分为大众出版、教育出版和专业出版，这些不同类别的出版单位在这些年的发展过程中都拥有比较固定的消费群体，读者对传统出版单位出版物的关注度比较高。因此，这些传统出版单位在发展数字出版业务时一定会引起那些原有的读者资源的注意，传统出版业不需要担心没有消费人群。传统出版业积累的读者资源是他们进行数字化转型的宝贵财富，这些读者是传统出版业数字化转型的潜在消费群体。传统出版业不同于数字出版业的消费群，数字出版的消费群体都比较低龄化，这是与数字出版出现的时间与其自身的特点紧密相关的，数字出版是随着计算机技术、网络技术发展起来的一种出版形态，而在我国与互联网接触多的群体是比较年轻的一代。传统出版业有着长时间的历史，它的消费群体年龄跨度更大，无论哪个年龄层都有传统出版业的消费者。因此，在读者范围上，传统出版业有着比数字出版更多的读者资源，人数更多，年龄跨度也更大。

5.2.3 具备一定的品牌优势

传统出版单位在经过多年的积累之后，形成了鲜明的品牌特色，具备了品牌优势，便可以为企业吸引更多新客户的注意力，为传统出版业进行数字化转型和数字产品进入市场奠定了良好的基础。商务印书馆的工具书在线就是依托商务印书馆的品牌工具书资源，通过搜索引擎的形式向读者提供专业、权威的工具书内容。商务印书馆具有一百多年的历史，是我国出版业中最著名的品牌出版单位。商务印书馆将其在传统出版领域里建立起来的企业品牌和产品品牌延伸到数字出版领域，力争在数字出版领域里打造出强势品牌。

"品牌是一个名称、术语、标志、符号或图案，或者是他们的组合，用以识别某个或者某群销售者的产品或服务，并因此区别于其他竞争者的产品或服务[①]。"品牌是一个企业发展的无形资产，具有巨大的作用：一是品牌可以促进企业盈利，带动经济效益的提升。它代表着文化企业的市场形象，一个市场公认的品牌有助于建立良好的企业形象，保持一定的老客户，吸引着更多的新客户。二是品牌还可以催生价值的延伸。品牌价值延伸就是采用现有的产品品牌，将它应用到新产品或者新市场的活动中。成功的品牌由于具有一定的自身强势和市场的召唤力，不但降低了产品开发和市场进入的风险，而且还能丰富和强化原来品牌的内涵，使得品牌价值与市场空间得到提升。三是品牌可以维护消费者的权益。文化企业为自己的产品确定品牌后，就表明了企业对消费者的质量承诺和责任，提高了产品的可信度和服务水平。而传统出版业在长期的发展过程中所具备的品牌优势，对于其进行数字化转型无疑是一个巨大的保障，读者对于传统出版业品牌的认同，会促使其选择和相信该企业开发的新产品。

5.2.4 可借鉴国外出版业发展的成功经验

纵观国外的数字出版巨头都是由传统出版企业转型而来的，例如德国的施普林格、美国的培生集团、爱思唯尔集团。他们采用的商业模式是促使其成功转型的法宝，转型最关键的是开发成功的商业模式，根本目的是为了提升经济效益实现大幅盈利，外国传统出版单位数字化转型探索出的一些成功的经典商业模式，可以为我们传统出版社在转型化的过程中借鉴和学习。例如，爱思唯尔和施普林格的"专业数据库"模式、培生集团的在线教育服务模式、谷歌的"数字图书馆"模式、亚马逊和苹果的"内容平台+终端设备"模式等都是经典的数字出版商业模

[①] 严三九.文化产业创意与策划［M］.厦门：复旦大学出版社，2008-6.

式。我们的传统出版单位在进行数字化转型时完全可以借鉴他们的成功经验，促使转型的顺利实现。

由此可见，我国传统出版社进行数字化转型拥有很多的有力条件和优势资源。传统出版社的管理者应该认识到在数字化环境下进行数字出版转型的必然性，提高和加深对发展数字出版产业的认识程度。只有清醒地认识到发展数字出版的潜力，才能调动起数字化转型的积极性。客观分析自身发展的有利因素和不利因素，借鉴国际上传统出版集团进行数字出版转型成功的经验并结合自身特点，找出发展数字出版具体的转型策略，在数字化环境下少走弯路，顺利实现数字化的转型，不被数字出版企业所挤压，具备强大的竞争力，获得长久发展。

5.3 传统出版业数字化发展的不利因素

目前，我国传统出版企业数字化整体陷入了发展瓶颈。大众类出版企业、教育类出版企业、学术类出版企业的数字化发展水平已经不能满足日新月异的数字技术的更迭和消费者对数字出版产品的需求，造成这种局面的主要原因是出版企业数字化发展过程遭遇的重重困境和阻力。

5.3.1 体制结构存在问题

发达国家出版集团的高层管理者和经营者大多是职业出版家和企业家，而且拥有很完善的股权、期权等激励和约束机制，出版集团长期业绩的好坏和他们本人的利益息息相关，所以只要经过股东授权，他们就会按照市场逻辑去运作。而我国传统出版业无论是出版社、杂志社、报社，还是事业单位或刚从事业单位转制而来的国有企业，高层管理者仍由主管单位任命，数字化转型动力不足，仍习惯于用纸质出版的经营模式来经营数字出版，还不适应数字时代灵活多样，甚至瞬息万变的经营方式。

5.3.2 观念陈旧、认识不够

传统出版业对数字出版缺乏认真研究，对数字出版的认识仍然停留在建网站或与运营商签订各种委托数字化协议的阶段。尤其是有些出版单位认为自己是经过国家行政管理机关正式批准的正统出版单位，且有着或长或短的出版历史以及一定的文化资源积累，掌握着内容的话语权。事实上，从产业链角度看，在整个产业链中主要是出版内容的提供商，传统出版业过度集中在内容源头一端，离内容价值最终实现端的距离较远，在整合整个产业链中处于劣势，存在着被技术提供商和作者越过的危险。

5.3.3 资金不足、技术薄弱

中国新闻出版研究院院长魏玉山在对《2013—2014年中国数字出版产业年度报告》的解读中指出，我国数字出版起步的时间与国外几乎同步，但现在和他们的差距还是比较明显的，主要原因是我们的传统出版企业在这个领域的投入和国外比远远不够。目前，国外许多传统出版企业的数字化产品收入已占到了其总收入的70%左右，而我们最多也就10%[1]。传统出版企业在进行数字化发展的初期需要非常大的资金投入，比如在技术研发、营销渠道开发、产品设计和制作等方面都需要大量资金支持，所以，早期进入数字出版业的都是资本实力雄厚的企业。即使现在，制作单个品种数字出版物，不需要投入很大资金，但要做成规模，做出品牌，仍然需要较大资金支持。同时，传统出版企业发展数字出版也没有雄厚的技术基础，从本质上说，数字化背景下传统出版企业，只是内容提供者，在技术方面依然很薄弱。

---

[1] 魏玉山.传统出版业数字化转型投入不足[N].人民网，2014-08-01.

5.3.4 产业链中处于被动地位

在我国数字出版的发展完全是技术商主导。参与数字出版业务的主体主要是IT企业，如北大方正、清华同方、中文在线、万方数据等。这几家新兴出版商，已将全国500多家图书出版社120万种的图书资源进行了数字化整合集成，从而占据了我国电子图书市场90%以上的份额。随着移动互联网的快速发展，电信运营商和移动阅读应用开发商在移动出版领域发挥着他们的优势。而传统出版企业参与数字出版的步伐较为缓慢，因此，到目前为止，在整个数字出版产业链中传统出版企业还没有完全找到自身定位，处于被动地位，没有话语权，没有定价权，也无法获得由数字化业务带来的丰厚利润。

5.3.5 竞争力弱、市场占有率低

目前进入数字出版领域的企业来自不同的相关产业，主要参与者有高科技企业北大方正和清华同方等；大电商平台亚马逊、当当等；网站中文在线、盛大文学、专业的数字出版数据文献网万方数据等；电信运营商中国电信和中国移动以及移动阅读应用开发商等。根据2011-2016年中国数字出版产业年度报告发布的相关的数据来看，虽然传统出版企业开始进入数字出版领域，但在数字出版产业总收入中所占的比重很小，仅为1.69%，而且近五年在数字出版市场规模中所占比率是逐年下降的。因此，传统出版企业的数字化水平与其他参与者相比，差距还很大，要在竞争中获取一定的市场份额，还有一段很长的路要走。

5.4 传统出版业数字化发展面临的机遇

随着科学技术的进步和读者阅读习惯的改变，我国出版业竞争的焦点正逐步向数字化转移，数字出版已经成为我国出版业发展的必然趋

势。正确把握我国传统出版业面临的发展机遇，是自身成功转型和发展的必然要求。

5.4.1 国家政策支持与推进

国家对传统出版企业的数字化转型和升级十分重视，并且从国家政策和财政方面给予了大力支持。2009-2015年，国家出台了一系列的文件和指导意见，为传统出版企业加快数字化发展创造了千载难逢的发展机遇。

2009年9月《文化产业振兴规划》公布，出版发行、数字内容等被明确写入重点推进领域。这标志着文化产业上升成为继纺织、钢铁等行业之后又一个国家战略性产业。与之配套，中央设立文化产业发展专项资金，起初每年投放10亿元，而后资金规模逐年增加，2013年达到47亿元；同时成立中国文化产业投资基金，总规模达100亿元。

2013年3月"国家新闻出版广电总局"正式挂牌成立。"大文化部委"的组建有利于促进文化体制改革，推动文化产业整合，有利于打破业务界限、技术界限和资本界限，促进以"电子流"形式存在的数字出版内容在各种媒介和屏幕上无障碍流转、无缝融合链接，有利于加速推进我国数字出版产业标准化体系建设。

自2012年9月起，原国家新闻出版总署开展了传统出版单位数字出版转型示范评选工作，全国共136家图书出版单位、155家报纸出版单位和139家期刊出版单位提出申报请求。2013年6月底，首批70家数字出版转型示范单位名单公布，图书出版企业有25家，其中中小出版企业有14家，占总数的56%。国家新闻出版广电总局明确表示，将对这些单位给予优先扶持：示范单位申报总局改革发展项目库的数字出版项目，优先入库和出库，帮助其争取国家和地方财政资金支持；优先支持具备条件的示范单位承担国家和总局相关工程项目；优先支持示范单位选派人员参加总局组织的国内外专题学习和培训；在传统出版资源配置上也将给予倾斜。

为贯彻党的十八大关于加快文化与科技融合的精神，落实《国家"十二五"时期文化改革发展规划纲要》关于"出版业要推动产业结构调整和升级，加快从主要依赖传统纸介质出版物向多种介质形态出版物的数字出版产业转型"的要求，推动新闻出版业健康快速发展，2014年4月24日国家新闻出版广电总局和财政部发布了《关于推动新闻出版业数字化转型升级的指导意见》，这为传统出版业加快数字化转型提供了指导以及政策方面的支持。并且，加大财政对新闻出版业数字化转型升级的支持力度，将新闻出版业数字化转型升级项目作为重大项目纳入中央文化产业发展专项资金扶持范围，分步实施、逐年推进。发挥财政资金杠杆作用，推动重点企业的转型升级工作，引导企业实施转型升级项目。

为积极贯彻习近平总书记关于媒体融合发展的重要讲话精神，进一步提高出版业在信息化条件下的影响力、传播力和竞争实力，推动出版业更好更快发展，2015年4月国家新闻出版广电总局和财政部又发布了《关于推动传统出版和新兴出版融合发展的指导意见》。《指导意见》的出台，为推动传统出版向网络空间延伸的影响力、实现传统出版和新兴出版融合发展指明了方向，明确了工作目标和重点任务，阐明了路径，提出了实施措施。

为进一步深化传统出版单位数字化转型示范工作，加快传统出版业向数字出版转型升级步伐，促进数字出版产业整体发展，2015年7月国家新闻出版广电总局又公布了第二批100家数字出版转型示范单位，国家在政策、资源等方面的支持力度和覆盖面进一步加大。第二批转型示范单位的公布，更进一步刺激出版企业推行数字出版的信心和决心。中央财政的大力支持，也将为出版企业推行数字出版提供流动资金保障，为他们在数字出版领域的持续投入和持续创新增加动力。

5.4.2 数字化开辟新的增长点

对传统出版企业来说，库存及成本压力与日俱增、新消费群体个性化需求难以满足、没有新的盈利推动力等也成为出版企业转制后亟待解决的问题，而出版数字化为传统出版企业带来一个全新的契机。由于出版数字化拥有易存贮、易共享等众多优势，更多的受众融入到了全媒体时代中，同时也带动了整个市场出现新的消费群体倾斜的趋势。这类新的消费群体与传统消费群体从消费习惯、消费观念以及消费载体上都发生了翻天覆地的变化，因而这类逐渐扩大的消费群体必将为依附于整个产业链条中各环节的企业带来新的增长点。从出版业载体的更新、流程的再造、出版环节的简化，以至内容管理及阅读方式的改变，将数字化融入进出版业的每一个环节中，改变传统出版物的生产方式和消费理念也意味着使传统出版的盈利链条进行延伸和扩展。其实转企改制后的出版企业，扎身于不熟悉的商海中，在自负盈亏的巨大压力下，只拘泥于传统经营模式，故步自封只会使利润空间逐步压缩。因而，对于传统出版企业来说，出版数字化不是一种选择，而是必然要经历的一个过程。

5.4.3 数字出版技术的迅猛发展

目前，中国新闻出版业正处在由传统出版向数字出版转变的关键时期，不仅要面对读者阅读习惯和阅读方式的转变，还要面对一系列的技术改变。技术进步是任何产业发展的重要条件。信息技术和数字技术的应用为出版业数字化的快速发展提供了技术保障，特别是电子显示技术、数字水印技术、数据加密技术、数字终端技术、数字版权保护技术等一系列核心技术的发展，妥善解决了图书资源数字化、数字版权保护、电子书安全分发和数量统计等三大关键问题。从技术的角度来说，我国目前的数字出版技术为传统出版企业的数字化转型和发展提供了一个坚实的技术基础。

5.5 传统出版业数字化发展面临的挑战

虽然传统出版企业数字化发展面临着良好的发展机遇，但是随着IT技术和我国数字出版业态的发展，传统出版企业在数字化转型和发展中依然面临很多制约因素。如何顺利地完成数字化转型，是关系到出版产业可持续发展的重要问题。因此，必须清楚认识到传统出版业数字化转型过程中面临的威胁。

5.5.1 国外出版商加速渗透中国市场

不论是大型数据库开发，还是在线平台运营，不论是电子书制作，还是数字出版物营销，西方发达国家都走在了我们前面。他们的数字出版市场运作经验更丰富，相关信息技术更成熟。

目前，许多国外数字出版大鳄都已在中国市场陆陆续续开展相关业务。如励德·爱思维尔集团（Reed Elesiver），从2000年至今，已有200多家中国机构订购了其全文数据库Science Direct，在高校市场板块，爱思维尔的产品每年能达到3000万美元的销售额，为中国师生供应5000多万篇的下载量，占外文论文市场份额的59%。又如培生教育出版集团（Pearson Education Group），从2009年开始，连续收购了华尔街英语等多所英语培训学校，并成立了全球第一个基于数字化的学术英语考试——培生英语考试，培生教育出版集团在中国在线出版领域跑马圈地的野心一步步显露。借助其强大的网络运营支持和深厚的品牌积淀，培生集团将会是中国外语类出版企业开展数字出版尤其是在线出版的劲敌。

兰登书屋（Random House）、麦格劳·希尔（McGraw-Hill）等其他国际一流出版商也一直在通过与国内出版机构合作开发等形式，加快渗透中国数字出版市场的步伐。在2013年第九届北京国际出版论坛上，国家新闻出版广电总局表示，在已经开放批发零售等发行环节的基础上，中国将进一步开放数字出版市场，欢迎国外从事与数字出版生产有关的企业进驻中国，与中国企业在版权、技术、内容等方面深入合作。国外数字出版企业虎视眈眈，如果我们迟迟不迈出基础性的步伐、提前做好充足准备，始终无法表现出应有的刚性和坚定，数字出版市场领地必然失守。

5.5.2 盈利模式依然不清晰

美、日等发达国家的数字出版产业链中，各环节的利益分配相对合理些，一般内容供应商可以拿到收益的50%~70%，而电信运营商和服务提供商所占比例则相对较低，因此，美、日等发达国家的数字出版业中，作为内容提供商的传统内容出版企业占据着主导地位。而我国的数字出版则是一场由技术商推动起来的变革，技术商在数字出版的前期占据着有利的位置，传统出版企业对数字出版的理解也一度偏向技术至上。对于大多数传统出版商而言，数字出版仅仅是将纸质图书电子化，没有更深层次的对内容资源进行开发，因此，这种模式不适合数字出版的长远发展。

数字出版的本质还是出版，出版的本质还是内容为王。在版权问题不清、技术标准不统一、国家相关的法律法规也不完善的情况下，传统出版单位虽然占据出版的核心内容资源，但也无法在与技术商等的谈判中占据优势。定价权、利润分成，甚至是销售数据的反馈等，都是由技术商说了算，技术商也不甘只做技术提供商，而是想要占据更多内容资源，从而独吞整个产业链。没有清晰的盈利模式，在一定程度上减缓了出版企业数字化的进程。数字出版的盈利模式说到底是数字出版产品或者服务在销售过程中的价值的实现问题，这就牵扯到数字出版产业链上各方的利益分配的问题。因此，要想使数字出版的盈利模式清晰，数字出版产业链上的各个环节需要全力协作。

5.5.3 版权保护技术不成熟

数字出版业当中的版权问题,不仅体现在数字版权保护的相关法律法规还不健全和现有纸质图书数字版权的追授困难,也体现在数字版权保护技术的不成熟。在我们调研的出版企业中,有的负责人就表示,目前对于开展数字出版方面的业务非常谨慎,主要担心的问题就是数字出版市场整体还不太规范,还出现过数据泄露、盗版等情况,不论是将自己现有的纸质内容交给技术商或代理商来运作,还是出版社自身来运作,意义都不大。

数字内容相较于传统内容来说,具有传播速度快、传播范围广、易复制等特点,目前市场上的非法传播现象已严重损害了版权权利人的合法权益,影响了出版人进军数字出版市场的积极性,对整个数字出版市场的长远发展都具有破坏作用,数字版权保护技术则被寄以厚望,成为规范数字内容传播的重要方法之一。数字版权保护技术就是以数字加密技术为基础,综合一系列软硬件技术,用以保证数字内容在整个生命周期内的合法使用,平衡数字内容价值链中各个角色的利益和需求。版权保护技术就像给版权人和最终消费者之间搭建了一条安全的数字内容传播通道,保证通过互联网进行的各种数字内容交易活动的安全[①]。

5.5.4 技术标准难以统一

一个统一的标准可以保证一个行业规范、有序、迅速的发展,而我国目前则缺乏数字出版相关的硬件、软件、文件交换格式等的行业标准和国家标准。有些出版单位之所以在数字化转型方面非常谨慎,很大一部分原因也是因为数字出版市场不规范,没有一个统一的标准。目前,市面上的数字内容存储格式非常多,比如PDF、CEB、SEP、CAJ等,这

---

① 金艳锋.浅析信息时代的数字版权问题[J].法制与社会,2010(30):59-60.

些基本都是数字出版企业自行研发的适合本企业内容的格式，相互之间功能差别也较大。因为这些企业各自制定的技术标准不同，使得数字化产品的格式、流程和终端的差异都比较大。如果现在下大力气投入发展数字业务，一旦今后行业标准统一，那么现在的存储格式就成为"不合格"产品，所下功夫就都会白费。

技术标准的不统一容易造成以下问题：同样的数字内容拥有多种不同的格式，受众在选购方面容易产生困惑，这也是对人力和社会资源的极大浪费；如果个人或企业购买的数字内容产品较多，而格式不统一的话，也会造成用户在检索时的困难；用户通常只拥有一个终端阅读器，而下载的数字内容格式如果多种多样的话，则很难实现在同一电子阅读器中阅读所有数字内容，这就在无形中增加了用户使用数字内容的困难性，也打击了用户消费使用数字内容的积极性，对于数字出版市场的长远发展十分不利；技术标准的不统一使得传统出版单位在面对数字出版时比较困惑，也限制了其向数字化发展的步伐。

5.6 加快传统出版业数字化发展的必要性和战略意义

传统出版业数字化是我国出版业发展的唯一出路和必然选择，对于这一点无论是政府还是出版企业自身都已经达成共识。国际上以英美为代表的发达国家在依托高新技术的基础上，基本完成了传统出版业的数字化转型。新媒体、新业态、数字化生产方式、数字化传播方式和数字化消费方式渐成主流。尽管目前我国数字出版产业以每年30%的增速发展，但是我国传统出版业在数字出版总收入中所占比重甚微，数字化参与程度依然很低。面对数字化与信息化带来的挑战与机遇，传统出版业只有主动开展数字化转型升级，才能实现跨越与发展。开展数字化转型升级是进一步巩固新闻出版业作为文化主阵地主力军地位的客观需要，是抢占未来发展制高点、参与国际竞争的重要途径。因此，加快实现我国传统出版业的数字化转型和升级，是时代赋予我们义不容辞的历史使命与重任。

第一，加快传统出版业的数字化发展是推动我国文化产业成为支柱产业的重要基础。中央明确指出：大力发展文化软实力，推动文化产业成为国民经济支柱产业的重要战略任务。出版业作为文化产业的基础产业和核心产业，在文化产业中占有很高的比重，肩负着意识形态领域的重要职责和重要使命。整个行业都面临着快速转型和快速升级，传统出版业向数字化出版的转变也已成为一个必然趋势。对此，我们必须加快突破重大关键性技术，更好地运用共享技术、掌控网络技术、终端技术，进一步打破资源、体制和环境制约的瓶颈，早日跻身于跨国际的数字化出版行列。

第二，加快传统出版业的数字化发展是推动我国新闻出版业发展方式转变的重要标志，是提升文化软实力、实现强国之梦的重要举措。正如《数字出版"十二五"规划》指出的那样，数字出版已成为新闻出版业的战略性新兴产业和出版业发展的主要方向，也是国民经济和社会信息化的重要组成部分。大力发展数字出版业，已成为我国实现向新闻出版强国迈进的重要战略任务，也是建设出版强国的重要保证。从目前来看，虽然我国已经是一个世界新闻出版大国，但与世界新闻出版强国相比还有不小的差距。因此，要实现从新闻出版大国向新闻出版强国的跨越，就必须加快出版方式的转变，实现传统出版业的数字化发展。

第三，加快传统出版业的数字化发展是满足不断增长的广大人民群众多样化精神文化需求的必然要求。随着高科技的迅猛发展，信息高速公路的开通，互联网络的普及，带来了人民群众精神文化需求的高速增长。主要表现在以下两个方面：一是人们借助QQ、微信、微博等新的互联网渠道参与文化创作的热情日益高涨，网络文化出版、手机出版、博客家喻户晓；二是人们对数字出版产品的消费、需求日臻强烈，电子阅读和移动阅读成为人们的主要阅读方式。数字化出版使人们获取知识、信息的渠道和途径变得非常容易和快捷。

第四，传统出版业的数字化发展也是我国进行国际文化传播和应对国际挑战的需要。在国际化背景下，我国要想进军国际出版市场和参与国际竞争，就必需对传统出版企业进行数字化转型和升级，否则我们将永远没有机会和国际出版大腕们站在一个平台上竞争。众所周知，数字化平台都是高科技的产物，高科技在出版领域的应用会把我们的文化向周边甚至向全世界辐射。我们有能力、有胆识、有技术登上这个"平台"参与国际竞争，将我们五千年文化向全世界辐射。因此，我们必须加快从传统出版向数字化出版凤凰涅槃般的蜕变。通过数字化出版，加大中国文化、中国精神的世界辐射力，使中国走向世界，使世界走进中国。同时进一步提升我国新闻出版业的国际话语权和国际影响力。

数字出版使得出版物的载体形式、传播方式发生了巨大改变，提高了出版业在传播知识、传递信息方面的速度和效能，成为全球出版业的发展方向。当前，国际上从事专业出版的跨国集团基本完成了数字化转型，从数字化方面获取的收益已经超过了50%。2009年以来，美国跨国出版集团开始运用数字出版技术抢占未来大众市场的份额，以苹果ipad平板电脑为代表的多款阅读器投放到国际市场，出版数字化收入随之迅速增长。在我国出版业同世界出版业之间的竞争与合作、交流与碰撞更加频繁的背景下，发展数字出版，抢占出版业数字化的制高点，赢得发展的主动权，是必然的战略选择。

第六章
全媒体时代传统出版业数字化发展的路径选择

对传统出版企业而言，发展数字出版业务是一个复杂的系统工程。同时，传统出版涉及大众出版、教育出版、学术出版等三大领域，其多样性使得在数字化发展过程中又面临多样性的选择，传统出版单位需要结合自身的特点，并充分审视外部环境的变化，把握数字化发展的方向，制定数字化发展目标，明确数字化过程中的定位，并选择合适的发展路径。

6.1 传统出版业数字化发展的方向

进入全媒体时代，新媒体的迅猛发展已经渗透到社会各个领域，国家层面也把推动新媒体的发展提升到战略地位。2014年8月18日召开的中央全面深化改革领导小组第四次会议，审议通过了《关于推动传统媒体和新兴媒体融合发展的指导意见》。融合对于传统出版企业来说，不是放弃纸质出版，而是将新媒体的发展融入到传统出版的发展之中，实现一体化发展。2015年4月国家新闻出版广电总局和财政部又发布了《关于推动传统出版和新兴出版融合发展的指导意见》，就推动传统出版和新兴出版融合发展提出了相关指导意见。这两份《指导意见》为我国传统出版业数字化发展指明了方向，明确了工作目标和重点任务。

《指导意见》提出始终坚持把社会效益放在首位，努力实现社会效益和经济效益有机统一；坚持正确处理传统出版和新兴出版关系，以传统出版为根基实现并行并重、优势互补。按照积极推进、科学发展、规范管理、确保导向的要求，立足传统出版，发挥内容优势，运用先进技术，走向网络空间，切实推动传统出版和新兴出版在内容、渠道、平台、经营、管理等方面的深度融合，实现出版内容、技术应用、平台终端、人才队伍的共享融通，形成一体化的组织结构、传播体系和管理机制。目标是力争用3-5年的时间，研发和应用一批新技术新产品新业态，确立一批示范单位、示范项目、示范基地（园区），打造一批形态多样、手段先进、市场竞争力强的新型出版机构，建设若干家具有强大实力和传播力、公信力、影响力的新型出版传媒集团。

指导意见中提出的融合发展理念主要包括以下几个方面的内容：

（1）观念的融合。数字出版在出版史上是一次颠覆性的革命，呈现的是一种多形式、多载体、多功能的体验式阅读，与传统出版在运作方式上差别很大。要实现融合，首先要在观念上融入互联网思维。观念融合不能仅靠几堂课，必须有组织、有计划地通过一系列的学习、培训，让传统出版人了解互联网，并在了解中学会互联网思维，这个过程虽然艰难，但却是必须的。

（2）内容制作的融合。传统出版企业的数字出版盈利模式不清晰，而传统出版的盈利模式比较单一。为此，从选题策划到内容制作都应该考虑纸质媒体和数字媒体阅读（如手机、阅读器及APP终端等）的需要，力求实现"一个内容、多种载体、复合出版"。内容制作的融合，关键在于通过数字技术，实现内容产品的多样化，有利于实现内容产品多次售卖，也是探索形成新的盈利模式的过程。

（3）技术的融合。纵观出版发展史，无论是木版刻印、石印技术，还是铅印技术、激光照排技术，乃至数字出版技术的出现，都在推动着出版业的发展。新媒体技术包括大数据技术、网络技术、移动技术，移动阅读就是网络技术和多媒体技术不断融合的结果。实际上，一些数字出版技术已经渗透到传统出版的流程之中，但目前传统出版单位利用新技术的能力还比较弱，因此，改造升级尤为必要。

（4）编辑出版流程的融合。传统出版周期长、环节多，往往不适应市场的变化。"用户需求导向"则是数字出版业务流程设计的主导思想。对传统编辑出版流程进行数字化再造，将会提高编辑出版效率，提高内容资源的使用率。编辑出版流程的融合，一定要和数字化加工、内容资源管理、协同编纂系统及产品发布系统的应用相结合。

（5）营销的融合。传统出版营销方式比较单一，在渠道上多以大卖场活动为主。数字化时代，营销渠道多元化，线上和线下、展示与传播等都显示了其优势。营销融合，传统发行要善于利用网络传播以及"微"传播。

（6）组织结构的融合。媒体融合发展，不能仅靠数字出版一个部门的推动，而是要逐步形成传统出版和数字出版一体化的组织结构——传统编辑部门要融入数字化元素，数字出版部门要发挥组织、协调作用。近几年，一些欧美出版公司在转型过程中已经在尝试从前端编辑开始融入数字化流程，培训编辑不仅懂得编辑纸质内容，还要熟悉数字编辑流程。

（7）媒体的融合。一方面是在内部做到全媒体出版融合，就是同一个内容同时发布在纸媒、互联网、手机、阅读器及电影屏幕等载体上，包括二维码技术在传统出版物上的应用，这是现阶段纸质媒体和数字媒体融合比较直接的方式；另一方面是在外部尝试跨媒体出版融合，即通过平面媒体、立体媒体、新媒体等多种媒介提供文字、图片、音频和视频等多媒体信息，满足受众多样性的阅读和视听服务。两者是有区别的，要明确产品方向是什么。

《指导意见》指明了融合发展是我国传统出版企业数字化发展的方

向以及融合的方式和内容，同时也提出了相关政策措施以及组织实施。

6.2 传统出版企业数字化的目标

在传统出版和新兴出版融合发展理念的指导下，传统出版企业一定要审时度势，明确自身的优势和劣势，抓住外部的有利机会，制定本企业数字化发展目标。传统出版企业在发展数字化过程中，不可急功近利，要有计划、分阶段地实施，可将具体目标定位于以下三个层面：

一是构建数字化发展的内部业务支撑体系，即数字化基础设施建设，这也是数字化发展之基础。该目标是通过数字化内部支撑环境建设，包括内容生产过程、传播过程、营销手段与消费过程的数字化，抓住市场变化的机遇，充分聚集与利用外部环境的优势，在尽快实现传统内容资源数字化增值效应的同时，理顺未来数字化发展的方向与产品形态。

二是实现角色转换，由数字化建设者向内容服务提供商、内容运营商、平台运营商转变。传统出版企业要结合自身的内容优势与内容整合能力，寻找机会切入到数字内容领域，在特定数字内容领域中成为具有一定竞争优势的数字内容服务提供商。这一目标将引领传统出版企业进入到全新的数字内容服务领域或互联网数字内容产业领域。这是传统出版单位从一个内容生产为主向数字化服务转变的关键，也是企业结构形态与运作模型根本性转变的关键。这一目标的确定相对较难，既需要正确判断数字内容产业的发展趋势与市场潜力，又要认真分析自身数字化建设优势、资源整合能力与产品推广优势，更需要数字化转型决策者持续投入资金与人力资源的勇气与决心。

三是构建数字化发展的服务支撑体系，实现传统出版与数字出版的双向融合。这一目标则是从数字化发展全局来考虑与规划，以传统出版与数字出版双向融合为切合点，思考与规划第一层面与第二层面的目标，而通过第一层面与第二层面目标的实施，逐步建立起支撑传统出版与数字出版双向融合的数字化服务支撑体系，使传统出版企业的产品结构、经济结构与运作模式得到根本性的转变。

总体上，上述三个层面的目标是相互关联的递进关系，即第一层面的目标服务于第二层面目标的实现，第二层面的目标又进而将服务于第三层面目标的实现。事实上，这种分层递进的数字化发展之路在国外传统出版单位中不乏先例，诸如爱思唯尔、斯普林格等欧美知名出版集团经过十余年数字化转型之路的积极探索，最终实现了传统出版与数字出版的双向融合。

有了明确的发展目标，才可能有针对性地制定具体的发展规划、工作思路，否则只能像无头苍蝇盲目乱撞。数字出版作为出版业与高新技术相结合产生的新兴出版业态，其内涵和外延十分广泛，对于很多出版单位而言，并不是数字出版的每个环节、每个领域都有能力涉足，进行数字化转型也无须每个领域都去尝试。对别人适用的并不一定对我们适用，关键是要根据自身的业务特点、资源状况等选择适合自己的数字化发展目标。正如人民出版社数字出版中心陈登先生所说"传统出版单位数字化转型之路没有最好只有最适合"[①]。

6.3　传统出版企业数字化发展定位

传统出版企业的数字化作为一项系统工程，需要缜密的规划和计划。制定好发展目标后，还需根据市场环境以及自身的资源和优势，做好数字化发展过程中的角色、产品以及渠道定位工作。

---

① 陈登. 传统出版单位数字化转型之路没有最好只有最适合 [N]. 中国新闻出版广电报，2016-6-2.

6.3.1 传统出版业数字化的角色定位

数字化出版不是对传统出版产品内容的简单数字化处理，而是要利用数字化、信息化技术，通过出版流程的优化再造，提供能够满足数字读者个性化、多样化、小众化、高效化内容需求的信息服务。

数字出版的细分产业链应该包括著作权人、内容提供商（互联网内容提供商、网络原创、传统出版企业）、终端设备商（手持阅读器、手机、PC和平板电脑）、内容运营商（发行平台）、网络运营商、金融服务提供商、数字读者等构成要素（详见表6-1）。从目前国内情况来看，产业链中各环节的边界壁垒依然存在，产业链尚未有效整合。技术提供商成为数字出版的主导者，而传统出版企业在产业链中的定位尚未明确。根据传统出版企业参与产业链整合的程度，可以将出版企业数字化发展过程中的角色定位为以下三大类（见图6-1）。

表6-1　　　　　　　　数字出版产业链构成要素

产业构成	主体	主要代表企业			收入来源
上游	内容提供商	出版社、期刊杂志社、报纸、唱片公司	手机cp, sp, 游戏开发商	盛大文学、中文在线等原创文学网站	数字内容销售
中游	服务提供商与平台运营商	互联网期刊出版商与电子书出版商	中国电信、中国移动等运营商	搜索殷勤、高科技网络公司	收费下载、阅读、广告等
下游	数字内容销售商	当当、卓越等网上销售平台	书店、发行集团等传统分销商	报刊亭、超市等传统零售商	批发折扣

资料来源：根据前瞻产业研究资料整理

第一大类：数字内容提供商。传统出版企业在产业链中仅仅承担内容提供商的角色。传统出版企业一方面由于长期从事出版工作，形成了

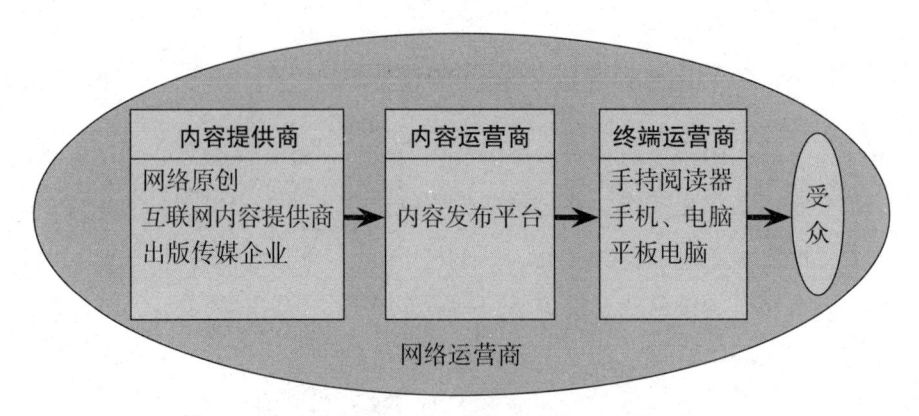

图6-1 传统出版企业在数字出版产业链上的角色定位

自己独特的出版领域和出版特色，积累起了庞大的作者群，对内容市场具有敏锐的捕捉能力；另一方面，传统出版企业既有一支懂出版、懂专业的专业化编辑人才队伍，又有一套严格缜密的"组、编、校"制度。这两方面保证了出版社的优质内容资源优势，也保证了传统出版企业赖以生存的核心竞争力；只要拥有了优质内容资源，传统出版企业就可以与各种技术服务商、运营商开展多样化的合作，实现数字出版。

第二大类：数字信息服务提供商。传统出版企业在产业链中开始成为信息服务提供商。传统出版企业在积累规模化的优质内容资源后，运用先进的技术、新型的管理模式或运营手段搭建自己的数字出版平台，对其大量内容资源进行二次加工，根据读者的需求制作相应的内容产品，提供相应的内容增值服务。

第三大类：数字平台运营商。传统出版企业在集聚规模化的数字内容资源和建立数字出版平台的基础上，累积数字出版产业策划、生产、开发、运营等经验，逐渐向下游整合，打造自己的数字出版"一站式"运营平台，更加积极主动地参与市场竞争，掌握产业链的主导地位，成为平台运营商。

由于数字出版投入大，对出版企业的未来发展至关重要，各个出版企业都要根据自身的资源基础、人才队伍、资金情况、技术开发经验来综合分析，找准定位。对于规模较小的出版企业应从内容提供商出发，提供特色、高水平的内容，立足做精做深某一领域的内容开发；条件成熟后，继而再造出版流程，探索与产业链其他环节供应商形成共赢的合作机制，向信息服务提供商转化。而对于国家级大型出版企业，则要加快发展，立足高远，一开始便要以平台运营商为目标，力求统筹数字出版产业链，推动数字出版产业链的整合。

6.3.2 传统出版企业数字化的产品定位

产品定位就是要寻找市场机会，以确立企业的竞争优势。在信息与内容海量的互联网时代，如果一家出版企业想在行业里出类拔萃，就一定要有与众不同的优质产品。而要做出与众不同的产品，就要在充分了解出版市场的基础上结合自身的资源和能力确定服务对象。例如人民出版社数字出版团队在仔细分析了本单位的业务和资源特点，考察借鉴了众多兄弟单位的数字出版成功经验后，找准了自身数字出版的定位，那就是作为党的喉舌，通过发展数字出版创新党的思想理论传播方式。基于此定位，人民出版社出版的大量独具特色乃至独一无二的党政文献、领导人著作、马列经典、高水平理论读物恰恰成为发展数字出版的最大优势和亮点。

（1）对出版市场进行细分找到市场机会。

按照消费需求、消费心态、消费模式等参数将用户和潜在用户进行归类，找出不同群体之间的差异性和每个群体内的共性，比如按照三大出版领域所涉及的业务特征和特点，现代教育出版应立足于人们的学历教育与教学；大众出版立足于人们的娱乐和生活；专业出版立足于人们的职业与职业提升。在我国出版行业中，很难看到这三大出版的明显差别，出版社往往是定位模糊，跟风严重，各出版社之间的产品差别不显著，出版社很难形成自己的品牌，产品诉求不明显。

(2)明确目标市场，确定服务对象。

在对读者消费动机了解分析后、对出版市场充分细分的基础上，从这些细分市场中选出消费者需求最强烈、购买动力最大、与本企业拥有的资源、能力和特长最吻合的细分市场作为企业服务的对象，即目标市场。有了目标市场的界定，就很容易看清楚谁是相应的竞争对手，即与我们争夺这几个细分市场的企业，从而更有效地制定竞争战略，壮大自己。三大出版领域可根据各自的产品定位，走差异化的发展之路，以充分发挥各自的竞争优势。

6.3.3 传统出版企业数字化的渠道定位

传统出版企业在发展数字业务时，要通过与产业链上、下游的合作寻求共赢。具体包括与上游作者合作、与平台运营商合作以及与大型出版企业联合自建运营平台等。

（1）与上游作者合作。

与上游作者合作是出版企业拥有优质内容资源的保证。数字时代内容资源的竞争，说到底是作者资源的竞争。大家一致公认出版社的优势是拥有优质的内容资源，事实上，内容不是出版社创造的，而是优秀的作者。以前作者想出书必须经过出版社，才能拿到书号；而进入数字出版时代，作者可以在网上实现自助出版。但出版企业的核心价值主要表现在其创意、策划能力以及对出版市场的洞察力和掌控力方面。在数字化发展过程中，出版企业一方面关注数字技术发展，积极采用先进的数字技术；另一方面牢牢把握住自己的优势——根据市场需求，专注热点，策划出更好的产品，把优秀的作者和专家笼络到自己的旗下，让自己的出版品牌在读者中具有吸引力。

在数字出版的产业链中，传统出版企业一定要增强原创力量，搭好作者平台，跟踪最新市场变化，整合优质内容资源，在细分领域做全面、做专业、做大做强，发挥、巩固自己的优势。有了作者和内容资源的优势，在竞争中才能牢牢掌握主动权，拥有话语权。

（2）与平台运营商合作。

与平台运营商合作——借力实现数字出版。传统出版社在数字化发展的格局中，可以通过与平台运营商合作的方式开展数字出版业务。但是出版社一定要选择合适的运营商，如何选择？应当坚持四个标准：第一，版权保障上要保护出版企业和作者的利益，否则就会出现盗版或版权纠纷等问题，以致后患无穷；第二，商业模式要保护各个参与环节者的利益，利益分配是否公平等，这也是能否合作的前提条件；第三，技术上要有持续的研发能力及良好的品牌，品牌影响力会直接影响到读者对购买渠道的选择；第四，价格标准，选择合适的价格，量力而行。另外与运营商合作不是简单的在运营商的平台上卖书，最好是通过平台的搜索链接、友情链接、商务链接，使消费者能够快速进入出版企业自己的网站，增加本企业网站的浏览量，提升出版企业的品牌影响力。

（3）出版企业联合自建运营平台。

在我国数字出版中，传统出版商处于劣势地位，不合理的产业链条的利益分配，挫伤了出版商对数字出版的积极性。成功的平台必须要有足够的人气，但是，单靠一家出版单位，内容未免单薄。拥有平台需要大量的资金，如果与国内几家大的出版商联手，搭建一个综合服务平台，让所有的出版商、书商免费来平台开店，在这个平台上既可以出版也可以销售，作品的版权在出版商手里，想卖就上架，不想卖就下架，想卖多少钱出版社自己说了算，卖完钱可以直接汇入出版社的账号，平台只是为买卖双方提供在线交易和网上支付。这种交易模式类似淘宝网的模式，淘宝网就是个小商品的大集市，那么这个平台就是出版物的大集市，各个开店的出版社就是商贩。

6.4 传统出版企业数字化发展必经的四个阶段

在全球媒介融合的大趋势下，传统出版业的数字化进程必须按照目标定位，有计划、分阶段的进行。因为，我国的出版企业众多，所拥有资源、企业规模、地域经济发展特色等大不相同，不是所有出版企业都具有实现三层次目标的能力。有一些已经开始实施数字化出版业务，如北京、上海、杭州、广州等地，数字出版基地已建立起来，还有些正在筹建当中，而另外一些出版企业，由于种种原因，却仍然停留在传统出版业务经营阶段，数字化的积极性不高。所以，全媒体背景下我国传统出版业应当根据自身的资源和实力，制定相应的战略计划和目标，逐步地、分阶段地建立起数字化出版业务体系和运行机制。这一发展过程必然要经历出版网络化、数字化、新媒体化和全媒体化等四个阶段[①]（见图6-2）。

出版网络化 → 出版数字化 → 出版新媒体化 → 出版全媒体化

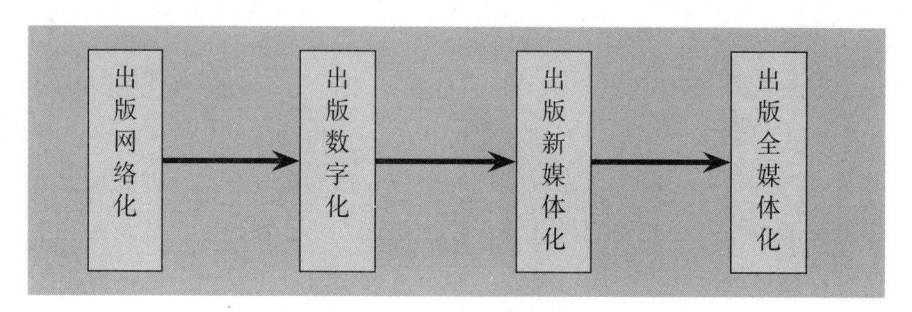

图6-2 传统出版企业数字化发展的四个阶段

6.4.1 出版网络化阶段

出版网络化，就是充分利用因特网快速传播的优势，实现出版物在互联网上的快速传播和网络化发展。出版网络化发展需经历两个步骤才

---

① 部书锴.全媒体时代我国报业的数字化转型［D］.浙江：浙江大学，2010.

能完成：第一步，在互联网上建立企业网站，利用企业网站这块阵地为企业作简单的宣传和推广，并为读者提供一些附加服务；第二步，提升网络经营理念，对其内外部资源进行整合，建立综合性门户网站。在这个起步阶段，门户网站简单的宣传和附加服务实际上并没有将网络的优势发挥出来，与网络的融合范围及程度也极为有限[①]。因此，在完成这一阶段的建设任务之后，应尽快步入下一阶段。

6.4.2 出版数字化阶段

出版数字化阶段主要通过利用数字和网络技术，对出版物的编辑、出版和发行等业务进行改造，将稿件编审、制作加工、出版发布及经营管理等全部业务进行数字化和网络化的系统改造，从而实现现代化的数字出版。实践证明，从传统出版到数字化出版的过程中效率和质量都获得提高。效率方面而言，编排、传输和印刷等各个方面差错率降低，效率提高；质量方面而言，若内容质量较好加上先进的出版发行形式，那就是锦上添花。虽然，目前我国的出版企业数字化发展还处在初级阶段，但是政策上的引导和经济上的扶持，还是极大地鼓舞了出版业内部转型的热情与士气。在这一阶段出版企业在对出版物的编辑、出版和发行等业务进行流程的改造的同时，开始对原有的内容资源进行数字化处理，以适应互联网环境下读者对电子书以及数字化阅读的需求。

6.4.3 新媒体化阶段

随着近几年技术上的不断更新，出现了许多新媒体阅读方式，如手机阅读、电子书阅读器、数字电视阅读平台，APP阅读终端等。通过进一步与其他数字媒体以及通信产业的融合，出版企业需要不断探求和拓

---

① 王丹丹.全媒体时代我国出版企业的数字化转型研究[J].出版科学，2011（5）：63-65.

展更多的新媒体阅读方式，并且实现阅读的互动性。新媒体的快速发展使得出版业的结构也随之而变。为了适应新媒体时代的出版特征，力求实现"一个内容、多种载体、复合出版"。新媒体化关键在于通过数字技术，实现内容产品的多样化，有利于实现内容产品多次售卖，也能够满足读者的多样化需求和个性化需求。因此，出版企业需要深刻理解各种新媒体特征及相关技术，不断吸取新媒体元素，努力创造适应数字化时代的出版模式。

6.4.4 全媒体化阶段

全媒体化阶段是数字化的终极目标。基于内容产业范围的扩大以及媒介融合的逐步升级，全媒体出版是出版企业完成数字化转型之后的发展目标。全媒体化就是利用和综合全部的媒体手段和渠道，使出版实现全方位、移动化和立体化，利用传统出版和新媒体的优势来提高出版信息的覆盖效率与效益。全媒体化过程的实现要求出版业必须完成三个步骤：媒介之间的互动合作、各种媒介组织机构的融合、"出版"流程的再造和全媒体产品制作平台的整合[1]。

第一，媒介间互动合作。已经在很多畅销书的打造实例当中实现，如《哈利·波特》《闯关东》《贫民窟的百万富翁》等，尤以《非诚勿扰》为代表。从这些项目的运作可知媒介之间互动合作的利润空间是非常大的，而这种合作需要出版传媒集团与多种技术开发商及数字产品提供平台在利益分配合理的前提下共同签署协议，统一战略合作目标，目的是要读者能以最习惯、最便捷的方式进行阅读。

第二，媒介组织机构的融合。全媒体出版的目标是要任何人可以在任何时间、任何地点，以任何方式获得任何内容。为了实现这个目标，

---

[1] 许颖. 互动·整合·大融合：媒介融合的三个层次 [J]. 国际新闻界，2006（7）：32-36.

必须打通各媒介组织机构之间的界限，融合出版部门、新闻部门与广播、电视等部门。这种融合需要各部门的分属政府机构放低许可门槛，为全媒体整合提供优惠的政策，引导多种媒介尽快完成组织机构的调整。

第三，出版流程再造与制作平台整合。在机构之间完成融合之后，全媒体出版转型需要进行"出版"流程再造工程，对全媒体产品制作的平台进行整合。多媒介内容产品的制作和传播，需要整合各类媒介的编辑制作人员。首先，统一对同一内容资源进行改编和再造；其次，需要实现内容产品的各媒介营销部门的统一，通过共同的策划与战略战术的制定，完成出版品牌的升级与创新；最后，要整合全媒体出版的行政管理体系，以规范团体内人员的操作流程，并进行科学管理[1]。

6.5 传统出版企业数字化发展的总体思路

国家新闻出版广电总局副局长吴尚之在2014北京国际出版论坛上指出："中国出版企业应在融合思维下寻求高效的发展路径。"[2]在媒介融合时代，为了能在竞争中取胜，传统出版与数字出版需要转变观念，正确看待两者的关系，以合作关系替代竞争关系，实现优势互补，整合相关技术与资源，满足目标市场上读者的多样化需求。因此，要基于融合发展的理念，寻求传统出版业数字化发展的突破。

6.5.1 将数字化列入企业发展战略

目前，全球出版业正经历一场深刻的数字化转型，以数字出版为代表的新业态已成为世界出版强国的战略选择。面对信息时代势不可当

---

[1] 王丹丹.全媒体时代我国出版企业的数字化转型研究[J].出版科学，2011（5）：63-65.
[2] 吴尚之.传统出版业：如何借融合思维寻求数字化发展[N].光明日报，2014-09-06.

的数字化浪潮，发展数字出版既是我国出版业现代化的重要内容，也是我国出版业发展的唯一出路。对传统出版企业而言，目前的首要任务是制定数字化发展战略，并将其纳入到企业发展的总体战略中，统一认识，改变传统经营理念，形成统一的规划，有计划、有步骤地进行数字化转型，这样才能得到企业全体成员的足够的重视以及资源配置支持。另外，要根据发展战略做好企业的基本定位、发展目标以及相关工作思路，这样才会使数字化战略有据可循，落到实处，并能处理好现有业务与数字化业务之间的关系。例如，数字化先行者中国出版集团，在初期就把数字化列入企业发展战略，并且明确了数字化战略发展的基本定位和工作思路。其定位为"建设以集团优势内容资源为基础，开放式、国际化、延展性的内容集聚、传播、交易和服务功能的综合平台"，工作的基本思路是"以综合平台建设为基本定位和战略目标，以体制机制和业态创新为基本动力，以内容资源库建设为基础，以内容投送和交易平台为突破，逐步实现传统出版的内容集聚数字化，流程管理数字化和传播方式数字化"。正是在数字化战略的指导和规划下，中国出版集团在数字化方面取得很大的进展，成为行业数字化转型的模范企业。

6.5.2 找准传统出版业务与数字出版的切入点

以市场为导向，对内寻求与传统出版业务（专业出版、教育出版、大众出版）各产品线发展的切合点，把切合点聚焦于项目，并以项目带动，研发支撑传统出版单位专业出版、教育出版与大众出版数字化转型的、具有传统出版单位自身独特的数字化产品集群，建立传统出版单位进入数字内容服务产业的核心竞争能力。例如以教育出版为主的传统教育出版单位，可以聚焦于数字教育服务产品的研发；以学术出版为主的传统专业出版单位，可以寻求数字学术服务的切合点；而以大众出版见长的传统出版单位，则可以寻求数字阅读服务的切合点。而随着数字内容服务新产品的研发与推广的推进，切合点的融合将逐步扩大，最终实

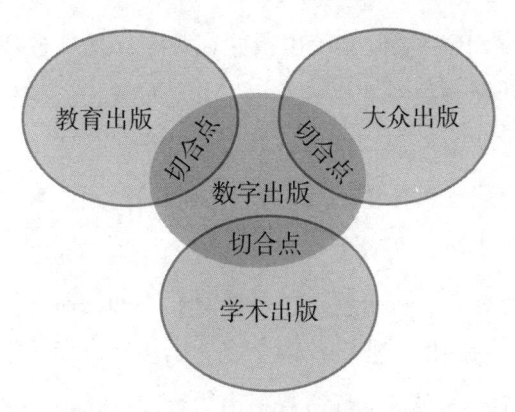

图6-3 传统出版业务与数字化的融合

现双向融合，使传统出版单位的产品结构形态与经济结构形态发生根本性的转变（见图6-3）。

6.5.3 走集团化道路，加快传统出版业数字化的进程

由于我国传统出版业产业集中度较低，规模比较小，仅单个出版单位不具备数字出版要求的规模资源优势、技术能力以及资金实力，因此，在数字化发展的进程中，传统出版企业必须走集团化、联合式的发展路径，可以通过收购、合并、联合组建大型出版集团，搭建起跨媒体出版平台，这样可以整合多方资源和技术能力，实现传统出版与数字出版的融合。通过线上与线下的联动，实现相互促进，协同发展。比如，在纸质出版物上印刷二维码以及出版单位的网址，一方面，通过线上渠道为传统出版产品做好营销推广活动；另一方面，可以便利读者找到相关信息和数字内容，满足读者不同的阅读体验和个性化需求。

6.5.4 优化出版产业链，打造全媒体出版模式

从图6-4可以看出传统出版的产业链中，出版企业在整个产业链中处于主导地位。但随着数字技术的进步和用户需求的改变，数字出版正在改变甚至重构出版产业链。进入全媒体时代，出版产业链也相应

发生了变化（见图6-5）。传统出版业在数字化发展过程中，要积极探索互联网和移动互联网的特点，并根据其与传统出版的不同，改变内容加工方式，调整业务流程，推出全新类型的产品。要树立融合发展的思维模式，就要正确理解传统出版与数字出版的关系。数字出版不可能完全取代传统纸质出版，两者可以融合发展，因为不同的读者具有不同的需求，甚至同一读者，对不同的产品也具有不同的需求。在媒介融合时代，将出现一种新的出版业态，即全媒体出版。全媒体出版将传统出版与数字出版充分融合起来，打通数字出版产业链条，让出版商、技术运营商、内容运营商以及电信运营商共同参与，发挥各方优势，集图书、网络、手机、电子阅读器等多种媒体的优势于一体，进行跨媒介的融合，实现资源的优化配置，拓宽出版渠道，最终满足读者个性和多元化的需求。

作者 → 出版社（平台） → 发行商 → 实体终端（书店） → 读者

图6-4 传统出版产业链

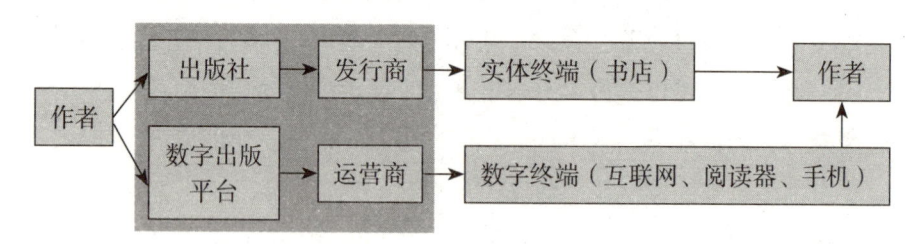

图6-5 全媒体出版产业链

6.5.5 积极打造功能齐全的新型现代出版企业

新型现代出版企业将是一个功能齐全的、综合的、多元化经营的出版单位，不仅具备传统出版业务能力，还精通数字出版业务，其盈利模式也不再依靠单一的纸质出版物或数字出版物。因此，传统出版企业发展数字化业务，首先应做好战略定位，以融合发展理念为指导，以满足读者的多元化需求为目标，转型升级成一个功能完备的现代出版企业。当出版社拿到作品后，应该与作者签订永久版权协议，获取该作品的版权（包括纸质版权和数字版权）。在此基础上出版社就可以花费一些精力和成本，精心对作品进行数字化开发，实现纸质作品与数字作品同时出版。一方面进行传统纸质作品的出版与发行，另一方面可以提供该作品的在线阅读、电子书下载、手持阅读器销售等多种数字化出版物。这样出版企业可以依靠纸质和数字化出版物等多种模式、多种渠道共同盈利。除此之外，还可以将图书的数字版权转让给专业的数字服务运营商，获取版权收益。

6.5.6 优化出版业数字化发展的生态环境

一个产业要健康发展，必须要有良好的市场环境做保障。因此，加快数字出版政策扶持引导、构建良好的数字化发展生态环境是关键。在这方面政府部门应该发挥其积极作用。首先，健全有关数字出版的法律法规，使其具有较强的可操作性。其次，完善数字版权法律制度，建立起数字版权的认证机制。加强版权保护，避免数字出版机构的不正当竞争。第三，加快数字化标准建设，建立起符合行业规范的数字出版标准化体系，创造公平的市场竞争环境。最后，在政策和资金方面给与更大的支持，营造一个良好的产业发展氛围。良好的生态环境是保障传统出版产业数字化健康发展的前提条件。

6.6 传统出版企业数字化发展模式探索

数字出版作为出版业与高新技术相结合产生的新兴出版业态，其内涵和外延十分广泛。对于很多出版单位而言，并不是数字出版的每个环节、每个领域都有能力涉足，进行数字化转型也无须每个领域都去尝试。我国传统出版商数量巨大且良莠不齐，对于一般的出版企业来说，不能简单去复制别人的成功模式，而是应该根据自身的业务特点、资源状况等选择适合自己的数字化转型路径和模式。根据国内外出版企业的成功经验，可以选择以下三种模式设计自身的数字化发展路径。

6.6.1 纸质图书数字化+数字平台

将现有的纸质图书通过数字化加工后，制作成数字图书，然后通过数字平台等渠道进行宣传、营销、销售以及售后服务，这是中小出版企业数字化发展最为简单的方式，也是迈出数字化出版的第一步。在数字化转型的探索过程中，国内外的一些传统出版商凭借其悠久的历史、强大的资金支持以及先进的管理理念，迈出了数字化转型的第一步。这一步虽然简单，却意义非凡，为行业的数字化转型提供了可复制的转型路径。一些知名的传统出版集团采用的都是将现有图书内容进行数字加工，都是较为基础和简单的数字化策略。

我国上海世纪出版集团针对大众图书，开展"基于内容对象的协同编辑和动态出版的技术研究与系统开发"项目，目的是搭建一个面向作者和编辑的内容生产、加工系统。针对双语工具书编纂，研制了"大型英汉词典编纂平台"，利用数字化的工具编纂大型双语工具书；其"汉语辞书编纂辅助系统"还可满足辞书编纂在结构性方面的严格要求，将大量繁重的工作交由系统实现，使得纸质图书的数字化变得更加快捷，迅速实现广泛传播。数字出版又极大地解放了内容生产力。纸质图书的数字化转换，技术门槛较低，操作简单，对于资金实力没那么雄厚的一般传统出版商来说，是相对较为可行的措施。

另外，将纸质图书数字化，还可以达到对现有内容资源进行二次销售的目的。有着百年历史的传统图书出版商兰登书屋已经走出纸浆和油墨的时代，向着数字化迈进。作为世界最大的传统出版商，兰登书屋（Random House）早在2005年就首次公开向网络读者提供基于每页浏览次数计价的服务。兰登书屋（Random House）的这种收费至少收取每页次4美分左右。小说和非小说口述图书的收入一半归其作者所有，其他类别的图书也分门别类地收取相应的费用。这样的收费行为不仅可以有效地通过上传低分辨率的文本来阻止复制行为，而且也为培养读者付费行为习惯打下基础。每页次浏览计价也许对于习惯于免费阅读的读者来说，是昂贵的。但随着时间的推移，也逐渐被读者、作者、图书出版商所接受和采纳。

纸质图书数字化是传统出版商数字化转型过程中的第一步，但在本质上仅仅是对内容载体介质的改变。而数字化出版对传统出版产业的冲击却非局限于此，对于传统的出版产业模式，也就是出版流程和图书销售模式也产生着极大的冲击。在传统的出版产业模式中，传统出版商的角色往往是单一的，他们大多只是单纯的内容生产者或提供者，并不承担图书的销售。近年来，线下图书实体店纷纷关张的实例不断地印证着这一事实：数字出版时代的到来，对传统出版的销售渠道的冲击是致命的。可见，在内容载体介质改变之后，销售渠道也面临着行业的重新洗牌。作为内容提供商的传统出版商纷纷加入到销售渠道的激烈争夺之中。

法国的阿歇特出版集团（Hachette Livre）在这方面很有经验。在建立了自己的数字书店后，阿歇特出版集团（Hachette Livre）在全球范围内通过多种重要的销售平台销售自己的数字图书。如目前阿歇特出版集团（Hachette Livre）的近6000多种数字图书同时在美国各大最重要的数字图书书店，诸如亚马逊、苹果、科博、巴诺、谷歌娱乐等数字图书销售平台进行销售。尤其在数字图书销售的过程中，经过探索，阿歇特出版集团（Hachette Livre）的数字资产管理系统基于国际数字出版论坛确立的数字出版标准文件格式.epub目前已经成为数字图书的主流格式。

传统出版商应该自建，或是与第三方在技术上合作，搭建各式各样的数字平台，在生产内容的同时，也要掌握销售渠道，在数字出版竞争中掌握自己的命运。

6.6.2 自建数字书库+阅读平台

为了更好地销售自家的数字图书，出版企业应该搭建数字阅读平台。在国外，哈珀柯林斯出版集团（Harper Collins）是全球第一家将图书内容数字化，并创办一所全球数字书库的大众出版商。作为内容提供商，对其内容进行数字化并加以控制是至关重要的。从2005年起，哈珀柯林斯（Harper Collins）就斥资数百万美元逐步将其出版的图书数字化，建立自己的数字化仓库，这也是全球第一家大众数字仓库。自建数字书库，使得哈珀柯林斯（Harper Collins）可以更好地保护作者的权利，同时满足消费者的需求，甚至可以促成其他的商机。目前，其新书出版一般都是纸书与数字书同步发行，即便是老版书，哈珀柯林斯（Harper Collins）也在寻求将其转化为电子书，寻求开拓新的市场空间的可能性和可行性。

在我国，进行数字化转型的传统出版商也几乎都会自建数字阅读平台。北方出版传媒集团自建富媒体数字出版内容集成及分发平台；凤凰传媒旗下有凤凰教育网、凤凰学习网；时代出版拥有自建的时代商城；长江中文网、现在网等是湖北长江出版传媒集团的自建平台。大型传统出版集团的这些举措无疑都说明了渠道销售的战略重要性。中南出版传媒集团自主开发了Read365阅读平台，就连老牌的新华传媒也拥有新华e店这样的自建平台。Read365通过打通智能手机、Pad、PC等不同终端，实现多终端联动。面向具有高品质精品阅读需求的用户，提供智能Reader、个性订阅、知识分享、移动写作出版等集读、写、听、分享、交流于一体的立体式阅读服务，包含数字图书馆、轻博客、漂流书、在线听书、沙龙社区等特色功能，推送个性化内容。新华e店则是数字版的新华书店，提供正版、主流、质优的数字图书下载服务，打造开放的数字内容平台。借助庞大的图书采购体系、优质的媒体推广资源，以及拥有多项专利的数字图书解决方案，新华e店和出版社一起完成了数字化进程，成为出版产业的数字化载体。不管这些传统出版商建立的阅读平台能否算得上是数字化的成功转型，重要的一点是，在互联网和移动APP已成为电子书盗版重灾区的今天，像哈珀柯林斯的数字仓库、中南出版传媒集团的Read365、新华出版的新华e店等这些由传统出版商自建的数字阅读平台，往往都能够保证为读者提供的每一本书都是经过授权的高质量正版，这也表明传统出版商在数字化转型的同时是十分重视版权保护的。

6.6.3 合作模式进入到数字阅读领域

对于大多数出版企业来讲，采取合作模式进入数字阅读领域将是一个最为便捷、成本较低的路径，主要包括与平台商、移动运营商以及国外出版商的合作。

（1）与平台运营商合作。时代出版在自建时代商城的架构之外，已在天猫、京东、亚马逊等主流电商平台开设旗舰店，并实现与微店分销渠道的深度合作。在各主流电商平台开设的图书旗舰店销售各类本版图书码洋近200万元，销售收入同比增长10倍以上。此外，时代商城还建立起初具规模的微信群和微博群等自媒体平台，不仅扩大了未来时代商城自营平台的影响力，更为以后的社群营销奠定了坚实的基础。

（2）与移动运营商合作。伴随移动互联的到来，移动阅读成为数字阅读中不可或缺的一部分。由于移动运营商拥有和掌握着海量的手机用户，移动阅读的读者群数量也极为庞大。面对手机移动阅读这块炙热的大蛋糕，一些受到数字浪潮冲击的传统出版机构如长江出版传媒集团、中国出版集团、新华出版社等，也相继涉足手机出版领域，与中国移动、中国电信、中国联通等三大手机阅读基地平台合作，进行跨媒体出版经营转型，利用自身的内容资源优势进行产业升级，推动双方共赢。

长江文艺出版社与中国移动手机阅读基地联合首发图书《雪冷血

热》时，手机阅读基地为此专门策划"读书"彩信周刊，特别推荐该书。1000万个移动阅读用户被覆盖，每天到手机阅读活动专区访问或留言的用户达数千人。在销售该书的纸质版本时，书中赠送的手机阅读点播方式书签，可让读者体验在碎片化的生活间隙里不间断阅读的多样化阅读方式。正是这种互动效应与规模效应，创造了该书纸质出版与数字出版共推共赢的新模式。时代出版2010年6月与浙江移动合作开发手机阅读业务，双方以公司提供的作品在手机阅读平台上产生的信息费为基础进行结算，对公司授予浙江移动的作品按信息费收入分成。在与移动运营商合作过程中，大多是出版企业将电子图书投放在移动手机阅读基地，参与分成，从而盈利。通过这种形式，有些图书电子版的收入远超纸质图书的销售收入。

（3）与国外出版商合作。与国外出版商在图书数字化以及阅读平台方面进行合作，利用他们的数字产品销售平台完成数字产品的输出。如北方传媒旗下的辽宁科技出版社与美国数字出版商Actrace合作，将该出版社出版的部分建筑设计类图书内容进行数字化转换，通过美国电子书销售平台进行销售推广，实现数字图书"走出去"，提高自身参与国际竞争的砝码。当然，这种走出去获取的利润需要和国外平台分成，但能够将内容快速打入国际市场，在国际市场树立一定的知名度。而与数字阅读平台的合作，也是不可少的一种进入数字阅读领域的方式。

6.6.4 开发有声书和数字阅读器，争夺终端市场

移动阅读的持续升温，使多样化的阅读终端成为越来越多数字阅读读者群的选择，阅读终端成为流行之势。传统出版企业在数字化发展过程中，应该对读者的阅读习惯和阅读倾向进行调查与分析，以开发移动阅读器为切入点进入阅读终端市场。

根据《2014年中国数字阅读用户行为研究报告》显示，2013年87.4%的数字阅读用户使用过手机作为阅读终端，81.2%的用户愿意为数字阅

读内容付费。整体来看，中国数字阅读服务普及率高，移动阅读成为主流阅读方式，用户对优质内容的付费意愿越来越强烈。根据艾瑞咨询第十三届调研数据显示，2013年超过85%的网民使用过数字阅读服务。阅读终端方面，55.8%的数字阅读用户最常使用手机阅读，手机是使用最多的阅读终端。其次为PC和平板电脑，分别占比为21.4%和12.6%，同时还有5.3%的用户使用电子阅读器阅读。从整体来看，移动设备是数字阅读用户主要使用的阅读终端，通过手机、PC、平板电脑和电子阅读器对内容资源进行阅读已经成为现在的主流阅读方式，"指尖上的阅读"深受人们青睐。

2010年5月，全球第一款由传统出版机构自主研发和设计的移动终端阅读器"辞海电纸悦读器"，成为众人关注的焦点。这款阅读器由上海世纪出版集团出品，内置《辞海》、泱泱巨著《中华文化通志》十典百志101卷，拥有上海世纪出版集团旗下27家图书编辑出版机构的图书资源，44种期刊、5种报纸的电子版，以及两岸三地众多华文出版集团正版图书资源共享，更可在线写作、发表、出版。同时，阅读器"辞海"还是全球第一本真正实现用手指直接触屏翻页、书写的电子阅读器。

可见，移动阅读市场发展潜力巨大。传统出版企业在多年的发展过程中，积累了大量的优质内容资源、资产及品牌价值，内容资源充沛，并且具有一定的品牌优势，可以利用自身的优势和外部机会，根据读者的阅读偏好和习惯，开发有声书和移动阅读终端，以便进入终端市场。比如，将原有的大量内容资源开发出原版电子书，小说可以开发成有声读物、手机图书、客户端版等产品，都能很快投入市场，并能产生利润。努力打造传统出版社的数字出版全产业链，主要是将传统出版社的内容、运营、渠道、用户整个链条连接起来，以此吸引更多用户资源，将传统出版社的品牌优势充分体现出来。

6.7 三大出版领域数字化发展重点

当前,传统出版单位已完成体制改革,为适应国家文化大发展、新闻出版业"十二五"发展目标的总体需求,自身已面临转型升级的迫切需求,尤其是当前社会对数字化文化出版内容需求的进一步扩展,传统出版单位对如何实施数字化发展的思考与实践已迫在眉睫。

虽然上有政策支持和项目扶持,下有生存压力和转型动力,整个数字出版产业的发展从统计数字上来看也是节节高升,一派红火景象,但是要问起出版单位的数字化之路走得怎么样,很多出版单位可能还在抱怨不知道转型该转向哪里、不知道该怎么转。用一些单位数字出版人的话说,就是"找不到最好的数字出版发展之路,看别人干这也挺好,干那也不错,轮到自己去干却是困难重重,干来干去也不知道干什么能真正盈利,能够长久发展"[1]。因此,出版企业数字化发展路径选择可在借鉴国外成功企业的经验的基础上,根据不同出版企业特征,找到自身的发展重点,并采取相应的发展模式。

根据《中国图书商报》创始人程三国先生对现代出版业的基本功能分类,可以划分为大众出版、专业出版和教育出版等三大类[2]。在数字化时代,三大出版的基本功能并没有发生根本的改变,但在载体形式、呈现方式、运营模式上都发生了深刻的变革。因此,我国传统出版业在数字化发展过程中,要在借鉴国外成功经验的基础上,结合我国以及企业自身的特点(详见表6-1)、资源及优势,寻求适合的数字化发展模式和侧重点(详见表6-2)。但是,对于国内的大型出版企业,由于组织

---

[1] 陈登. 传统出版单位数字化转型之路没有最好只有最适合[N]. 中国新闻出版广电报,2016-06-02.
[2] 程三国. 理解现代出版业[DB/OL]. http://www.chinalibs.net/ArticleInfo.aspx?id=307895,2016-09-20.

模式是集团化，包括不同的职能部门，子公司大多都有自己专门的出版业务，通常掌握着各类不同的资源，某一个商业模式也许无法满足这样的大型出版集团的发展以及多种产品的盈利要求，可以基于自身的情况和需求，考虑采取多种模式组合以满足企业业务发展的需要。

出版企业在数字化发展进程中，从产业链上游的数字内容提供商向中游的运营商靠近，这就大大增加了商业模式的多角度选择，也就是商业模式的组合。在整个企业各个部门之间，建立一种统一渠道的商业模式组合，可以达到资源共享，内容价值多次开发的目的。

表6-2　　　　　　　　　三大类出版企业的差异

	功能	出版物受众	需求特点	管理与发展特点
大众出版	娱乐、文化、消遣	普通读者	弹性、或然	肩负思想文化传播使命，对市场份额和盈利性有较高要求
专业出版	知识、信息	科学研究工作者、研究生等	一定的刚性	内容专业性要求较高，易于获取和使用
教育出版	知识传播	各层次、各年龄段的受教育人群，教师等	刚性、必然	对出版内容的正确性和出版载体的便捷性要求较高

表6-3　　　　　　　　三大出版领域数字化发展特点

	数字化进程	发展模式	数字化发展重点
大众出版	较慢	电子阅读平台模式	易得性、便捷性、同步性
专业出版	较快	资源定制模式	结构化、系统性
教育出版	一般	信息服务模式	互动性、结构化

6.7.1　专业出版——基于数据库的资源定制模式

在国家加大对数字出版公共平台建设的形势下，对于众多专业性出版社，特别是中小型专业性出版社，需要做的是不断优化现有数字出版资源并挖掘新的数字出版内容。

专业出版，即学术出版，满足人们的信息需求，提供相关知识，为人们的职业发展和提升服务，具有主题系列化、规范化的特点，内容与目标受众之间的匹配性很强。因此，专业出版数字化发展的一个重要方向，就是提供知识和信息服务，即以自身专业的知识内容和成体系的服务能力赢得市场和客户。目前，专业出版的客户群体较为明晰，出版产品内容的专业性与针对性更强，因此专业出版企业可采取以定制为特色的数据库模式。

专业期刊、图书的数据库服务形式应该说是当前国内外数字出版最为成熟的一种数字出版商业模式，国外的施普林格、约翰·威立、爱思唯尔和国内的同方知网、万方、维普等都是商业模式的代表性出版机构。

德国施普林格（Springer）出版集团是全球最大的科技出版集团之一，于1996年启动数字出版业务学术专业信息服务平台（SpringerLink）项目。目前，施普林格所有图书和期刊的内容都集成在这个服务平台上，实行收费下载，在SpringerLink上共有350万篇期刊文章或图书章节，分别来自1600多种期刊、1.65万种图书，涵盖13个学科领域。SpringerLink是对传统专业出版的极大创新，创新点主要有：（1）实现图书与期刊的无缝集成，并通过CrossRef的国际性组织，实现另外300多家出版商和图书馆的内容互连，形成规模集聚效应。（2）SpringerLink通过"在线优先出版（OnlineFirstTM）"的概念，架构了能够实现内容创造、加工、发布于一体的在线内容管理系统（SpAce）平台，契合了科研人员对于成果发表的领先性需求。（3）SpringerLink通过与谷歌的对接，为读者提供了各种灵活精准的使用工具，使得内容消费更加精准、高效。（4）平台中网络营销功能完备，支持RSS信息推送定向服务，为后续延伸服务功能打下基础。

美国专业出版集团约翰·威立（John Wiley）的在线服务平台

Interscience以及爱思唯尔（Elsevier）的数据库系统也都和斯普林格数据库（SpringerLink）有着异曲同工之妙，他们成功的原因无外乎两点：一是海量的优质内容资源，二是利用技术手段以满足读者个性化的潜在需求。

相比较，我国目前专业出版的内容资源不够集中，专业杂志更是分散在上千家科研院所、学校、出版社等。所以国内数据库在线领域真正占据统治地位的，并非传统的出版机构，而是科技公司，如清华同方、万方数据和重庆维普等。

然而，我国专业出版领域的传统出版企业经过几十年的从业积累，已经拥有了大量的出版内容资源，并且在各自的专业出版领域中整合了大量的作者资源，因此开展起数字出版业务，相比较其他两类出版社具有一定的行业基础。专业出版企业在信息、技术及人才本身就是最大的特色及品牌，因而可发展这种基于知识结构的定制出版模式，即要求出版企业依托自身优势，找准目标定位，明确客户需求，打造特点鲜明的品牌产品。近年来越来越多的出版企业瞄准了专业期刊与专业图书的市场，纷纷构建专业数据库。因为部分专业出版社作为出版企业的子公司、分部门，具有自己得天独厚的专业资源和销售网络，只是加以数字化技术的整合，形成专业知识与市场定制对应，就可以相对容易地完成数字化转型。

对于大多数出版企业来说，专业出版的资源定制模式具有着一定的发展优势，比之于数字运营商的内容购买和二次开发，出版企业内部的专业信息本身就是一块肥沃的田园，只是大多数出版企业在数字化发展之前都将其以直接售卖的方式，拱手让给他人。这种模式的弊端在于专业化的内容定制服务需要大量的、掌握技术和不同学科专业的人才队伍，也就是前期的投入会比较大，但是一旦有足够的资金进行投入，收益也是很快的。也就是说它的生产周期很长，盈利可观。

目前在我国专业出版领域实现数字化转型有突出表现的出版单位主

要有电子工业出版社、知识产权出版社等。另外，如人民卫生出版社从2014年起搭建人卫智慧数字综合服务平台，全面推动医学数字出版转型升级；地质出版社2015年成功研发了宇宙与生命进化科普系列数字出版产品，为专业出版企业数字化转型的商业模式建构提供了一条可以借鉴的路径。

6.7.2 教育出版——基于互动的数字信息服务模式

教育出版的主要功能是提供教育内容，满足人们对知识的需求。教育出版领域的数字化发展不仅仅是对静态教育出版内容根据知识点的整合与提升，还需要通过多媒体技术将传统教学中动态的教师职能涵盖。其中，突出教与学的互动性，并完成教学引导、效果评价等信息管理功能[①]。在教育数字出版领域，国外的培生集团和国内的高等教育出版社的商务模式已渐趋明朗，为教育数字出版的发展方向提供了很好的借鉴。

培生集团作为全球最大的教育出版商，在在线学习（E-learning）业务上已经取得快速增长。一方面，培生集团通过完全数字化的课程方案，为教师和学生提供了丰富多彩的视频教学，以及数字化的图书、课堂练习、测验等在线教育服务，并有效带动了传统教育出版的发展；另一方面，不断加强在线教育服务的互动与效果反馈功能，通过建立互动教育社区，连接教、学双方。

在我国国内，高等教育出版社通过创建形象化、多媒体、交流互动的各学科大型数字资源库为基础，以"学习卡"和"在线学习平台"为抓手，结合授权使用、版权保护和测定用量等技术手段，弥补课本的不足、拓展知识面、丰富学习内容，打造教育数字出版盈利新模式。因此，未来的教育数字出版应该是通过营造立体化的学习方式和网络化的教学环境，为读者提供集教育信息、教育资源和教育服务为一体的教学

---

① 任殿顺. 透视三大出版的数字化转型的本质[J]. 2011（2）：23-25.

综合解决方案。

教育出版的信息服务模式立足于受众的知识普及与职业培训，一方面，它的主题有一定的系统性和专业标准。教育的信息具有很强的针对性，受众阅读消费是必然的。另一方面，教育大计是一种国情，一直是中国家庭关注的大事，因此，要在教育出版信息服务模式上下功夫，满足教学相长的学习需求是教育出版企业的数字化发展的一个重要突破口，事实上，很多出版企业也是这样开始走上数字化之路的。但我国的教育系统具有很强的权威性，如果没有打算做长期的功课，想要跨过高高的准入门槛，达到盈利的目的，也是很艰难的。目前教育出版领域数字化的发展重点应该为以下几种模式：

（1）电子书包。

电子书包是教育电子产品的发展方向，作为一个组合产品主要有三方面的功能，包括具备读写功能的笔记本或者平板电脑的电子书包外形，提供数字化教育资源的内容资源库，还有通过数字资源对学生展开管理、实现家庭和学校交流的网络平台。电子书包作为数字化课堂的一种表现形式，有很多的成功案例，比如在新加坡学生的电子化教材教辅和互联网连接，可以实现全世界区域下学生的互动学习，这是全球性书包的外在表现的一种。教育出版数字化的发展是以电子书包作为终端模式的一种技术手段。当然，教辅图书数字化需要政策的支持，只有政府相关职能部门认为是时机将繁重的纸质教辅更换为轻便携带、海量内容便于存储的电子教科书的时候，作为教育系统分支机构的学校，才能真正推行所谓的电子书包。也就是说，电子书包的推行政治因素大于市场因素。

（2）网络教学平台。

教育出版数字化要从资源数字化发展入手，建设数字化资源数据库，进一步强化并完善网络和跨媒体平台的有效结合的出版。在这之前，我国高等教育出版社已经建立了"高等教育出版社立体化教学网"，这个平台有包括电子教材、网络课程和资源库等内容在内的立体化教学包。通过纸质书本的购买可以获得学习卡，凭借此卡登陆出版社立体化教材网使用网络学习资源。网络教学平台提供的完善的教学系统，能够强化基本教学活动，服务于学生、教师和家长。这种教学方式可以适当替代实体教学机构，现在有很多出版社都有这种平台的构建。教育出版商可以通过这类平台的建立，为受众提供多样化的服务，实现教育数字出版的发展突破。

（3）移动教材。

移动教材是教材教辅等教育资源在移动阅读器上的应用，主要有电子屏电子阅读器、平板、手机和教育电子产品这几种。作为移动阅读器主要的产品，电子屏电子阅读器、平板电脑、手机和教育电子产品都在教育出版数字化的过程中担负了很重要的职能。比如一些品牌的学习机和出版社同教育资源单位合作，实现教学资源同步，实现其教育网络授权。一般情况下教材内容上没有生产阅读器，其产业链上涉及的结构有很多，不容易整理融合，但这样的形式主要通过电子书分销模式得以实现。比如国外的 kindle 和 iPad 等主流阅读器和教材出版商的成功合作，就是比较具有借鉴意义的经验。

教育信息服务模式，是很多出版企业的数字化初期都会选择的一种商业模式，因为它的消费者市场广泛、需求必然，只要内容质量高，媒介模式恰当，一般具有很好的市场收益，并且数字化产品传播的效果非常明显，有利于出版企业形成品牌优势。它的弊端在于前期资金投入要求高，并且要求企业有良好的政策支持，一般适用于大型出版企业。就目前我国传统教育类出版社的总体发展状况来看，无论在财力还是人力方面，能够进行数字化发展相关探索的只有高等教育出版社、外研社等较大的出版社，而对于其他中小型教育出版社，可以采取分阶段、有步骤的方式一步一步进行。

6.7.3 大众出版——基于终端的电子阅读平台模式

在出版领域数字化的进程中,手持阅读器是最早提出的商业模式之一,与综合性出版网站和教育信息服务体系相比,电子书在经过一个爆发式的盈利之后便开始进入平稳的发展阶段,如果作为一个出版企业的商业模式,电子书从技术研发到市场销售所要投入的成本,可能会占据很大的投资比例,虽然占有大量优质内容资源的出版企业具有令人垂涎的优势,但是大量的投入与缓慢的收益,并不适合数字化初期的出版企业,因此,出版企业在这个商业模式的选择上,可以与其他电子设备终端商合作,以一种更为合理的方式售卖自己的内容资源,同时保留有内容出版品牌的自主权,在手持阅读器上推送自己的其他产品。

手机是除电子书之外的另一种手持阅读器,手机出版是采用移动增值服务模式。对于出版企业来说,手机出版的移动终端应用模式是目前比较适合采用的商业模式之一,因为我国的手机用户基数大,网络建设完备,并且手机出版的势不可当,手机阅读的受众在闲暇时间阅读手机书,随时随地阅读的便捷性,适应当今快节奏的工作和生活方式,而且收费问题盈利模式已经得到了很好的解决。

PC 机与手机通用的出版应用软件的开发,也属于这类商业模式。比如盛大文学旗下独立运营的数字化读书平台云中书城,开创性的将虚拟书店格式化经营的概念引入到自己的商业模式中,即授权出版方或签约作者独立开店售书,云中书城为作者提供信息的采编、定价、品牌推广、在线支付等服务作为价值交换。2012 年 1 月底,云中书城在 Android 客户端同类热门应用排行榜上一直稳居前三名。从出版企业数字化发展趋势来看,研发体验性强、内容专业的多媒体交互性网络或手机应用将会成为终端类商业模式制胜的关键。

第七章
全媒体时代我国传统出版业数字化实现策略

数字出版是我国文化产业发展最具战略性、前瞻性的选择，是我国由出版大国向出版强国目标迈进的必然手段，也是我国文化产业参与国际竞争的主战场和实现跨越发展的有效途径。随着数字化技术的快速发展，传统出版向数字出版的转型已成为我国出版产业发展的必然趋势。针对传统出版产业向数字化转型过程中出现的各种问题，我国政府和相关企业单位要积极借鉴国外的先进经验，加强对数字出版产业发展情况的研究，并通过积极有效的措施找准出版转型的方向，加快企业创新，从而为推动我国出版产业的良好转型与健康发展提供动力。

7.1 理清思路，充分认识数字化的关键点

传统出版企业数字化发展面临着巨大的障碍，但随着数字出版技术的快速发展，智能终端的普及，读者阅读模式的变化，出版企业的数字化转型升级已是大势所趋。目前我国大多数出版企业已经认识到了企业数字化转型升级的重要性和紧迫性，许多大型出版企业也已经开始探索本企业的数字化发展之路，积极推动传统出版的数字化转型。但是在具体的操作工作中，许多出版企业感觉仍然不知从何处下手。我们认为，

首先在行动之前必须理清思路，充分的理解和领悟传统出版企业数字化转型和发展的关键点，才能采取有效可行的方案和策略。对于传统出版企业数字化来说，思维模式是重点、内容资源是核心、技术标准是手段、版权保护是保障、政策支持是关键、模式创新是根本、人才培养是基础、融合理念是前提。

7.1.1 思维模式转变是数字化重点

全媒体时代传统出版要向数字化转型，首先需要将传统思维模式转变为互联网思维模式。互联网思维是一种新的思维模式，它是在移动互联网、大数据和云计算等新科技不断发展的背景下，对产品、用户、市场、营销等整个产业链乃至整个产业生态运用互联网技术进行重新审视的一种思维方式[①]。改变思想观念和商业理念，运用互联网思维改造传统出版，是出版业进一步发展的必由之路。互联网思维模式下的出版，从选题策划、发行销售到营销推广，从众筹出版、微店卖书到微博、微信营销，新的改变和新的方法让传统出版与市场的距离更近，盈利模式的改变也让出版的节奏和效率变得越来越快。

长期以来，传统出版一直处于信息链的上游，掌握着信息资源和传播渠道，专业的编辑按照自己的要求定期为读者提供产品，确定传播内容。互联网的发展使传统出版中的三个主体即作者、出版者、读者之间实现了更紧的联系，甚至是可逆的"消费需求——生产定制"的新的制作方式，它打破了传统出版单项的、高高在上的传播方式。作为出版者，应该感知这些变化，归纳这些需求，形成与用户的良性互动，从用户那里获得真正的需求输入，并根据需求整合内容资源，打造出相应的知识产品。

---

① 互联网思维激荡传统出版变革[EB/OL]．http：//www.ewen.com.cn/qikan/bkview.asp？bkid=258935&cid=771156．

形成以消费者为中心的服务理念，努力满足消费者的需求，实现利润的最大化，是出版企业一致的追求。传统出版企业在数字化转型中，一方面要以"读者"为中心，对出版产品的表现形态、传播途径、个性化服务等都要实施"读者需求服务"的深度研究，与竞争企业形成差异化服务，才能获得更多读者的青睐；另一方面，还要不断充实增值服务的内容，创新增长服务的方式，提升读者的感知价值。增值服务提供的主要目的是让客户得到最大程度的满意。全媒体时代，出版企业的客户不仅包括作者、平台商、读者，还包括技术提供商、电信运用商等。因此，出版企业要了解各方客户的不同需求，一方面通过提供高质量的服务取得竞争优势；另一方面要为客户提供专业化、个性化的服务，根据客户反馈，对需要改进的产品或服务及时、准确地给予解决方案，才能在满足客户需求的基础上使企业获得更好的发展。

7.1.2 内容资源是数字化的核心

出版业属内容产业范畴，内容资源是出版产业赖以生存和发展的核心要素[①]。数字出版业务的发展，离不开优质的数字内容产品。没有优质的内容作支撑，数字出版将成为无源之水、无本之木。因此，海量内容是数字化的基础。

我国的出版企业大多经历了漫长的发展历史，积累了大量的内容资源，出版企业发展数字化的优势之一就是内容资源的丰富和便利。而内容采集、开发、管理和再利用的水平成为衡量出版企业竞争力的重要指标，谁先占领了内容资源的制高点并形成知名品牌，谁就形成了自己的核心竞争力。因此，传统出版机构要利用在内容资源方面的独特优势，对内容资源进行全方位、深层次、有针对性的整合、开发和利用，加速存量出版资源的数字化，打造优质的数字出版内容产品。出版企业还要

---

① 方卿，王清越. 关于数字出版模式的思考［J］. 中国出版，2011（9）上：35-37.

通过整合报纸、期刊、图书、音像制品、电子出版物、数字出版业务和出版、印刷复制、发行等资源，加快推动传统出版与数字出版的深度融合与良性互动，形成覆盖互联网、移动互联网以及各种新型传播平台的数字出版产品体系，实现全媒体、全产业链发展。

7.1.3 版权保护是数字化健康发展的保障

进入数字出版时代，数字版权（信息网络传播权）作为一种新型的著作权形态应运而生。数字版权保护技术就是对各类数字内容的知识产权进行保护的一系列软硬件技术，用以保证数字内容在整个生命周期内的合法使用，平衡数字内容价值链中各个角色的利益和需求，促进整个数字化市场的发展和信息的传播。具体来说，包括对数字资产各种形式的使用进行描述、识别、交易、保护、监控和跟踪等各个过程。数字版权保护技术贯穿数字内容从产生到分发、从销售到使用的整个内容流通过程，涉及整个数字内容价值链。因此，建立健全科学明晰、管用有效的数字版权保护体系，对于推进文化与科技融合、加快国家创新体系建设、激发民族创造活力、更好保障群众文化权益具有重大意义。

数字出版物具有搜索即使用、点击即阅读、下载即复制的特点，极易大规模地复制、传播和盗版，加之我国适用于数字出版的法律法规明显滞后，造成网络未经授权使用他人作品、网站之间未经许可转发和盗用、搜索引擎未经网站许可无偿链接等问题层出不穷，使著作权人的合法权利难以得到有效保障。传统出版社为规避侵权行为、防范经营风险，对投资数字出版业心存忧虑，对推动传统出版业数字化转型动力不足。所以，完善数字版权保护体系是传统出版企业数字化健康、持续发展的前提保障。

7.1.4 技术及标准完善是数字化的实施手段

数字出版技术的研发和应用以及相关标准的完善才能保证数字化的

成功，加快相关技术研发和应用及标准的完善是成功实施数字化的有效手段。

数字出版技术主要包括资源数字化加工、内容资源整合管理、数字化编辑、产品发布运营等技术。目前国内出版企业在这四个方面的某一或某几个方面都已经有了相关的转型措施，从纸质资源的加工到数字内容整合管理、编辑加工实现数字化再到数字产品的独立发布和运营，这是一条完整的业务流程，也是数字出版区别于传统出版最重要的特点之一。出版企业只有在这四个方面同步转型升级，实现完整的数字出版业务流程构建，才能发挥数字出版相对于传统出版的优势。总体看，目前国内技术开发商的平台系统开发技术比较薄弱，如有的系统功能单一，有的资源库开发简单，有的系统相互封闭。

数字出版相关标准主要包括内容标准、格式标准、技术标准、产品标准、输出标准以及平台建设标准等。在标准化体系建设方面，仍然存在着内容不规范、标准不统一、格式转换不兼容的问题。另外，出版企业整体上缺乏对标准的重视也是目前一个比较严重的现象，版业的主管部门近年来依托出版、发行、印刷、信息、版权等5个标准化技术委员会，正逐步改善数字出版标准不统一的状况，但出版企业不重视标准对于数字化转型升级工作重要的指导作用也是转型升级工作陷入发展瓶颈的原因之一。国家应当进一步加快和完善数字出版标准化建设（内容标准、格式标准、技术标准、产品标准、输出标准以及平台建设标准），尽快统一规划、统一标准。

7.1.5 商业模式创新是数字化转型的根本

商业模式即盈利模式，是指企业价值创造的基本逻辑，即企业在一定的价值链或价值网络中如何向客户提供产品和服务，并获取利润的。商业模式概念的核心是价值创造。在我国数字出版单位的科技期刊数据库、文学原创平台、网络游戏处于盈利状态，但多数数字出版商的盈利数量甚少，尤其是传统出版单位，盈利情况不容乐观。而以上的三类盈利单位也多为广告收入，自身探索出的产业链条也不够完善。随着数字化的发展，盈利模式也将直接制约我国数字出版业的发展前途。传统出版企业只依靠停留在与数字出版商签订数字协议，或将传统出版物简单上传，对自身资源的过度垄断，必将难以维持持久发展，而技术提供商如果将自身的技术过度垄断，无法和传统出版进行交流和合作，这些都成为制约建立一条完整数字产业链协调发展的主要原因。因此，商业模式创新是我国传统出版业数字化转型的根本，是企业生存和发展的关键，也是关系我国传统出版企业数字化健康发展的关键因素。

7.1.6 复合型人才培养是数字化发展的基础

全媒时代对出版人才提出了更高要求，需要那些既对传统出版流程熟悉又能进行数字出版技术操作的人才，也就是我们所说的复合型人才。复合型人才是数字出版业发展的关键，谁掌握了最新的核心技术和人才，谁就掌握了未来。数字出版技术的运用给出版业带来了诸多机遇，同时也带来了巨大的挑战和激烈的竞争。在全媒时代，出版业需要的不仅仅是传统意义上了解和熟悉出版流程的工作者，更需要的是能够适应数字化环境，掌握全面的网络知识和一定的创新素质的人才。同时数字出版技术的广泛应用使得出版流程与管理方式都发生了重大的变化，使数字出版方面的研发、营销、管理人才也很奇缺，这更突显出对新型复合型出版人才的急切需求。

数字出版的核心竞争力是技术创新和管理能力，而提升技术创新能力和管理能力的关键是人才。所以，人才是传统出版企业数字化转型和发展的前提条件。数字出版技术的创新，数字出版产品的发布推广，数字出版市场的开拓，都是建立在出版企业数字出版人才的基础上的，否则传统出版企业就失去了数字化转型升级的未来。数字出版队伍的建设，关系数字出版业务的顺利开展，关系到数字出版产生应有的效益，关系到两种出版业态格局的重整与融合，进而最终关系到传统出版企业转型升级的成败。

7.1.7　媒介融合理念是数字化前提

理念是支撑人类创造发展前行的核心动力与方向指南。无论是宏观至国家还是微观至个人，理念的高远清晰，直接影响乃至决定结果的强弱成败[1]。媒介融合打破了原本相对独立的媒介类型划分，形成了面向特需受众、面向立体传播而非面向媒介自身的新格局，网络传播、大众传播、人际传播在这个过程中实现了重新定位与高度融合。在媒介加速融合的全媒体时代，虽然大多数传统出版企业日益意识到向数字化转型的迫切性，并且也积极实践，但是我国传统出版业的数字化进程依然缓慢，仍处在初级阶段，主要原因是对数字化出版是什么仍然缺乏正确的理解。因此，树立正确的媒介融合观念、大力发展全媒体出版迫在眉睫。

数字化并不等同于仅仅将内容原封不动地搬到网络上，还需要继续创新，给读者提供不一样的内容服务。纸质内容和数字内容可以互补，服务可以互补，使读者产生不一样的阅读体验。另外，要充分借助传播过程中的反馈环节，增强互动。在纸质产品出版之前，甚至在选题阶段，就可以将设想产品的简介与部分内容放在互联网上，引发讨论，了解读者的反应与需求，确定目标市场的需求，再决定出版数量与制定相应的价格、营销、销售策略。出版之后，为满足读者的多样化和个性化需求，可通过网络，包括各种阅读终端，发布其电子版本，扩大其影响力，鼓励潜在消费者购买，发挥线上和线下合力作用。这些都是传统出版业与数字出版的良好融合趋势，如果运用得当，二者定会相互促进，形成良好循环。

---

[1] 俞虹.媒介融合：从狼来了到与狼共舞［N］.光明日报，2013-03-24.

树立全媒体出版理念。全媒体出版指的是出版社一方面以传统方式出版纸质图书，另一方面以互联网、手机、电子阅读器为平台出版数字图书，进行跨媒介的融合，实现多元化、个性化与数字化。全媒体出版不再是将传统出版与数字出版对立起来，而是将二者充分融合起来，发挥各方优势。它将单一的出版模式扩大到了集书、网络、手机、电脑等多种媒体的优势于一体，其中参与者不仅包括出版商，还包括技术运营商、内容运营商以及中国移动、电信、联通等，多方参与实现资源的优化配置，拓宽了出版渠道，带来了多种资本的进入与融合，打通了数字出版产业链条，满足读者的阅读需求与内容需求。

7.2 传统出版企业数字化发展相关措施和对策

充分理解传统出版企业数字化转型和发展的关键，可以使企业在理念上高度重视企业的数字化发展，并制定相应的战略目标和发展规划。但是，理念上的重视最终还需行动上的配合，这样才能保证数字化取得有效的进展。在此我们将进一步探讨全媒体时代传统出版企业实现数字化发展的具体措施和策略。

7.7.1 加大内容资源数字化建设与开发

目前，传统出版企业在内容资源的数字化建设与开发方面要着力于编辑流程、内容及数据挖掘等方面。

（1）现有内容资源数字化及管理。

传统出版企业历史悠久，积累了丰富的内容资源以及图书编辑加工、出版发行中的经验，在数字化过程中需要做的就是将内容资源与适合的技术相融合，从而创造出新的产业价值。内容数字化指将传统的出版内容资源进行重新加工与编辑等一系列工序后，形成数字化内容。内

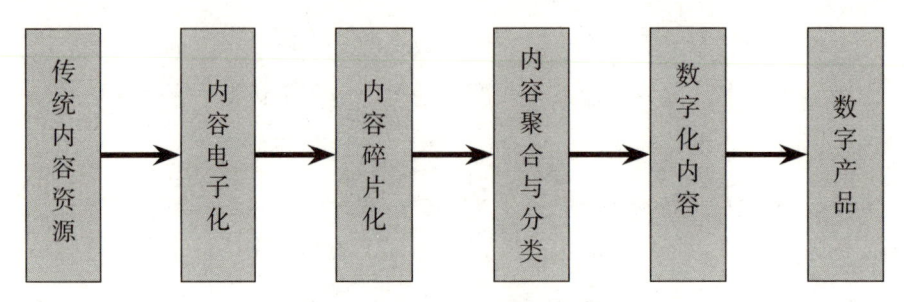

传统内容资源 → 内容电子化 → 内容碎片化 → 内容聚合与分类 → 数字化内容 → 数字产品

图7-1 内容数字化管理流程图

容的数字化开发是一个系统工程,基本流程如图7-1所示。内容电子化阶段,即借助某类软件工具将文字、声音、图片、影像等内容资源按统一的标准进行电子化转档。转档后的电子化内容紧接着应开始碎片化与分类标引,即对内容资源进行重新创建、采集、加工、分类等,使各种元数据间建立关联关系。内容聚合与分类是指通过知识体系、结构、主题、关键词和相关性等对已分类标引的内容进行分类组合。经过这一系列工序后形成的数字化内容,才能整合成新的数字产品。

开发数字化内容不仅需要借助一定的软件,更重要的是要能结合内容特征、用户需求与终端传播进行前瞻性地聚合和分类,从而与市场需求同步。为完成以资源为核心的传统出版流程数字化改造,传统出版内容必须从稿件的接收、审校、加工、排版等环节进行数字化管理,目的就是为了所有资源都有统一的、原始的电子文档,统一排版格式,以方便这些内容资源能够与不同形态的出版介质对接。

(2)对内容资源进行深度加工。

数字出版内容资源具有原创性强、受众量大、方便快捷、互动性强等特点,因此在完成已有内容数字化之后,还需对内容资源进行深度加工和开发。随着数字出版技术的应用,数字出版产品形式层出不穷。目前有电子书、网络学习平台、工具书在线、手机阅读、手持阅读器、按需出版等多种形态。不管是哪种产品形式,其根本依然还是数字化的内容资源。因此无论是传统出版资源还是数字出版资源,对内容进行深度加工是必然要求。只有对相应的内容资源进行深度加工，才能够发挥计算机和网络技术的优势，满足消费者灵活便捷获取信息的要求。对出版企业来说，全媒体时代依然"内容为王"，谁具有对内容资源的集约综合能力，谁就把握了数字出版的主导权和市场控制权[①]。

对内容和数据挖掘既可以是对出版企业数字化的内容进行深度挖掘，也可以是对从这些内容中提取的一些数据进行二次或多次的开发利用，这些数据包括受众数据、销售数据等。这是数字出版区别于传统出版的重要特征，内容资源的利用将不再是一次性的，而将是多次、多形式和多组合的。这些新的产品有机会为出版社带来新的理念和业务渠道。

另外，从出版产业链整合的角度出发，明确企业的定位，在此基础上对内容资源进行加工和生产，通过业务流程的重组和出版流程的再造，转变为产业链中的核心企业，在发展中不断积累海量优质内容，构建出版企业通用的内容资源管理平台，避免重复开发，实现内容资源的优化配置，从而构建兼顾各方利益的可持续发展的内容运营模式，是出版企业内容资源得到深度开发和利用的有效途径，也是出版企业数字化发展的捷径。

（3）优势资源深度开发。

互联网的发展给数字出版产业带来的重要变化就是内容创造和交易成本的降低以及信息的充分公开。因此传统的单纯依靠信息资源的不对称而形成的优势不再明显，并且逐渐向满足特定人群需求，降低受众信息获取成本的个性化服务转变。因此，建设整合的、个性化资源平台，帮助读者正确高效地获取海量信息资源成为出版企业的生存之道。而资源平台的建设，出版企业需要选择适合自身规模和专业领域的模式，充分了解目标市场，确定投入产出比例，切不可盲目为之。

---

① 左文.文化全球视野下的中国数字出版业[M].北京：清华大学出版社，2012.

7.2.2　打造数字化发展的良好生态环境

传统出版企业数字化发展需要一个健康、良好的生态环境。为此，政府部门和出版企业要做好以下几个方面的工作：一是完善数字版权保护机制；二是健全数字出版标准和法规体系；三是理顺数字出版管理体制。

（1）完善数字版权保护机制。

版权是一个传统出版单位的命脉所在。随着数字化出版的出现和迅猛发展，数字版权已成为困扰传统出版商的主要难题。据互联网公开数据显示，市场上的数字出版，其中仅有4.3%的内容是真正拥有版权的。这就使得众多传统出版商在数字化转型的探索中望而却步，在将其内容资源数字化的过程中格外谨慎，甚至犹豫不决。互联网传播技术的广泛应用使数字信息的复制极为方便，但同时也给传统版权保护带来了极大的冲击。大量的数字出版产品未经作者许可被复制和传播，严重侵害了原创作者的合法权益。这些侵权行为不仅给出版社带来了压力，也侵犯了作者的合法权利，严重影响着数字出版的发展，完善数字版权的保护机制成为亟待解决的重要问题。

首先，要完善著作权授权集体管理制度。数字环境下的版权授权一直存在很多纠纷，就在于数字出版没有明确的统一的授权标准，造成数字出版版权纠纷时有发生，而且很多大型网站或单位都有牵涉进来。比较引人关注的有龙源期刊网侵权案、大众点评网诉艾邦网（化名）案、"番茄花园"侵权案等。随着互联网原创作品的海量激增，数字环境下"一对一"的数字版权授予模式是不可能实现的。网络传播速度快、覆盖范围广、复制和传播成本低以及海量的作品和庞大的作者队伍给数字版权的授权带来了很大困难，因此实行著作权集体管理成为许多数字出版单位迫不及待的要求。著作权集体管理组织在国外已经有200多年历史，我国也在2008年成立了中国文字著作权协会，这一管理组织能改变单一著作人的不平等和弱势地位，有效推动作品的传播；能帮助广大著作权人维护自身合法权益；能帮助使用者处理海量作品的授权，为产业界服务；还能降低交易成本，提高作品传播效率、速度和广度。2009年底谷歌数字图书馆未经授权就收录了数百位中国著作权人的上万部图书，中国文字著作权协会号召中国作家联合起来向谷歌维权。2010年中国文字著作权协会参与调查之后，作为著作权人代表与谷歌总部进行了多次交涉。

其次，加大数字版权的司法保护力度。虽然我国数字版权保护方面的法律法规还在不断完善，但是由于网络的多种可能性，还有很多法律漏洞亟须解决。我国针对数字出版的法律法规迄今为止只有两部：一部是新闻出版总署在2000年颁布的国务院《互联网信息服务管理办法》；另一部是2002年新闻出版总署和国家信息产业部共同制定的《互联网出版管理暂行规定》。这两部法律在数字技术飞速发展的今天已经不能满足数字出版行业的快速发展需求，因此加快数字出版行业立法和司法保护是十分迫切的。

再次，加强数字版权保护技术的研究。互联网的广泛性和传播的快速性，使得许多数字产品在互联网上被广泛地复制和传播，给数字出版企业和作者都带来了损失，因此对数字版权保护技术的研究有利于数字产品的传播。国家可以引进一些先进的技术手段，更好地实现数字版权保护，如数字加密、数字解码和数字授权技术等。数字出版单位也可以利用技术措施对自己的数字版权进行保护和防范。

最后，加大侵权的预防与惩罚力度。为了更好地保护数字出版版权，必须加大侵权的惩罚力度。一方面，需要政府从审查的角度入手，对数字出版的相关资质进行严格的审查，避免出现鱼龙混杂的情况出现。与此同时，对缺乏资质的传播平台给予严重的打击。另一方面，政府要加大对侵权行为的处罚力度，一旦发生侵权，法院可以根据《著作权法》给予高额罚金处罚，以此来防止数字出版商和运营商的侥幸心理。加大侵权成本会使他们知难而退,从而达到减少侵权案例发生的目的。

(2)健全数字出版标准和法规体系。

随着我国数字出版产业不断的深入发展,数字出版行业对于数字出版标准化的需求越来越迫切,数字出版的标准化问题也受到越来越多的企业关注。国家新闻出版广电总局已经把数字出版管理标准作为四大工程中首要解决的问题。但是我国的数字出版还未得到充分发展,对标准的提案也未进行充分的研究和论证,所以目前还不能盲目确定标准,否则会导致标准定位不准而缺乏严谨性。行业标准的制定一定要符合市场和社会经济的发展需求,国家新闻出版广电总局也在新修订的《新闻出版行业标准管理办法》中明确提出,标准的立项必须经过专家的论证。传统出版单位作为内容提供商,在数字出版链条中居于重要地位,标准的确立需要传统出版单位参与其中,才能提高传统出版单位在产业链当中的地位,在发展数字出版中占据优势。

数字出版管理标准的制定在市场经济条件下必须充分重视市场运作规律,围绕市场最高的呼声和社会关注的热点来制定标准,只有重视市场运作规律,满足客户的需求,才能满足数字出版发展的需求。数字出版标准的制定需要大量的软件和硬件设备作为支撑,而且需要众多的出版专家和信息技术人才参与其中,共同协商制定,所以在制定标准过程中就需要大量项目经费。如果经费不能满足制定标准的需求,就容易导致调研不准确,缺乏事实依据、制定不合理等多种问题。所以,一方面政府要加大对标准经费的支持力度,另一方面争取一些企业在保证制定标准公平性的基础上,投入资金支持行业统一标准的制定,保证制定的标准能够使产业链上的各个环节都利益均衡。

现阶段数字出版各领域均严重缺乏统一的标准和法律规范。制定法规必须通过一定的立法程序,过程严格而复杂,所以需要经历很长一段时间;而标准的制定相对较快,在协商一致的基础上达成共识,并能更及时地反映技术的更新和市场新的需求即可。数字出版标准化建设的总体思路仍然延续传统的出版产业标准化进程来实施，并适当整合先进的数字管理技术加以支撑，以此来维护数字出版市场的有序运行，提升其在我国经济中的总产值。因此，标准化组织和立法机构应该充分沟通，共同了解和探讨标准制定的有关内容和立法所需解决的技术问题，在此基础上分别制定相应的标准和法规，实现对数字出版领域宏观的指导与规范。

除大型出版集团可根据自身数字化升级需求，研制符合本企业的数字出版标准外，大部分出版企业还需依赖国家级专业技术研发力量。作为数字出版产业发展的保障体系之一，国家政府部门应该积极推进这方面的工作。其实，2014年我国数字出版标准体系建设进入新阶段，全国出版信息标准化技术委员会升格为国家级标委会，数字出版标准化领域正式形成由全国新闻出版标准化技术委员会、全国出版物发行技术委员会、全国印刷标准化技术委员会、全国版权标准化技术委员会、全国出版信息标准化技术委员会等五家国家级的专业技术委员会构成，完整覆盖数字出版产品制作、印刷、发行、版权全流程的数字出版标准化专业运作机构体系。这些机构设立对我国数字出版标准化建设将是一个极大的推动。

（3）理顺数字出版管理体制。

相对数字出版产业的高速发展，我国对数字出版行业的监督管理相对滞后。数字出版作为一个朝阳产业，蕴藏着巨大的经济潜力，需要从整个国家战略的高度推进数字出版产业的发展。制定科学合理的准入和退出机制，做好数字出版产业发展规划、运用产业政策来引导和调控数字出版产业的发展方向，保证数字出版产业健康有序地发展。

为加快我国数字出版产业的健康快速发展，还需要积极建立完善的数字出版管理体系，以确保数字出版产业发展的规范化与合理化。由于当前我国的数字出版产业发展还不成熟，其管理体系标准的制定还未得到充分的论证与研究，因此在进行当前的数字出版产业标准化管理体系制定时要避免盲目性，确保其标准的制定要符合我国社会经济和市场的发展需求，且在立项后要经过相关专家的论证。如作为数字出版产业的内容提供商，我国的传统出版单位在数字出版的产业链条中占有十分重要的地位，在制定标准化的数字出版管理体系时，只有加强传统出版单位的参与，才能更好地发挥其在出版产业转型中的优势作用，从而提高其在产业链中的核心地位。同时，数字出版管理标准的制定还要充分发挥市场运作的作用，加强数字硬件和软件设备的创新，加大资金投入，从而有效地推动我国数字出版产业的健康有序发展。

7.2.3 创新商业模式，满足客户需求

传统出版业的数字化转型，首先是出版企业商业模式的转变。数字时代，出版企业的商业模式与传统出版商业模式及盈利模式（主要是靠纸质图书发行收入）有着本质的区别。数字出版要求出版企业根据客户（用户）需求的变化创新商业模式，比如按需印刷。得用户者得天下，转型升级也好，融合发展也罢，最关键的是集聚用户。无论是新媒体，还是传统媒体，任何出版企业的核心都是用户运营。对于传统出版企业来说，目前最重要的工作就是聚集用户，建立以用户为中心的运营模式。另外，基于媒介信息资源共享，不同媒体间优质内容资源的共同开发，需要出版企业与其他媒体（如电视台、杂志社、网站等）积极联手，合作共赢，由此诞生全媒体出版这一新的商业模式。与互联网企业相比，传统出版企业及相关媒体并非一无所有、从零开始，而是拥有巨大的受众（读者、听众、观众、订户）存量，且在内容、品牌等方面，具有巨大优势，一旦将受众转化为客户（用户），将释放出巨大的生产力。

互联网的发展使读者对信息内容的消费日趋数字化和个性化，与此相对应，分众化和碎片化逐渐成为用户需求的主要趋势，读者关注的不

仅仅是简单的信息获取，而是如何从复杂的信息环境当中吸取解决问题的信息内容，并将这些信息动态重组为相应的解决方案。因此，移动互联网时代更加注重客户的个性化需求，泛信息化内容已逐渐失去市场，定制化的内容和产品更加受到用户青睐。定制化不是通过订阅或根据用户属性简单分析，而是针对用户需求进行更为深入的挖掘，实现从内容到服务的私人定制，大数据运用将成为出版企业内容与产品创新的重要支撑力与竞争力。同时，人们对数字出版产品体验的需求日益旺盛与多元，将推进出版企业的不断创新，为适应数字出版形态演变，将涌现更多的商业模式。如数字出版产品社区化，未来或将出现"信息+服务+社区"的数字出版产品生态链。

出版企业商业模式的选择可根据不同出版企业特征采取不同方式。如教育出版的客户群体较为明晰，出版产品内容的专业性与针对性更强，因此教育出版企业可采取以大规模定制为特色的商业模式。专业出版企业的信息、技术及人才本身就是最大的特色及品牌，因而可采取基于专业出版的定制模式，即要求出版企业依托自身优势，找准目标定位，明确客户需求，打造特点鲜明的品牌产品。

7.2.4 加大人才培养力度，优化产业人才结构

出版业数字化转型初期，同其他新兴产业一样面临着人才的问题。一方面现有的人员难以快速过渡到数字化的出版氛围中，难以创造价值；另一方面，高校培养的数字化复合型人才难以填满发展的需求。可以说，国内传统企业对数字出版的复合型人才是忽略的，这不仅仅源于传统出版对人才理念的禁锢，同时也是对数字化发展的踌躇不前。出版企业要想更好地推进数字化发展，人才问题必须上升到一个战略高度。

（1）更新人才培养理念。任何一个行业的发展都离不开高素质的专业人才，数字出版行业的发展对人才提出了更高的要求。为了顺应新

形势，培养出版人才的理念必须要革新，加快培养一批业务能力强，既要懂得出版又会运用数字技术的高素质人才，以适应媒介融合发展大潮对人才的需求。美国在培养出版人才方面有很多可供借鉴之处。美国的出版社都会为员工提供优惠的培训学习机会，出版社会在员工参与培训学习并获得结业证书后给员工报销学费。美国哥伦比亚大学等高校都设有专门培养出版人才的专业和培训出版业务的机构。另外，纽约佩斯大学、斯坦福大学、纽约大学出版中心等已经形成了较为完善的出版人才培训体系和浓厚的出版研究学术范围，每年都会向美国输出大批数字出版人才，世界各地的年轻学子和出版人才也纷纷来到这些高校深造。因此，出版企业要制订新的人才培养方案，建立起新的人才培养理念。

（2）政府牵头建立一些数字出版产学研基地。产学研基地是科研、教育、生产不同社会分工在功能与资源优势上的协同与集成化。建设数字出版产学研基地，一方面可以加强高校对人才的培养，进而发挥其人才与科研的优势；另一方面可以利用出版企业的技术与资源优势，辅助人才的培养，真正做到理论与实践相结合，培养出版企业需要的高素质复合型人才。2013年1月在北京举行的"出版产学研共建高端论坛"上主要讨论的问题就是通过产学研基地的建设与科技创新，促进出版业的发展。这都说明出版业愈来愈重视科技与资源优化配置，打造一批既懂出版又懂技术的复合型数字出版人才。

（3）高校加大数字出版专业人才培养。为了增强实践能力，配备先进的教学技术设备也是不可忽视的。传统的出版教育属于纯文科类，因此有很多高校在进行培养的时候忽视了技术设备的必要性。但是，新时代对于人才要求的增高促使出版教育必须重视实践性，建设图书编辑实验室，配备电子编排系统等设备，这些投入都是必不可少的。在出版教育方面，师资队伍也是关键所在。良好的师资队伍才可以成功培养复合型人才，因此这些教师需要具备扎实的基础知识以及跨学科专业背景，了解未来出版发展走向。此外，邀请一些国内外知名出版人可以为出版教育注入新鲜血液。

（4）引进国内外优秀数字出版人才。人才是数字出版业发展的关键，可以说，出版商之间的竞争在很大程度上也取决于优秀人才的竞争。不可否认的是，国际上很多出版集团的数字出版要比我们先进很多，一个重要的原因就是他们拥有大批的优秀人才并且重视人才的培养。制约我国数字出版的因素之一就是人才的匮乏，在培养人才的速度跟不上数字出版发展的速度的时候，积极引进国内外优秀出版人才是解决人才缺口的有效措施。一方面，出版企业可以招聘社会上精通数字出版的精英，补充自己的人才队伍；另一方面，出版企业可以和一些国内外数字技术企业与数字出版企业合作，加强交流与沟通，组织人员赴海外学习先进的数字技术与先进的理念，共同进步。吸引人才的前提是改善自身的用人环境，重视人才，创新人才工作机制与人才选拔使用机制。

（5）企业有关部门要重视对员工的数字出版业务及法律法规方面的培训，有针对性地提高其业务水平，努力培养一批业务精、视野宽的复合型数字出版专业人才。而且要有长远的眼光，站在战略的高度，做好数字出版人才队伍建设工作。加强培训，与时俱进。数字技术日新月异，即便是掌握技术的人员也需要不断学习，更新知识，才可以跟得上时代的要求。因此，加强学习是十分必要的。如组织编辑学习数字出版的相关流程、相关经营管理知识，使传统的编辑人员不仅具备文字处理能力，还具有新媒体运用能力、信息数字化加工能力等，在不断学习中充实自己的知识储备，以满足数字化时代出版人才的多样化需求。加强培训的同时要注意有的放矢，针对不同的领域与内容制订不同的培养计划。

7.2.5　采取多样化的营销模式

随着互联网的快速发展以及数字化浪潮的推进，出版物市场竞争更加激烈。在未来很长一段时期，出版企业将面临传统出版物与数字出版物两种业态共存的局面。因此，出版企业需要对比较成熟的传统营销渠道不断创新，另外还要积极开拓网络营销渠道。全媒时代出版企业的成功在一定程度上依赖于企业的有效的营销方式。因此，传统出版企业应该坚持线上（online）与线下（offline）有机结合与无缝对接的立体化、互动盈利模式，采取"实体经销商+电子商务平台+移动终端应用"最终实现产品营销一体化，通过打造企业门户网站、自建数字内容平台、与第三方电商平台合作、利用社会化媒体以及手机营销等多元化的营销方式，满足读者个性化需求，做到精准营销，实现产品的市场价值。

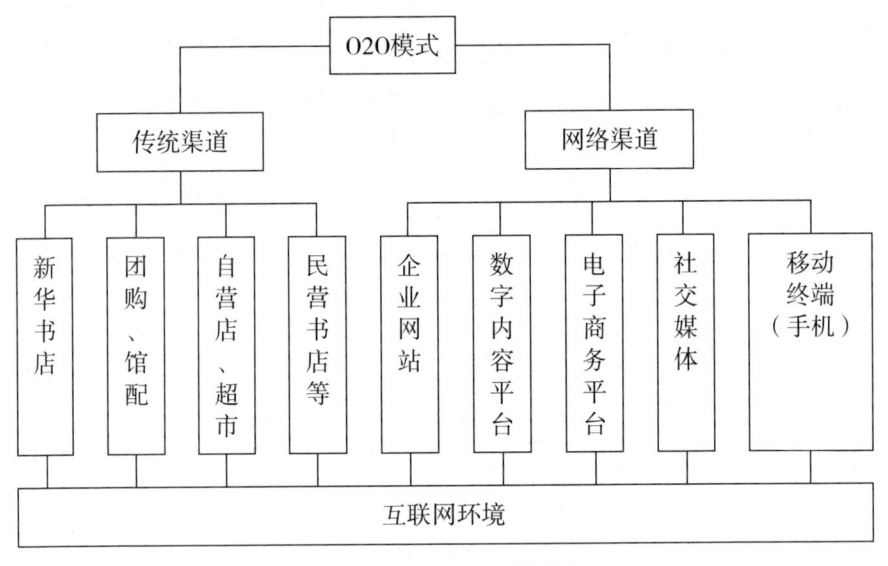

图7-2　O2O立体化营销模式

（1）企业官方网站。

结合出版优势资源建设一个综合性的出版门户网站，这样一个网站不仅仅是企业对外张贴告示的地方，也不仅仅是一个图书产品贩卖机，而应该是一个具有增值服务、体现独家资源、助力品牌推广、宣传企业文化、响应企业活动的平台，要建立这样一个网站不是几个人搭个架子，再安排几个人日常维护一下就可以运营的，它需要的是一整套的管理更新机制及内容服务的运维，需要企业各个部分信息的不断充实。依靠优质服务吸引更多不同类型的受众来访问和使用，例如出版企业的网站可以将用户细分，了解用户需求，以便生产出相关书籍的展示窗口。这种深度营销的方式可以提高用户对于出版社网站服务的满意度和依赖程度，增加人气。另外，加强网站的交易功能，根据用户的需求，拆分图书内容，重新组合成新的形式，更准确地把用户需要的东西及时提供出来，销售给用户，提高网站个性化服务的水平与质量，这种形式很适合专业社，他们的受众面小，涉及的面又广，按需提供可以节省资源。

（2）出版商自建数字内容平台。

出版商直接在自己的平台上供应内容，并进行直销，包括跟主要图书馆联盟谈判。像励德·爱思唯尔、斯普林格这些大型的国际出版集团，都有自己的平台。比如励德·爱思唯尔既有专门供应法律读物市场的LexisNexis，也有聚合科学期刊的ScienceDirect平台，这些包括期刊、图书、文献在内的大型数字内容平台，让出版商直接供应市场。在这些平台的支撑下，任何希望销售其内容的渠道，都需要借助出版商的平台，并付出一定的佣金费用，而出版商始终控制着对内容的交易和使用获取过程。这种方式让出版商有对市场和内容的完全主控权。但在这种模式需要巨大的成本，而且需要建立在出版商对于受众市场需求的充分了解上。这种方式比较适合大型出版集团。从数字内容市场开始发展的时候，就建立了自己的数字内容平台，并逐渐完善平台的各项功能。他们可以对用户在平台上的使用习惯进行跟踪和分析，把握市场的变化，并通过分析，制定自己的内容战略方向，实现市场、用户、内容的信息互动，从而让这三者之间形成良性循环。

(3) 与第三方平台合作。

第三方平台通常是由技术公司演化而来。他们通过给图书馆搭建数字图书馆的使用管理平台,逐渐建立了自己直达图书馆的销售网络,同时通过给出版商提供有效的内容管理和销售平台,让内容方和使用方通过他们的平台满足各自的需求。这种方式弥补了单一出版集团的平台、品种相对单一的不足,同时也给一些没有能力建立自己的平台的出版商提供了解决方案。比如英国的出版科技集团建立的英捷特全球数字图书馆平台上,既有像励德·爱思唯尔这样的国际出版集团,通过平台对接,以服务于更广泛的受众,也有小型专业内容提供商,利用这个技术平台的商务功能,运营为数不多但市场明确的专业内容。从覆盖范围上,这种第三方平台因为包括多家出版商的内容,可以覆盖更广泛的需求,所以比单一出版商平台更容易被更多的图书馆接受。英捷特平台在全球的170多个国家有2.5万多家图书馆用户。

(4) 利用社会化媒体,加强读者营销。

社会化媒体(Social Media),也称社交媒体、社会性媒体,指允许人们撰写、分享、评价、讨论、相互沟通的网站和技术,也可以说是人们彼此之间用来分享意见、见解、经验和观点的工具和平台,现阶段主要包括在线社区、E-mail、博客、论坛、微博、微信等。近年来,社会化媒体在互联网的沃土上蓬勃发展,爆发出令人眩目的能量。其传播的信息已成为人们浏览互联网的重要内容,制造了人们社交生活中争相讨论的一个又一个热门话题,进而吸引传统媒体争相跟进。因此,社会化媒体业也已成为出版商宣传其内容产品的重要平台。出版企业可以在这些社会化媒体平台开设自己的"社区",与读者进行互动、交流。始终坚持以读者为中心原则,根据不同细分市场的读者,建立不同的网络交流平台,鼓励读者留言、提建议,实现精准营销。

(5) 利用手机营销,切合大众习惯。

手机推送短信形式发送的出版产品资讯或是手机网络版的资讯网

站都是目前出版企业可以考虑实施的数字化营销手段。手机营销是以手机工具为视听终端、上网为平台的个性化信息传播为媒介，以分众为传播目标，定向为传播效果，互动为传播应用的大众传播媒介手机为基础的营销模式。近年来手机媒体的加速度发展带动了手机出版规模及受众群体数量的世界性扩张。根据《2015年数字阅读白皮书》显示，2015年我国数字阅读用户规模达到2.96亿户，通过手机进行阅读的用户占到52.2%，是电脑阅读用户的两倍，手机成为用户数字阅读的首选载体。出版企业可以采取与外部合作的方式，与软件技术公司合作研发手机推送的载体模式，比如开发APP阅读终端、微信公众号等，与通信公司合作进行盈利性的资讯定制等。

7.2.6 打造完善的数字出版产业链条，实现合作共赢

数字出版需要构建新的生产关系，也需要建立一条不同于传统出版的"编——印——发"体系产业链条。目前，我国传统出版企业参与数字出版业务的比重比较小，产业链条上各个环节的协调缺乏有机配合和法规体制的保障，因此需要建立、健全数字出版产业链。

由于传统出版业的集中化程度不高，在向数字出版产业的转型过程中，如果只依靠自己的力量来实施数字化的转型，则常常会因为技术和资金的缺乏而出现事倍功半的效果。尽管传统出版单位拥有较为丰富的内容资源，但在整个数字化的转型过程中却经常处于被动的状态，且在与网络运营商和技术提供商进行合作时获取的利润分成也相对较少，这种不平衡的利益分配关系在一定程度上严重阻碍了我国数字出版产业的健康快速发展。因此，在新时期我国出版产业的转型过程中，传统出版单位要逐渐改变在数字出版产业链条中的被动地位，积极进行自我主导产业链模式向集成合作的运营模式转变，以增强自身的核心主导性。

同时，我国的数字出版企业还要在自身发展的同时积极建立合作共赢模式，充分发挥各自企业的不同优势和应有价值，从而促使更为完善

的数字出版产业链的形成。如传统出版单位可以利用技术开发商提供的技术平台来充分发挥自身的编辑优势，而技术服务商则可以通过新技术的创新和研发来为用户提供更好的技术服务和体验互动。这种方式不仅可以改变传统出版单位在向数字出版产业转型中的被动地位，还可以激发各企业的积极性，从而为读者带去更多的数字产品增值服务。

参考文献

1. Adams, Geoffrey. Elsevier's Strategic Partners Forum: A Climate of Change and Challenge [J]. Serials Review, 2004 (30): 25.

2. Agata Kaczanowska. Open book: Demand for Traditional Books Will Grow Modestly, Despite Strong Competition [R]. America: IBIS World Inc, 2012: 29.

3. Ailsa Kolsaker. Inside the Digital Revolution: Policing and Changing Communication with the Public [J]. Information Communication & Society, 2008, 11 (7): 1032-1034.

4. Amiran, Eyal. Electronic Time and the Serials Revolution [M]. The Yale Journal of Criticism. 1997 (10): 445-454.

5. Andreas Veglis. Comparison of Alternative Channels in Cross Media Publishing [J]. Publishing Research Quarterly, 2008 (5).

6. Ann Haugland. Opening the Gates: Print On-Demand Publishing as Cultural Production [J]. Publishing Research Quarterly, 2006 (9).

7. Ball, Stephen. Inside Journal Publishing [M]. Springer Book, 2013.

8. Bart Cammaerts, Bingchun Meng, Robin Mansell. Copyright and Creation: A Case for Promoting Inclusive Online Sharing [J]. Lse Research

Online Documents on Economics, 2013.

9. Barman, Linda. Raising the Standards: Reaching New Publishing Markets [J]. Seybold Report: Analyzing Publishing Technologies, 2008 (8): 3-5.

10. Bill Martin, Xuemei Tian. Books, Bytes and Business: The Promise of Digital Publishing [M]. London: Routledge, 2010.

11. Bill Martin, Xuemei Tian. Books, Bytes and Business: The Promise ofDigital Publishing [M]. Famham: Ashgate Limited, 2010.

12. Bill Cope, Dean Mason. DigitalBook Production and Supply Chain Management [M]. Altona Vic: Common Ground Publishing Pty Ltd., 2001.

13. Bob Pimm. Riding the Bullet to the Ebook Revolution [J]. Entertainment and Sports Lawyer, 2000 (12): 20.

14. Briggs, Mark. Journalism Next: A Practical Guide to Digital Reporting and Publishing [M]. 2013.

15. Chandra Johnson Greene. The Future of Digital Publishing [J]. Circulation Management, 2009.

16. Chris Seymour. Demystify Digital Publishing [J]. E-Content, 2012 (5).

17. Conway, P. Modeling the Digital Content Landscape in Universities [J]. Library Hi Tech, 2008 (26).

18. Cope, B., D. Mason. Markets for Electronic Book Products. Australia: Common Ground Publishing Pty Ltd, 2002.

19. Davia Young&Philip Madans. XML: Why Bother? [J]. Publishing Research Quarterly, 2009 (6).

20. David Nimmer. A Riff on Fair Use in the Digital Millennium Copyright Act. [J]. University of Pennsylvania Law Review, 2000, 148: 673-723.

21. Dianne Kennedy. EPUB3: the Digital Publishing Standard is Revised

and Expanded [J]. Seybold Report: Analyzing Publishing Technologies, 2011 (8).

22. Dora Santos Silva. The Future of Digital Magazine Publishing [J]. Information Services & Use, 2011 (11).

23. Douglas M. Disenhart. Publishing in the Information Age: A New Management Framework for the Digital Era [M]. Westport: Praeger Publishers, 1996.

24. Dreher, H., Krottmaier H. & Maurer, H. What We Expect from Digital Libraries [J]. Journal of Universal Computer Science, 2004 (10).

25. Edward Nawotka. Our Digital Future [J]. Publishing Research Quarterly, 2008 (6).

26. Erin Carreiro. Electronic Books: How Digital Devices and Supplementary New Technologies are Changing the Face of the Publishing Industry [J]. Publishing Research Quarterly, 2010 (10).

27. Lunney. G. S. J. The Death of Copyright: Digital Technology, Private Copying, and the Digital Millennium Copyright Act [J]. Virginia Law Review, 2001 (87): 813-820.

28. Hane, Paula J. Adobe Introduces Network Publishing with Strategic Partners [J]. Information Today, 2000 (17): 43.

29. Hanno Ronte. The Impact of Technology on Publishing [J]. Publishing Research Quarterly 2000 (16): 11-22.

30. Iain Stevenson. Harry Potter, Riding the Bullet and the Future of Books: Key Issues in the Anglophone Book Business [J]. Publishing Research Quarterly, 2008 (10).

31. James Lichtenberg. In from the Edge: The Progressive Evolution of Publishing in the Age of Digital Abundance [J]. Publishing Research Quarterly, 2011 (6).

32. Jay Dougherty. Make It Available at Your Own Risk: A Look Into Copyright Infringement by Digital Distribution [J]. Loyola of Los Angeles Entertainment Law Review, 2009（30）: 1.

33. Jenkins H. Convergence culture: Where old and new media collide [M]. NYU press, 2006.

34. John Gallaugher, Pat Auger & Anat Barnir. Revenue Streams and Digital Content Providers: an Empirical Investigation [J]. Information and Management, 2001（38）: 473-485.

35. Joshua A. Teperr. The Policy Considerations of New Use Copyright Law as It Pertains to E-books [J]. Minnesota Intel Property Review, 2003（4）: 394.

36. Kelvin Smith. The Publishing Business: From p-Books to e-Books [M]. AVA Publishing SA, 2012.

37. Mike Shatzkin. Shifting Sales Channels [J]. Publishing Research Quarterly, 2009（6）.

38. Molly Joss. Adobe's Digital Publishing Suite: Services and Technology for Multi-Channel Publishing [J]. Seybold Report: Analyzing Publishing Technologies, 2010（10）.

39. Molly Joss. A YUDU Media Look at Digital Publishing [J]. Seybold Report: Analyzing Publishing Technologies, 2010（11）.

40. Octavio Kulesz. Digital Publishing in Developing Countries: The Emergence of New Models [J]. Publishing Research Quarterly, 2011（12）.

41. PA Statistics Yearbook. The UK Book Publishing Industry in Statistics 2015.

42. Pamela Samuelson. Toward a New Politics Intellectual Property [J]. Communications of the ACM, 2001, 44（3）: 99.

43. Patrice Flichy. The Construction of New Digital Media [J]. New Media

& Society, 1999（1）: 33–39.

44. Peter Weidhaas. The Frankfort Book Fair: 60 Years and Still a Shining Example [J]. Publishing Research Quarterly, 2009, 25（1）: 30–35.

45. Richard Guthrie Publishing: Principles and Practice [J]. Publishing Research Quarterly, 2012, 28（2）: 152–154.

46. R. Mansell. New Media Competition and Access: The Scarcity-Abundance Dialectic [J]. New Media & Society, 1999（1）: 155–182.

47. Robert Burnett, P. David Marshall. Mauricio Espana. The Fallacy That Fair Use and Information Should Be Provided for Free: An Analysis of the Responses to the DMCA's Section 1201 [J]. Fordham Urban Law Journal, 2003, 31（1）: 135–170.

48. Russell, Adrienne, Echchaibi, Nabil. International Blogging Identity, Politics, and Networked Sanborn. Media International Australia, 2009, 25（138）: 167–167.

49. Stephanie. Digital Content Providers Search for a Moneymaking Business Model [J]. InfoWorld, 2000（22）: 8.

50. Steve Dabs. A Coffeehouse Debate: Artists' Contracts in the Evolving Internet Era [J]. Columbia Journal of Law and the Arts, 2006（29）: 340.

51. Steve P. Calandrillo, Ewa M. Davison. The Dangers of the Digital Millennium Copyright Act: Much Ado About Nothing? [J]. William and Mary Law Review, 2008, 5（2）: 383–389.

52. Steve Paxhia. Popularizing Vocabulary Extraction Service on Digital Publishing Platforms [J]. Publishing Research Quarterly, 2012（3）.

53. Steve Paxhia. The Challenges of Higher Education Digital Publishing [J]. Publishing Research Quarterly, 2011（12）.

54. Sumiko Asai. Publishing in an Electronic Era [M]. Tokyo: The Toho Gakkai, 2013.

55. Ted Hill. The Inevitable Shift to Cloud-Based Book Publishing: The Next Step in the Digital Transformation of Book Publishing May be Closer than You Think [J]. Publishing Research Quarterly, 2012 (3).

56. Ted Treanor. Amazon: Love Them? Hate Them? Let's Follow the Money [J]. Publishing Research Quarterly, 2010 (6).

57. United States Bureau of Labor Statistics. American Time Use Survey Summary-2013 Results [R]. 2014.

58. Tim Laquintano. Sustained Authorship: Digital Writing, Self-Publishing, and the E-book [J]. Written Communication, 2010 (10).

59. Timothy S. Marinaro. Searching for Profits with Amazon——Inside the Book and in the Margins [J]. Publishing Research Quarterly, Fall 2004.

60. Veglis. Comparison of Alternative Channels in Cross Media Publishing [J]. Publishing Research.

61. Xuemei Tian, Bill Martin. Digital Technologies for Book Publishing [J]. Springer Science Business Media, 2010 (6).

62. U. S. Copyright Office. The Digital Millennium Copyright Act of 1998 U. S. Copyright Office Summary [EB/OL]. www.copyright.gov/legislation/dmca.pdf/2012-04-06.

63. PA Statistics yearbook 2014 [R/OL]. http://www.publishers.org.uk/services-and-statistics/statistics/pa-statistics-yearbook/, 2016-03-25.

64. Digital Economy Act 2010 [EB/OL]. http://www.legislation.gov.uk/ukpga/24/pdfs/ukpga_20100024_en.pdf, 2016-03-25.

65. The Publisher Association Annual Report 2013-2014 [R/OL]. http://www.publishers.org.uk, 2016-03-25.

66. Kassia Krozser. Digital Publishing: Looking at the Business Model [DB]. http://booksquare.com/digital-publishing-looking-at-the-business-model/.

67. Julianne Pepitone. E-book Sales Top Paperbacks for First Time［EB/OL］. http：//money.cnn.com/2011/04/15/technology/ebooks_beat_paperbacks，2011-04-15.

68. 张立，王飙. 2014-2015中国数字出版产业年度报告［R］. 北京：中国书籍出版社，2015.

69. 张立，王飙. 2013-2014中国数字出版产业年度报告［M］. 北京：中国书籍出版社，2014.

70. 孙月沐. 2012-2013中国书业年度报告［M］. 北京：商务印书馆，2013.

71. 郝振省，魏玉山等. 2012-2013中国数字出版产业年度报告［M］. 北京：中国书籍出版社，2013.

72. 刘锦宏，徐丽芳，湛青. 数字出版案例研究［M］. 北京：电子工业出版社，2013.

73. 方卿等. 出版产业链研究［M］. 北京：高等教育出版社，2011.

74. 卡斯多夫. 哥伦比亚数字出版导论［M］. 徐丽芳，刘萍，译. 苏州：苏州大学出版社，2007.

75. 黄孝章，张志林，陈丹. 数字出版产业发展研究［M］. 知识产权出版社，2011.

76. 张新华. 数字出版产业理论与实践［M］. 北京：知识产权出版社，2014.

77. 陈颖青. 数字出版与长尾理论［M］. 北京：华夏出版社，2013.

78. 王迁. 网络环境中的著作权保护研究［M］. 北京：法律出版社，2011.

79. 王京山. 网络出版运作［M］. 北京：中国大百科全书出版社，2005.

80. 左文. 文化全球视野下的中国数字出版业［M］. 北京：清华大学出版社，2012.

81. 陈丹.数字出版产业创新模式研究［M］.北京：科学技术文献出版社，2012.

82. 郝振省，魏玉山.2009-2010中国出版企业发展报告［R］.北京：中国书籍出版社，2010.

83. 郝振省，魏玉山，张立.2009-2010中国数字出版产业年度报告［M］.北京：中国古籍出版社，2011.

84. 程素琴.数字出版传播特性研究［M］.北京：中国广播电视出版社，2010.

85. 刘银娣.数字出版启示录［M］.广州：世界图书出版公司，2014.

86. 阳翼.数字营销［M］.北京：中国人民大学出版社，2015.

87. 袁勤俭，孙秀翠等.数字出版物的营销模式研究［M］.北京：清华大学出版社，2014.

88. 方卿，曾元祥等.数字出版产业管理［M］.北京：电子工业出版社，2013.

89. 冯柳萍.数字版权保护技术及其应用［M］.北京：电子工业出版社，2013.

90. 郝振省，魏玉山，张立.2010-2011中国数字出版产业年度报告［M］.北京：中国古籍出版社，2012.

91. 郝振省，魏玉山，张立.2011-2012中国数字出版产业年度报告［M］.北京：中国古籍出版社，2012.

92. 赫振省.中国出版蓝皮书：2011—2012中国出版业发展报告［M］.北京：中国书籍出版社，2013.

93. 黄孝章，张志林.数字出版产业发展模式研究［M］.知识产权出版社，2012.

94. 吕森林、邵银娟、冯超.中国在线教育产业蓝皮书（2014-2015版）［M］.北京：北京大学出版社，2016.

95. 伊戈尔.安索夫.战略管理［M］.北京：机械工业出版社，2013.

96. 约翰.B.汤普森.数字时代的图书［M］.张志强等，译.南京：译林出版社，2014.

97. 中国出版研究院.2012-2013年出版物发行行业报告［R］.北京：中国书籍出版社，2013（7）.

98. 左志红.中国数字出版规模缘何不大［N］.中国新闻出版报电子报，2014-09-01（6）.

99. 肖洋，谢红焰.数字出版产业生命周期研究［J］.中国出版，2014（20）：45-48.

100. 方卿.论数字出版产业发展中的五大关系［J］.编辑学刊，2013（1）：14-18.

101. 朱静雯，王涵，王一鸣.我国出版企业数字出版发展战略现状及其问题分析［J］.信息资管理，2015（1）：110-113.

102. 孙寿山.把握融合发展新态势 开启合作共赢新局面［J］.出版发行研究，2015（6）：11-14.

103. 李贝贝.欧美数字出版发展探究［J］.出版广角，2014（Z1）：115-118.

104. 彭柳，许嘉琪.日本手机阅读媒体内容特点及其对我国的启示［J］.出版发行研，2013（1）.

105. 龚牟利.2015中国书业大势大事［N］.中国出版传媒商报，2015-07-03（3）.

106. 周清华.数字化转型是传统出版业的必由之路［J］.出版科学，2014（2）：9-11.

107. 刘银娣.欧美传统出版企业大数据应用策略探析［J］.中国出版，2014（12）：63-65.

108. 渠竞帆.国际学术集团转型三路径［N］.中国出版传媒商报，2015-05.

109. 新闻出版总署.关于加快出版传媒集团改革发展的指导意见

[J].中国出版,2012(5).

110. 柳斌杰.加快传统出版与数字出版的融合发展[J].现代出版,2011(4):5-8.

111. 吴尚之.中国出版业将以融合作为产业发展核心目标[N].中国新闻网,2014-08-26.

112. 林发源.我国传统出版业需加快数字化转型[J].红旗文稿,2011(12):17-21.

113. 周蔚华.通过加快改革解决我国数字出版转型中的制约因素[J].出版发行研究,2010(12):21-25.

114. 吴尚之.传统出版业：如何借融合思维寻求数字化发展[N].光明日报,2014-09-06.

115. 高英杰.亚马逊数字出版新模式的启示及我国传统出版商策略[J].中国传媒科技,2012(8):169-170.

116. 李云照.略论我国中小数字出版企业发展战略定位[J].现代商报,2013(8):89-90.

117. 孙玉玲.大数据时代数字出版产业的发展趋势[J].出版发行研究,2013(4):5-8.

118. 徐哈军.浅谈数字出版战略联盟商业模式的构建[J].编辑之友,2013(1):83-85.

119. 全卫.现代阅读方式与出版转型[J].中国传媒科技,2013(2).

120. 陈庆,周安平.论数字出版的范式、技术构成与法律基础——兼论《著作权法》"出版"定义的完善[J].出版发行研究,2014(6):81-84.

121. 李佳玉,杨海平.MOOC视域下出版机构发展路径研究[J].科技出版,2015(1):49-52.

122. 谭冰.数字出版，政策源动力——我国数字出版产业相关政策分析［J］.出版广角，2014（2）：54-55.

123. 殷悦佳.对我国数字出版产业基地政策方面的探究与建议［J］.财经界（学术版），2014（6）：122.

124. 周艳敏.国外数字出版产业政策比较研究［J］.出版发行研究，2014（11）：90-92.

125. 朱云.数字出版产业盈利模式的创新——基于产业链维度的考量［J］.南京社会科学，2014（9）：149-154.

126. 赵树旺.欧美数字出版内容资源的整合路径［J］.现代出版，2015（4）：78-80.

127. 张大伟.数字出版即全媒体出版——对"数字出版"概念生成语境的一种分析［J］.新闻大学，2010（1）：113-120.

128. 张成良.传统出版与数字出版的协同效应研究［J］.出版发行研究，2013（7）：14-17.

129. 李瑞琪.教育出版数字化的发展重点［J］.科技传播，2013（6）：17-25.

130. 刘灿姣，姚娟.数字出版人才培养管见［J］.中国编辑，2011（2）：69-74.

131. 李云.电子书格式标准化问题刍论［J］.河南图书馆学刊，2011（6）：5-6.

132. 黄先蓉，郝婷.我国数出版标准制定应注意的问题［J］.编辑之友，2013，（1）：73-75.

133. 张维，邓强庭，冷怀明.数字出版的发展现状及我国科技期刊的应对措施［J］.编辑学报，2013（2）：179-183.

134. 张佶，马书明.中国传统教育出版企业商业模式数字化转型研究［J］.管理观察，2015（6）：45-48.

135. 马汝军.英国出版业数字化转型与发展管窥［J］.中国编辑，2015（4）：26-29.

136. 沈立军. 网络环境下的出版产业链重构及出版社战略转型[J]. 出版发行研究, 2012（5）: 51-54.

137. 赵立新, 谢慧铃. 试析数字出版的图书产业链转型[J]. 出版发行研究, 2012（8）: 52-55.

138. 金更达. 浅议传统出版数字化转型目标定位与实施方法[J]. 中国出版, 012（11）: 43-45.

139. 余德旺. 数字新媒体环境下的大转型: 中国传统出版产业向大文化传媒产业升级[J]. 河南社会科学, 2011（11）.

140. 张妍. 浅述美国大众、专业、教育出版数字化的转型[J]. 中国编辑, 2008（4）: 94-96.

141. 安达. 传统出版数字化转型模式分析[J]. 出版参考, 2012（7）: 18-19.

142. 凌遵斌. 传统出版社向数字出版转型要解决四个问题[J]. 出版发行研究, 2011（12）: 39-40.

143. 刘宗义. 数字出版的"四维度论"[J]. 重庆社会科学, 2015（9）: 94-98.

144. 黄崇亚. 传统出版向数字出版的转型及其创新[J]. 中国传媒科技, 2014（5下）: 52-54.

145. 曹世生. 中国数字出版研究综述[J]. 西部学刊, 2016（4）: 35-37.

146. 程晓龙. 2012: 真实与幻象之中国数字出版脉络[J]. 出版广角, 2013（1）: 23-25.

147. 程晓龙, 李淼. 数字化转型新坐标[N]. 中国新闻出版报, 2013-05-06.

148. 刘社瑞, 程继忠. 数字出版平台多维价值探析[J]. 湖南社会科学, 2013（2）: 260-263.

149. 王丹丹. 全媒体时代我国出版企业的数字化转型研究[J]. 出版

科学，2011（5）：62-65.

150. 黄先蓉，刘菡. 传统出版业数字化转型的政策需求与制度、模式创新［J］. 中国编辑，2011（1）：13-18.

151. 孙寿山. 数字出版产业的新业绩、新挑战、新举措［J］. 现代出版，2012（09）：5-12.

152. 钱岳林. 慎用"全媒体"一词［J］. 广播与电视技术，2013（2）：33-34.

153. 彭兰. 媒介融合方向下的四个关键变革［J］. 青年记者. 2009（2）：22-23.

154. 罗鑫. 什么是"全媒体"［N］. 人民网. 2010-03-22.

155. 尹静. 当代教育出版企业的战略转型分析［J］. 出版广角，2013（13）：78-79.

156. 新闻出版总署：《关于加快我国数字出版产业发展的若干意见》. 2010，8，16.

157. 缪莉. 数字化对出版企业经营管理的影响与对策［J］. 科学与管理，2013（1）：77-82.

158. 李远涛. 我国图书出版产业成长性分析［J］. 出版参考，2010（8上）：10.

159. 裴永刚. 出版集团开展数字化出版应该注意的几个问题［J］. 编辑之友，2012，11（3）：40.

160. 唐瑞娟. 传统出版商数字化转型的四大路径［J］. 广告大观：媒介版，2016（5）：74-78.

161. 齐峰. 资源 整合：出版产业实现新发展的战略选择［N］. 光明日报，2009-07-27.

162. 中国新闻出版研究院：《第十二次全国国民阅读调查》. 2015，4.

163. 刘骊姗. 德国出版的数字化转型研究——以兰登书屋为例［J］. 今传媒，2015（4）：64-65.

164. 中国新闻出版研究院：《第十三次全国国民阅读调查》［R］. 2016，4.

165. 张莹. 我国数字出版产业发展现状及趋势［J］. 新媒体研究，2015（12）：47-48.

166. 苗卉. 大数据时代编辑理念的更新［N］. 人民网，2013-08-02.

167. 熊玉涛. 论数字出版产业的运作与发展［J］. 编辑之友，2010（7）：72-74.

168. 刘冰，游苏宁. 国际科技出版集团商业模式对我国科技期刊发展的启示［J］. 中国科技期刊研究，2011（4）：479-483.

169. 高锡瑞. 专业出版社的数字出版之路——以测绘出版社为例［J］. 出版发行研究，2011（10）：48-50.

170. 张晗. 理性的转向——2010年数字出版研究的论域与争论［J］. 新闻界，2011（5）：81-84.

171. 毛润政. 手机出版的盈利模式［J］. 出版广角，2014（4）：12-15.

172. 李广超，李欣. 中国传统出版企业的数字化转型［J］. 今传媒，2014（12）：77-79.

173. 汤雪梅. 脚蹰中前行——2012年中国数字出版产业发展与趋势综述［J］. 编辑之友，2013（2）：53-54.

174. 黄丽谊. 数字出版与传统出版全面融合是出版集团发展的方向［J］. 出版发行研究，2013（5）：5-8.

175. 吴尚之. 传统出版业：如何借融合思维寻求数字化发展［N］. 光明日报，2014-09-06.

176. 陆云. 英国电子书市场大幅下滑［N］. 中国出版传媒商报，2015-06-12.

177. 金得利. 2016年数字出版业三大趋势展望［N］. 中国新闻出版广电报，2016-03-25.

178. 魏玉山.《2015-2016中国数字出版产业年度报告》解读［N］.中国出版网，2016-07-15.

179. 谢山青. 美国大众出版的数字化现状与启示［J］. 出版广角，2014（1）：57-60.

180. 罗楠. 电子书的发展和定价模式［J］. 软件工程师，2013（11）：19-20.

181. 金得利，刘溱. 国际五大出版商 2014 年财报出炉 并购助哈珀·柯林斯拔得头筹［N］.中国新闻出版报，2015-04-27.

182. 王悦. 励德·爱思唯尔对中国出版业的启示［J］. 新闻研究导刊，2015（10）：181-182.

183. 周爽. 英国培生集团的经营策略研究及其启示［J］. 出版广角，2013（4）：77-80.

184. 张桂玲，张海英. 从培生教育集团看国外数字化教材出版的新发展［J］. 科技展望，2015（31）：230.

185. 梁静. 传统出版社：如何迈出数字出版的第一步［J］. 中国出版，2007（10）：16-19.

186. 魏凯. 2015年国际数字出版年度总结［J］. 出版广角，2015（Z1）：22-26.

189. 胡海燕. 美国有声读物的发展对我国的启示［J］. 新闻研究导航，2015（24）：191-193.

190. 金强，贾晓婷. 车载有声读物的发展现状及前景分析［J］. 出版科学，2012（5）：61-67.

191. 朱本军，龙世彤，肖珑. 图书开放获取模式及整合利用研究［J］. 大学图书馆学报，2015（5）：26-31.

192. 聂华. 全球开放获取运动的新进展——Open AIRE-COAR2014年会的观察与思考［J］. 大学图书馆学报，2015（5）：5-12.

193. 李国俊，邱小花，肖明. 国外高校强制性开放获取政策研究

[J].大学图书馆学报,2014(3):39-43.

194.张志强,李镜镜.日本电子书产业的发展及启示[J].编辑之友,2013(12):110-113.

195.刘远军.韩日图书出版"式微"下的国际化之路及其对中国的启示[J].科技与出版,2015(9):103-106.

196.庄溢.中日电子书生存与发展比较研究[J].编辑之友,2012(11):60-62.

197.刘社瑞,程继忠.学术期刊出版乱象分析——兼谈数字出版平台建设.湖南社会科.2013(12):260-263.

198.张立科、刘琦、蒋亮.高等教育数字出版平台开发及赢利模式探讨——以人民邮电出版社高等教育云数字出版平台为例.出版参考,2013(9):43-44.

199.余庆,彭文波.面向基础教育的数字出版平台设计——以大型数字出版平台"淘师湾"网站为例.科技与出版,2012(5):59~61.

200.新闻出版总署.关于加快出版传媒集团改革发展的指导意见[J].中国出版,2012(5).

201.刘志伟.移动阅读多极格局出版社面临合作新抉择[N].中国出版传媒商报,2014(4).

202.赵英.碎片出版的经营模式[J].出版广角,2011(7):42-43.

203.尹琨.大数据开启数字出版瑰丽想象[N].中国新闻出版报,2013(11).

204.李宝玲.媒介融合时代传统出版业数字化发展的路径选择[J].科技与出版,2016(8):115-118.

205.阮玉顺.中央级出版企业数字化转型升级实现策略研究[D].北京印刷学院,2014.

206.程继忠.平台竞争背景下出版社数字化转型研究[D].湖南大学,2013.

207. 钟小青. 传统出版企业数字内容服务研究［D］. 湘潭大学，2013.

208. 张文琪. 中国出版业转型理论思考与对策研究［D］. 北京印刷学院，2014.

209. 华夏. 数字出版标准建设发展研究［D］. 北京印刷学院，2014.

210. 杨慧娟. 传统出版向数字出版的转型及创新研究［D］. 郑州大学，2013.

211. 祝宁. 出版传媒企业数字化发展研究［D］. 华中科技大学，2012.

212. 陆豪放. 手机阅读个性化推荐系统的研究与设计［D］. 电子科技大学，2013.

213. 柯慧. 大学出版社数字运营平台研究［D］. 武汉理工大学，2012.

214. 王金凤. 我国出版社数字出版的版权问题与对策研究［D］. 安徽大学，2011.

215. 吕井华. 移动数字出版版权保护使用控制技术研究［D］. 北京邮电大学，2013.

216. 冯晗. 中国数字出版产业发展模式研究［D］. 北京邮电大学，2010.

217. 胡昀. 我国数字出版产业发展现状及策略分析［D］. 河北大学，2011.

218. 彭琳. 数字版权环境下的电子书盈利模式研究［D］. 北京印刷学院，2010.

219. 姚娟. 中美数字出版商业模式比较研究——以电子书为例［D］. 湘潭大学，2011.

220. 张彦华. 国内数字出版所处困境及发展途径研究［D］. 重庆大学，2011.

221. 郜书锴. 全媒体时代我国报业的数字化转型［D］. 浙江：浙江大学，2010.

222. 张军. 传统出版业数字出版业务体检的建立与实践［D］. 北京：

首都经济贸易大学，2014.

223. 王唯一. 上海世纪出版集团数字出版发展现状探析［D］. 上海：上海师范大学，2015.

224. 沈啸虹. 华理出版社向数字出版发展的战略研究［D］. 上海：华东理工大学，2014.

225. 茹家鹏. 新媒体时代下传统出版单位的数字化转型探究［D］. 郑州：河南大学，2013.

226. 刘畅. 全媒体时代大众阅读对我国大众出版业的影响研究［D］. 重庆：重庆大学，2014.

227. 张晗. 文化科技融合背景下的中国出版产业数字化转型研究［D］. 武汉：武汉大学，2013.

228. 中国行业研网. 2012年我国数字出版产业发展情况研究分析［EB/OL］. http：//www. Chinairn. com/news/2012040-226251. html，2012-04-05.

229. 陈方. 我国手机阅读人群增长迅速每日阅读时长40分钟［EB/OL］. http：//www. China. com. cn/info/2012-0Vl9/content_25187207. htm，2012-04-19.

230. 艾瑞网2011-2012年中国手机阅读用户行为研究报告简版［R/OL］. http：//www. iresearch. com. cn/Report/1791. html，2012-09-12.

231. 李声笑. 美国传统出版企业的数字出版转型［EB/OL］. http：//www. chinaxwcb. com/2012-12/03/content_258923. htm，2012-12-03.

332. 李艳艳. 2012~2015年中国移动阅读市场走向［EB/OL］. http：//news. xinhuanet. com/newmedia/2013-01/11/c_124219772. htm，2013-01-10.

333. 申音. 互联网免费模式终结论［EB/OL］. http：//www. 360doc. com/content/11/0109/19/507289_85279930. shtml，2013-03-28.

234. 尚婢. 第11次全国国民阅读调查"成果发布［EB/OL］. http：//www. chuban. ee/yw/201404/t20140423_155079. html，2014-04.

235. 中国新闻出版网/报. 管窥美国数字出版产业发展思路［EB/OL］. http：//www. cmpmn. cn/xiehui 2868. html，2013-04-11.

236. 艾瑞网：2012-2013年中国数字阅读用户行为研究报告［EB/OL］. http：//report. iresearch. cn/2046. html，2013-09-27.

237. 中国新闻出版网/报. 管窥美国数字出版产业发展思路［EB/OL］. http：//www. cmpmn. cn/news/62868. html，2013-04-11.

238. 龚牟利. 第13次全国国民阅读调查报告［EB/OL］. http：//www. bisenet. com/article/201604/158316. html，2016-04-19.

239. 息慧娇. 第十二次全国国民阅读调查数据在京发布［EB/OL］. http：//www. chuban. cc/yw/201504/t20150420_165698. html，2015-04-20.

240. 易观智库. 行业数据：2013Q2中国移动阅读市场高端用户是蓝海［EB/OL］. http：//www. enfoclesk. com/SMinisite/nnaininfo/articledetail-id-369847. html，2013-07-26.

241. 大佳网. 中国出版集团"大住移动出版平台"上线［［EB/OL］. http：//www. dajianet. com/digital/2013/0422/199149. shtml，2013-04-22.

242. 张书乐. 出版社App生死路移动阅读前路迷雾［EB/OL］. https：//www. douban. com/note/310407172/，2013-10-14.

243. 易观智库. 行业数据：2013Q2中国移动阅读市场向内容为王过渡［EB/OL］. http：//www. enfodesk. com/SMinisite/maininfo/articledetail-id-369868. html，2013-07-26.

244. 陈金川. 论中国出版业的数字化战略［EB/OL］. http：//blog. sina. com. cn/s/blog_54a672a801012bmc. html，2012-09-20.

245. 科学网. 自然出版集团将与同济大学合作推出开放获取期刊［EB/OL］. http：//news. sciencenet. cn/htmlnews/ 2015/ 10/ 329087. shtm，2015-10-21.

246. 新浪科技. 互联网女皇2016年年度报告中的18个重要趋势［EB/OL］. http：//tech. sina. com. cn/i/2016-06-02/doc-ifxsvenx3105036. shtml,

2016-06-02.

247. 中国图书出版网. 2015年国际数字出版年度总结. ［EB/OL］. http：//218. 249. 32. 178/ Web/ArticleShow. aspx?artid= 124112&cateid= A21, 2016-01-08.

248. 数字出版在线. 尼尔森：2015全球图书零售市场报告［EB/OL］. http：//www. wtoutiao. com/ p/19bnyax. html, 2016-01-20.

249. 中国出版集团做书. 16张图帮你读懂美国数字出版EB/OL］. http：//chuansong. me/n/1510035, 2015-07-06.

250. 必胜网. 2014美国数字出版趋势报告［EB/OL］. http：//www. bisenet. com/ article/201508/152236. htm, 2015-08-31.

251. 凤凰教育. 2015世界出版50强排名发布培生集团名列榜首［EB/OL］. http：//edu. ifeng. com/a/20150701/41123490_0. shtml, 2015-07-01.

252. 聚焦培生集团出售财经媒体资产出版专业化与多元化该如何选择［EB/OL］. http：//www. 360doc. com/content/15/0922/11/21733879_500671384. shtml, 2015-09-22.

253. 多知网. 培生2015财报详解：环球雅思学员数下降6.5%［EB/OL］. http：//www. duozhi. com/company/201603034445. shtml#rd, 2016-03-03.

254. 中国图书出版网. 浅谈新闻集团收购禾林出版公司的四大原因［EB/OL］. http：//www. cpp114. com/news/newsShow_228109. htm, 2014-05-07.

255. 人民网. 体验至上, 实体书店的生存之道［EB/OL］. http：//world. people. com. cn/n1/2016/0509/c1002-28333704. html, 2016-05-09.

256. 科技新报. 美国最大连锁书店Barnes & Noble与Google联手杠上Amazon［EB/OL］. http：//technews. cn/2014/08/09/ google-barnes-noble-collaborate-to- take-on-amazon9, 2014-08-09.

257. 科技新报. 亚马逊拟进军纽约曼哈顿开设实体书店［EB/OL］.

http：//technews. cn/2016/07/07/amazon-plans-to-open-a-physical-bookstore-in-new-york，2016-07-07.

258. 中国图书出版网. 德国电子书销售额在2015年增长4.7%［EB/OL］. http：//www. qikan. org/Article/10916. html，2016-07-05.

259. 中国文化译研网. 德国书业协会发布德国2015图书产业数据报告［EB/OL］. http：//www. cctss. org/portal. php?aid=1231&mod=view，2015-10-30.

260. 数字出版在线. 尼尔森：2015全球图书零售市场报告［EB/OL］. http：//www. wtoutiao. com/p/19bnyax. html，2016-01-20.

261. 李慧楠. 中国图书出版网. GfK报告德国电子书市场停滞不前［EB/OL］. http：//www. cdpi. cn/xzx/toutiaoyaowen/20160303/14722. html，2016-03-03.

262. 沈哲凡，中国社会科学网. 2015年各国电子书花销报告［EB/OL］. http：//www. cssn. cn/xwcbx/xwcbx_mtgc/201508/t20150806_2109423. shtml，2015-08-06.

263. 中国出版集团做书. 16张图帮你读懂美国数字出版［EB/OL］. http：//chuansong. me/n/1510035，2015-07-06.

附录：传统出版企业数字化现状调查问卷

　　本调查旨在了解出版企业（社）数字化发展的基本情况，麻烦您在百忙之中能够回答问卷所提出的问题，我们会对企业的信息进行保密，仅供研究所用。在此，我们表示真诚的谢意，谢谢您的支持！

1. 您所在出版企业（社）的名称：_____

2. 所在部门或任职（　　）（可多选）
　　A. 编辑部　　　　　　B. 数字出版部　　　　　C. 发行部
　　D. 管理层人员　　　　E. 非管理人员

3. 出版单位对于数字出版的态度（　　）
　　A. 一般，随大流　　　　B. 积极，继续进行
　　C. 非常积极，加大力度　　D. 维持现状，不太看好

4. 出版社是否制定了数字化发展战略（　　）
　　A. 有　　　　　　　　B. 没有　　　　　　　C. 不清楚

5. 出版社数字化的主要动机（   ）（排序）

   A. 被动实施　　　　　　　　B. 出版社自身发展的需要

   C. 社会和行业发展需要　　　　D. 受众的反馈要求

6. 数字化的障碍（   ）（可多选）

   A. 认知障碍　　　　B. 资金障碍　　　　C. 人才障碍

   D. 技术障碍　　　　E. 环境障碍　　　　F. 市场障碍

7. 出版社是否有专门设置的数字出版部门（   ）

   A. 有　　　　　　　　B. 没有　　　　　　　　C. 不知道

8. 出版社在数字领域的定位（   ）

   A. 内容提供商　　　　B. 渠道商　　　　C. 服务提供商

9. 数字产品的技术来源（   ）

   A. 自主研发　　　　B. 合作开发　　　　C. 外包

10. 数字产品的类型（   ）（可多选）

   A. 电子书、报、刊　　　　　　B. 光盘电子出版物

   C. App应用软件　　　　　　　D. 数字版权（IP运营）

   E. 数字服务平台　　　　　　　F. 网络作品

   G. 专业数据库出版　　　　　　H. 其他＿

11. 纸质版与数字版产品的上架顺序（   ）

   A. 先纸质版，后数字版　　　　B. 先数字版，后纸质版

   C. 同步

12. 数字产品与实体产品内容方面是否一致（   ）

    A. 完全一致　　　　　B. 不一致　　　　　C. 略有不同

13. 数字产品的销售情况（   ）

    A. 没有盈利，甚至亏损　　　B. 有，但微不足道

    C. 很好，带来可观收益

14. 数字产品的定价（   ）

    A. 与实体产品相同　　　　　B. 高于实体产品

    C. 低于实体产品很少　　　　D. 低于实体产品很多

15. 数字产品浏览阅读终端（   ）（可多选）

    A. PC端　　　　　　　　　　B. 手机

    C. 阅读器　　　　　　　　　D. IPad等移动终端

16. 数字产品营销渠道（可多选）

    A. 本社网站

    B. 当当、亚马逊、京东等网络平台

    C. 新浪、搜狐、网易等门户网站

    D. 微信、微博

    E. 其他

后　记

　　全媒体时代的到来，不知不觉地改变着人们的阅读习惯和生活方式。快餐式的浅阅读已成为当前新的阅读模式，很多人已不再像过去那样安静地坐下来，捧着一本书或杂志细细品味，而是经常看到人们埋着头在地铁里、公交上、餐桌上、休闲沙发中，手里拿着手机、ipad等，快速甚至是跳跃式的浏览信息。然而，书籍是传承知识文化的工具，是人类精神世界的一部分。随着数字出版的快速发展，虽然纸质书阅读会逐渐被边缘化，但这并不代表作为一种文化生活现象，纸质书阅读会消亡。未来的阅读世界，将会进入一个多元化的阅读时代。

　　出版业是一个依托内容创新和技术支撑的产业，技术进步是推动产业变革的根本动力。有人认为迅猛发展的数字出版将逐渐替代传统出版，而作者认为基于人们千年来形成的阅读习惯以及我国的具体国情，传统出版不会消亡。因为数字出版与传统出版不是一种对立关系，正如国家新闻出版广电总局副局长吴尚之所说"传统出版与数字出版不是零和游戏，也不是此消彼长，二者正呈现出不断融合的态势"。因此，全媒体时代的出版企业将发展成为一个兼具有传统出版与数字出版功能的现代出版企业，未来的实体书店将成为集阅读学习、展示交流、聚会休闲、创意生活等功能于一体的复合式文化消费场所。纸质书将以昂贵的精品、奢侈品形式呈现，传统出版会在数字化的发展进程中重新绽放光彩。

在本课题研究和书稿写作过程中，北京印刷学院新闻出版学院硕士研究生丁晓花同学在文献收集和问卷调研方面做了大量的工作，还有我的单位——北京印刷学院科研处以及经济管理学院的领导和同事为我的科研、教学提供了宽松、自由的环境以及良好的学术氛围，在此特向他们表达衷心的感谢。另外，企业管理出版社申先菊主任为本书稿的顺利出版给予了大力支持和指导，在此一同表达我真诚的谢意。

本书是北京市教委社科计划项目"全媒体时代我国出版业数字化发展研究"的研究成果。经过近三年的资料收集、调研、考察和研究，最终形成了本书稿。研究中，在借鉴前人研究成果的基础上力求有所创新；写作过程中，本人倾注了大量的时间和精力，虽几易其稿，追求精益求精，但由于个人水平有限，再加上数字出版领域的快速变化以及传统出版企业内部问题的复杂性，书中仍有不妥和疏漏之处，敬请各位专家和广大读者不吝指正！作者也会在今后的研究中对其进行修正和进一步的深入研究。

李宝玲

2016年中秋之夜于北京